*Тропа́рь
преподо́бному Паи́сию Святого́рцу
Глас 5. Подо́бен: Собезнача́льное Сло́во:*

Боже́ственныя любве́ огнь прие́мый, / превосходя́щим по́двигом вда́лся еси́ весь Бо́гови, / и утеше́ние мно́гим лю́дем был еси́, / словесы́ Боже́ственными наказу́яй, / моли́твами чудотворя́й, / Паи́сие Богоно́се, / и ны́не мо́лишися непреста́нно // о всем ми́ре, преподо́бне.

*Конда́к
Глас 8. Подо́бен: Взбра́нной:*

А́нгельски на земли́ пожи́вый, / любо́вию просия́л еси́, преподо́бне Паи́сие, / мона́хов вели́кое утвержде́ние, / ве́рных к житию́ свято́му вождь, / вселе́нныя же утеше́ние сладча́йшее показа́лся еси́, / сего́ ра́ди зове́м ти: // ра́дуйся, о́тче всеми́рный.

ПРЕПОДОБНЫЙ
ПАИСИЙ СВЯТОГОРЕЦ

СЛОВА

ТОМ V

СТРАСТИ
И ДОБРОДЕТЕЛИ

Перевод с греческого
Четвертое издание

Орфограф

МОСКВА

УДК [271.22 – 475.5:271.22 – 534.3] Паисий Святогорец
ББК 86.372.33 – 43 + 86.372 – 503.1
П12

Рекомендовано к публикации
Издательским Советом Русской Православной Церкви
№ ИС Р19-928-3424

Перевод на русский язык выполнен
братией Свято-Преображенского скита
Данилова мужского ставропигиального монастыря
с издания:

Γέροντος Παϊσίου Ἁγιορείτου. Λόγοι. Τόμος Ε΄: Πάθη καὶ Ἀρετὲς.
Ἱερὸν Ἡσυχαστήριον Μοναζουσῶν "Εὐαγγελιστὴς Ἰωάννης ὁ Θεολόγος",
Σουρωτὴ Θεσσαλονίκης, 2006.

Паисий Святогорец, преподобный
П12   Слова. Т. 5 : Страсти и добродетели / преподобный Паисий Святогорец ; перевод с греч. — 4-е издание. — М. : Орфограф, 2021. — 344 с. : ил.

ISBN 978-5-6052841-0-9

Преподобный Паисий хотел выпустить книгу, полезную всем: мирянам, монахам и священнослужителям, но не успел, отдав всё своё время и силы молитве и общению с приходившими к нему людьми. После преставления преподобного его письма, записи поучений и бесед были систематизированы для удобства использования в повседневной жизни, ибо сам старец говорил: «Задача в том, чтобы вы работали, применяли услышанное на деле».

Для того, чтобы помочь нам избавиться от страстей, которые мучают нас, преподобный Паисий показывает, что все они проистекают из самолюбия и гордости, и призывает нас стать обновлёнными людьми Нового Завета, исполненными духовного благородства, смирения и любви.

УДК [271.22 – 475.5:271.22 – 534.3] Паисий Святогорец
ББК 86.372.33 – 43 + 86.372 – 503.1

© Ἱερὸν Ἡσυχαστήριον Μοναζουσῶν
"Εὐαγγελιστὴς Ἰωάννης
ὁ Θεολόγος", 2006
© Издательство «Орфограф»,
издание на русском языке, 2021

ISBN 978-5-6052841-0-9

СОДЕРЖАНИЕ

Предисловие   11

РАЗДЕЛ ПЕРВЫЙ
СТРАСТИ

О борьбе со страстями   23

ЧАСТЬ ПЕРВАЯ
МАТЕРЬ СТРАСТЕЙ — САМОЛЮБИЕ

ГЛАВА ПЕРВАЯ
О самолюбии и его последствиях   43

ГЛАВА ВТОРАЯ
О свободе от рабства самолюбия   53

ЧАСТЬ ВТОРАЯ
ГОРДОСТЬ — КОРЕНЬ ЗЛА

ГЛАВА ПЕРВАЯ
О том, что гордость — это генштаб страстей — 63

ГЛАВА ВТОРАЯ
О том, что гордость многообразна — 70

ГЛАВА ТРЕТЬЯ
О последствиях гордости — 85

ГЛАВА ЧЕТВЁРТАЯ
О том, что необходимо нанести удар по гордости — 93

ЧАСТЬ ТРЕТЬЯ
ВЕЛИЧАЙШАЯ НЕСПРАВЕДЛИВОСТЬ ОСУЖДЕНИЯ

ГЛАВА ПЕРВАЯ
Не суди́те, да не суди́ми бу́дете — 105

ГЛАВА ВТОРАЯ
О том, как бороться с осуждением — 114

ЧАСТЬ ЧЕТВЁРТАЯ
ИСЧАДИЯ САМОЛЮБИЯ И ГОРДОСТИ: ЗАВИСТЬ, ГНЕВ И ПЕЧАЛЬ

ГЛАВА ПЕРВАЯ
О том, что зависть ядовита — 123

ГЛАВА ВТОРАЯ
О том, что гнев — враг мира Божия — 132

ГЛАВА ТРЕТЬЯ
О душевредной печали — 140

РАЗДЕЛ ВТОРОЙ
ДОБРОДЕТЕЛИ

О возделывании добродетелей — 155

ЧАСТЬ ПЕРВАЯ
ДОБРОДЕТЕЛЬ ВСЕГО ОДНА, И ИМЯ ЕЙ — СМИРЕНИЕ

ГЛАВА ПЕРВАЯ
Бог смиренным даёт благодать — 169

ГЛАВА ВТОРАЯ
О том, как трудиться для стяжания смирения — 176

ГЛАВА ТРЕТЬЯ
О том, что смирение — великая сила духовной жизни — 188

ЧАСТЬ ВТОРАЯ
ЛЮБОВЬ ДУХОВНАЯ

ГЛАВА ПЕРВАЯ
О неисчерпаемой любви Божией и о нашей любви к Нему — 197

ГЛАВА ВТОРАЯ
О любви к ближнему — 209

ГЛАВА ТРЕТЬЯ
О любви ко всей твари — 229

ЧАСТЬ ТРЕТЬЯ
О БЛАГОРОДСТВЕ И ЛЮБОЧЕСТИИ

ГЛАВА ПЕРВАЯ
О том, что в благородстве
сокрыто величие Божие … 241

ГЛАВА ВТОРАЯ
О том, что любочестие — это любовь,
исполненная огромной-преогромной
благодарности … 250

ЧАСТЬ ЧЕТВЁРТАЯ
ЧАДА ЛЮБВИ И СМИРЕНИЯ

ГЛАВА ПЕРВАЯ
О простоте и чистоте … 261

ГЛАВА ВТОРАЯ
О вере и уповании на Бога … 272

ГЛАВА ТРЕТЬЯ
О спасительном терпении … 284

ГЛАВА ЧЕТВЁРТАЯ
О духовной радости … 291

ГЛАВА ПЯТАЯ
О том, что рассуждение — это венец добродетелей … 300

ЭПИЛОГ
О ДОБРОЙ ОБЕСПОКОЕННОСТИ

Добрая обеспокоенность —
это добрая тревога о «подвиге добром» … 311

УКАЗАТЕЛИ

Именной указатель	321
Тематический указатель	323
Указатель ссылок на Священное Писание	338
Список иллюстраций	341

ПРЕДИСЛОВИЕ

Блаженной памяти старец Паисий в начале нашей общежительной жизни в 1968 году говорил нам: «Добродетель в собственном смысле всего одна, и имя ей — Смирение. Но вы этого не понимаете, поэтому я назову вам ещё одну добродетель, имя которой — Любовь. Но подумайте сами: если у человека есть смирение, то разве у него может не быть любви?..» Смирение и любовь, эти «добродетели-сёстры», как называл их старец, есть фундамент жизни духовной. Ведь именно они привлекают на человека благодать Божию и именно от них рождаются все остальные добродетели. «Просто возделывайте смирение и любовь, — говорил нам старец. — Как только эти добродетели разовьются, гордость и злоба придут в истощение, и страсти начнут издыхать».

В настоящем пятом томе, выходящем в свет по благословению Высокопреосвященнейшего Никодима, митрополита Кассандрийского, собраны слова старца, относящиеся к страстям и добродетелям. Эти поучения — не курс систематизированных лекций, они не охватывают все страсти и все добродетели. «Слова» составлены из ответов старца на наши вопросы о распознавании и уврачевании страстей, а также о возделывании добродетелей. Эти ответы интересны не только монахам, но любому человеку, имеющему «добрую обеспокоенность» о возращении добродетелей. Старец Паисий своими характерными приёмами пастырского руководства — удачными примерами и искромётным юмором — согревает душу лучами духовного солнышка, под действием которых в душе распускаются цветы покаяния, и она приносит плод добродетели. Он побуждает нас мужественно взглянуть в лицо своему ветхому человеку, возненавидеть его «гнусную личину» и сбросить её. Мы уверены, что простое, но просвещённое светом благодати Божией слово старца поможет нам ещё с большей ревностью бороться против рабства страстей и ощутить себя людьми, свободными во Христе.

Старец Паисий говорил: «Бог даёт человеку не немощи, но силы. В зависимости от того, как человек будет использовать силы своей души, он будет становиться либо лучше, либо хуже». То есть если мы используем эти силы в согласии с волей Божией, то приближаемся к Богу и становимся подобными Ему по благодати. Если мы употребляем их в соответствии с «похотями ветхого человека», то становимся рабами страстей и удаляемся от Бога. Чтобы стать «новым человеком», необходимо свою волю привести в соответствие с волей Божией, которая выражена в Божественных заповедях. «Соблюдая заповеди Божии, — говорил старец Паисий, — мы возделываем добродетель и приобретаем здоровье души».

Старец особо подчёркивал, что Божественная благодать прекращает действовать в человеке, который работает своим страстям. Поэтому когда кто-то говорил старцу, что впадает в какую-то страсть, он обычно отвечал: «Осторожно! Этим ты отгоняешь благодать Божию». Когда мы спрашивали его, как стяжать благодать Божию или как человек может стать близок Богу, он отвечал нам по-разному. Иногда говорил, что достичь этого можно посредством смирения, иногда объяснял, как можно приблизиться к Богу через любовь и внутреннее благородство, иногда учил, как прийти к этому через жертвенность и любочестие, а иногда делал упор на отречении от своего «я». Ведь так или иначе всё это — свойства «нового человека», человека, освободившегося от страстей. «Когда я говорю, что надо отбросить себя, — объяснял старец, — я имею в виду, что надо отбросить свои страсти, совлечься своего ветхого человека… Если мы откажемся от своего „я" и наш нахальный квартирант — наш ветхий человек — „съедет" из занимаемого им жилища, то в сердце на освободившемся месте поселится новый человек, человек Нового Завета».

Настоящий том состоит из двух тематических разделов, а каждый из них в свою очередь — из четырёх частей. В первом разделе говорится о страстях, во втором — о добродетелях.

Первая часть первого раздела посвящена самолюбию, «матери страстей», так как все страсти — и телесные (чревоугодие, сластолюбие и прочие), и душевные (гордость, зависть и другие) — «проистекают из этого источника».

Во второй части речь идёт о гордости — об этом «генштабе страстей», как её называл старец. Можно сказать, что «как есть всего одна добродетель — смирение», так есть и всего одна страсть — гордость, потому что именно она «нас выгнала из рая на землю, а теперь с земли пытается отправить нас в ад».

Третья часть посвящена осуждению, которое рождается от гордости и «исполнено несправедливости». Дар рассуждения дан Богом человеку для того, чтобы отличать добро от зла, а осуждая, человек коверкает этот дар, превращая его в страсть осуждения, которой особенно гнушается Бог.

В четвёртой части речь идёт о страстях зависти, гнева и печали. Они также представляют собой извращение сил души и являются результатом их неверного применения. Силу вожделевательную, которая дана нам Богом для того, чтобы мы стремились к добру, мы обращаем в зависть и злость, а присущую нам от рождения раздражительную силу, которой должны пользоваться для мужественной борьбы со злом, направляем против ближнего. И, наконец, страсть печали и уныния лишает нас возможности радоваться богатым дарованиям Божиим и ослабляет духовно. Старец отличает эту печаль от *печали по Богу*, которая происходит от покаяния и наполняет душу сладостным утешением.

Раздел второй, посвящённый добродетелям, начинается с рассуждений о «возводящем на Небо» смирении. Без смирения наши добродетели «отравлены токсинами». В терпении без смирения может присутствовать ропот и лицемерие, простота может выродиться в нахальство и хитрость, а радость быть не духовным ликованием, а мирским наслаждением. «Нашедшие путь смиренномудрия, — говорил старец, — преуспевают в духовной жизни быстро, устойчиво и без труда». А в одном из писем он пишет: «Самый короткий, надёжный и лёгкий путь в Горний Иерусалим — это смирение».

Вторая часть посвящена любви, которая должна правильно распределяться между Богом, ближним и всем творением. Любовь к Богу неразрывно связана с любовью к ближнему и ведёт душу к божественному рачению[1], святому безумию и божественному опьянению. Истинная любовь к ближнему — это «дорогая духовная любовь», которой обладает тот, кто «удаляет своё „я" из своей любви», то есть не преследует в любви собственный интерес.

---

[1] *Рачение* (греч. ἔρως) — сильная, горячая любовь; наслаждение, утешение. *Здесь и далее, если специально не оговорено, примечания редакции.*

А любовь к творению — это излишек «общей» любви, которой обладает духовный человек.

Третья часть раздела посвящена духовному благородству и любочестию, которые являются двумя главными стержнями по учению старца Паисия. «В духовном благородстве, — говорил старец, — есть всё: любочестие, смирение и простота, бескорыстие, честность… и величайшая радость, и духовное ликование». Старец Паисий, не умаляя значения воздержания, ставит духовное благородство и любочестие превыше любого телесного подвига, поскольку если нет духовного благородства, великодушия и любочестия, то все труды — воздержание, поклоны и прочая аскеза — это всего лишь «огородное пугало», которое «может отгонять ворон, но не бесов».

В четвёртой части говорится о простоте — «первом чаде смирения», о вере и надежде на Бога, которые для человека — «самая лучшая и надёжная страховка», о терпении, которое «распутывает самое запутанное и приносит божественные плоды», и о духовной радости, которая приходит «после того, как будет наведён порядок внутри, и окрыляет душу». Наконец, старец Паисий говорит о рассуждении, «венце добродетелей». Рассуждение — «это не просто добродетель», не шаг вперёд в духовном преуспеянии, но плод и хранитель преуспеяния. Рассуждение — это «навигатор, который безопасно направляет душу, чтобы она не претыкалась ни направо, ни налево», но твёрдо шла царским путём добродетелей, избегая крайностей, которые от бесов.

В заключительной части помещены слова старца о «доброй обеспокоенности». «Добрая обеспокоенность о добром подвиге, — говорил старец Паисий, — это взыграние и устремление ввысь. Она придаёт душе удали, бодрости, приносит не страх и не печаль, а утешение. Это не напряжение и не тревога, но ревность о подвиге».

Желаем, чтобы эта духовная ревность зажглась во всех нас, вдохновила нас к подвигу совлечения ветхого человека и облечения в смирение, через которое в наше сердце вселится Любовь — Христос.

26 сентября 2006 года
Преставление апостола и евангелиста Иоанна Богослова

Игумения обители святого апостола
и евангелиста Иоанна Богослова
монахиня Филофея со всеми во Христе сёстрами

— Геронда, скажите нам что-нибудь перед тем, как уехать...

— Что я вам скажу? И так уже столько наговорил!..

— Скажите нам что-то, над чем мы могли бы внутренне работать до Вашего возвращения.

— Ну что же, раз вы так этого хотите, скажу... Итак: добродетель в собственном смысле всего одна, и имя ей — Смирение. Но вы этого не понимаете, поэтому я назову вам ещё одну добродетель, имя которой — Любовь. Но подумайте сами: если у человека есть смирение, то разве у него может не быть любви?..

РАЗДЕЛ ПЕРВЫЙ

СТРАСТИ

«Борьба со страстями — это непрестанное сладкое мученичество ради соблюдения заповедей, ради любви ко Христу».

О БОРЬБЕ СО СТРАСТЯМИ

— Ге́ронда[1], чего конкретно просил пророк Давид, молясь: *Ду́хом Влады́чним утверди́ мя*[2]?

— Давиду было необходимо управлять людьми, и поэтому он просил у Бога дар руководства. Но в *Ду́хе Влады́чне* нуждался не только пророк. В Нём нуждается любой человек. Ведь любому человеку необходимо управлять собой, в противном случае им станут повелевать страсти.

— Геронда, а что это вообще такое — страсти?

— Я отношусь к страстям как к силам человеческой души. Ведь Бог наделяет человека не немощами, а силами[3].

---

[1] *Ге́ронда* (от греч. γέρωντας — старец) — типичное в Греции обращение к старцу.

[2] Пс. 50:14.

[3] В данном случае простыми словами преподобный Паисий выражает истину православной веры, что «Бог не есть ни виновник, ни творец зла» (*Иоанн Лествичник, прп.* Лествица. Слово 26, п. 155). Как учит преподобный Никодим Святогорец, из благости Бога следует, что страсти в человеческой природе не созданы Им, но «по нашему собственному нерадению противоестественным образом страсти вошли в человеческое естество» (Νέα Κλίμαξ, Βόλος, 1956. Σ. 152). Согласно святым отцам, страсти появляются от противоестественного использования физических и душевных сил и устремлений, и при долговременности такого состояния превращаются в злую привычку, искоренение которой требует немалой борьбы и труда. — *Прим. греч. изд.*

Однако если мы не используем эти силы во благо, приходит тангала́шка⁴ и использует их во зло. Так изначально добрые силы человеческой души превращаются в страсти. А мы потом начинаем роптать и пенять на Бога. Тогда как если мы будем использовать эти силы, обратив их против зла, то они станут помогать нам в борьбе духовной. Взять, например, силу гнева⁵: если человек горяч или даже вспыльчив, это показывает, что его душа мужественна. Такое мужество помогает в жизни духовной. Если же человек вял и нерешителен, если у него нет мужества, то ему нелегко с собой бороться. А вот человек решительный, способный на сильные движения души, прилагая имеющуюся у него силу к жизни духовной, похож на мощный автомобиль, который рвёт со светофора, оставляя другие машины далеко позади. Однако, распоряжаясь своей способностью к сильным движениям души неправильно и оставляя свой гнев бесконтрольным, человек уподобляется автомобилю, который на запредельной скорости мчится по разбитой дороге: его то и дело выносит на обочину или он даже улетает в кювет.

Осознав, дав себе отчёт в том, какие душевные силы у него имеются, человек должен направить их во благо. Так, с помощью Божией, он достигнет доброго духовного устроения. Например, если кто-то видит в себе самость

---

⁴ *Тангала́шка* (греч. ταγκαλάκι) — такое прозвище преподобный Паисий дал диаволу. Тангалаки (или башибузуки) — это нерегулярные и почти неуправляемые военные отряды в Османской империи, состоявшие из сорвиголов, славившихся своей жестокостью; им не платили жалованья, а питались они за счёт мародёрства, грабя и убивая мирное население.

⁵ Отцы Церкви (святители Василий Великий, Григорий Богослов и многие другие) учат о трёх силах души, давая им такие имена: одна — разумная, или судительная (λογικόν), другая — гневная, или раздражительная (θυμικόν), третья — вожделевательная, или желательная (ἐπιθυμητικόν). Эти силы даны нам для того, чтобы мы познавали истину, гневались на диавола и желали блага, но они могут быть извращены и направлены на лукавство, безумную ярость, похоть и прочие страсти. См., например, 10-ю беседу свт. Василия Великого, «На гневливых».

и эгоизм, то надо обратить их против диавола. Когда диавол приходит и начинает свои искушения, человеку, склонному к самости, надо упереться и стоять на своём. Имеется склонность к пустословию и болтовне? Её тоже можно освятить — возделывая непрестанную молитву[6]. Посудите сами, что лучше: разговаривать со Христом и освящаться или пустословить и согрешать? Вот так, в соответствии с тем, как человек будет использовать силы души, он может стать или хорошим, или плохим.

Не надо оправдывать свои страсти

— Геронда, некоторые считают, что у них нет необходимых предпосылок для того, чтобы вести духовную жизнь. «Попробуй взять с того, у кого ничего нет!»[7] — говорят такие люди.

— Да уж... А если они при этом ещё и причитают, что их «мучают наследственные страсти», и оправдывают себя, то это совсем никуда не годится.

— Геронда, но если кого-то такие наследственные страсти действительно мучают?

— Послушай-ка, ведь у каждого есть наследственные качества — как хорошие, так и плохие. Человеку надо вступить в борьбу, чтобы избавиться от своих

---

[6] В монашеском лексиконе греческое слово εὐχή (молитва) означает краткую, состоящую из нескольких слов молитву, многократно повторяемую при молитве по чёткам. Обычно это Иисусова молитва: «Господи, Иисусе Христе, Сыне Божий, помилуй мя», но кроме неё εὐχή может означать и молитву Пресвятой Богородице: «Пресвятая Богородице, спаси мя», молитву святым: «Святый (*имярек*), моли Бога о мне», Честному Кресту, ангелам, совершаемую подобным образом молитву о упокоении усопших, об исцелении болящих и т. п. Это слово может переводиться как «молитва Иисусова», «молитва по чёткам», «молитва», «молитовка» и т. п. — в зависимости от контекста. «Творить молитву» в настоящем тексте означает совершать молитву такого рода.

[7] *Лукиан*. Сочинения. Т. 1. Разговоры в царстве мёртвых. Диалог 22. СПб.: Алетейя, 2001. С. 395.

недостатков и возделать то доброе, что в нём имеется. Поступая так, человек станет истинным, облагодатствованным образом Божиим.

Плохие наследственные качества — не препятствие для духовного преуспеяния. Ведь если человек подвизается — хотя бы самую малость, однако со многим любочестием[8], — то он движется в духовном пространстве, движется в пространстве чуда — там, где благодать Божия не оставляет и следа от его дурной наследственности.

Бог особенно нежно и трепетно относится к человеку, получившему в наследство дурные наклонности, из-за которых его духовные крылья совсем хилые. И вот, несмотря ни на что, этот заморыш изо всех сил взмахивает ими, любочестно пытаясь оторваться от земли и подняться к Небу. Таким людям Бог очень помогает. Я знаю многих людей, которые освободились от дурных наследственных наклонностей, приложив своё собственное маленькое старание и получив великую помощь Божию. Для Бога такие люди — настоящие герои. Ведь что преклоняет Бога на милость? Наш труд по исправлению своего ветхого человека.

— Геронда, а Крещение? Разве оно не очищает человека от дурных наследственных наклонностей?

— Крещение освобождает нас от проклятия первородного греха, а также от всех личных грехов. В купели Святого Крещения человек облекается во Христа, освобождается от первородного греха, и к нему приходит Божественная благодать. Однако дурные наследственные наклонности в человеке остаются. Что, думаете, Бог не

---

[8] *Любочестие* (греч. φιλότιμο). В современном русском языке эквивалента слову φιλότιμο нет. Небуквально его можно перевести как великодушие, расположенность к жертвенности, презрение к материальному ради нравственного или духовного идеала. Преподобный Паисий часто подчёркивает значение любочестия в духовной жизни.

мог бы освобождать в таинстве Святого Крещения человека и от этих наклонностей? Конечно, мог бы, но Он оставляет их нам для того, чтобы мы подъяли подвиг, одержали победу и увенчались победным венцом.

— А я, геронда, постоянно падая в какую-то страсть, говорю себе: «Такая уж я уродилась, такой уж я человек…»

— Этого ещё не хватало! Расскажи ещё сказку о том, что твои родители наделили тебя имеющимися у тебя недостатками. Это что же получается: все недостатки вашего рода передавались от дедов и прадедов, чтобы сконцентрироваться в тебе одной, а все положительные качества достались другим твоим родственникам?.. Слушай, а Бог-то в этом не провинился? Ведь человек, причитающий: «У меня такой характер, таким уж я уродился, у меня дурные наследственные наклонности, я вырос в таких-то условиях, и из всего этого следует, что исправиться я не могу», другими словами говорит: «Во всём, что со мной происходит, виноваты не только мои мама с папой, но и Господь Бог». Знаете, как я расстраиваюсь, слыша подобные глупости? Ведь говоря или думая таким образом, человек не только оскорбляет своих родителей, но и богохульствует. С момента, когда человек начинает думать подобным образом, на него перестаёт действовать Божественная благодать.

— Геронда, некоторые говорят, что если недостаток у человека «в крови́», то его невозможно исправить.

— Знаешь, в чём тут дело? Некоторым людям выгодно утверждать, что какой-то недостаток «у них в крови», поскольку таким образом они оправдывают себя и не ударяют палец о палец, чтобы от этого недостатка избавиться. «Меня, — говорят такие люди, — Бог дарованиями не наделил! Так в чём же я виноват? Почему с меня требуют то, что выше моих сил?» Скажут так — и давай себе лежать на боку! Такие люди оправдывают себя, успокаивают свой помысел и упрямо стоят на своём, ничего не желая менять. Ведь как исправишься, если, оправдывая себя, говоришь: «Это у меня наследственное, а это — просто дурная особенность моего характера»? Такое отношение к собственным недостаткам изгоняет духовные решимость и отвагу.

— Да, геронда, но так уж…

— Опять это твоё «но так уж»! Что же ты за человек-то такой? Выворачиваешься, выворачиваешься, как уж на сковородке! Всё время себе какие-нибудь оправдания придумываешь!

— Геронда, я что — нарочно?..

— Я не говорю, что ты нарочно, но быть умным человеком, с талантами от Бога, хватать всё на лету — и при этом не понимать, насколько отвратительно самооправдание?.. Головка маленькая, ума в ней много, а понимать — всё равно ничего не понимаешь!..

Я заметил, что некоторые люди, умные и способные отличить правильное от неправильного, всё равно стоят на стороне последнего, поскольку принять неправильное им легче и комфортнее. Так они оправдывают свои страсти. А другие наоборот — себя не оправдывают, но принимают помысел о том, что в их душе есть что-то неисправимое, и впадают в отчаяние. Это ухищрения диавола: одним он мешает духовно преуспеть с помощью самооправдания, других ловит на чрезмерной восприимчивости и низвергает в отчаяние.

Для того чтобы отсечь какую-то страсть, человек должен не оправдывать, а смирять себя. Если он, к примеру, говорит: «Кому-то дана способность любить, а мне нет» — и не борется за то, чтобы стяжать любовь, то как он сможет преуспеть? Без борьбы преуспеть невозможно. Разве вы не читали в святоотеческих книгах о том, какие пороки и недостатки были вначале у некоторых отцов и какой меры духовного устроения они достигли? Отцы, бывшие когда-то грешниками, превзошли других подвижников, имевших вначале множество добродетелей. Например, преподобный авва Моисей Мурин. Каким прежде он был преступником, и какого состояния он достиг![9] Вот что делает с человеком Божественная благодать!

Помысел говорит мне, что человек, имеющий дурные наследственные наклонности и подвизающийся ради того, чтобы стяжать добродетели, будет иметь от Бога бо́льшую мзду, чем тот, кто, унаследовав добродетели от своих родителей, не проливал пота, чтобы их приобрести. Ведь один пришёл на всё готовое, а другому пришлось пролить пот и кровь, чтобы их стяжать. Посмотри, ведь среди мирских людей бо́льшим уважением пользуются не те сыновья, которые, унаследовав от своих родителей большое состояние, просто сумели его сохранить, но те, кто, приняв одни лишь отцовские долги, трудились не покладая рук и сумели не только расплатиться с кредиторами, но и собрать собственное богатство.

Выявление страстей

— Геронда, мои страсти меня просто измучили.

— А, значит ты всё-таки понимаешь, что в тебе есть страсти?

— Иногда понимаю, иногда нет.

— Хорошо, что понимаешь хоть иногда. Признавая за собой страсти, человек смиряется. А где смирение, туда приходит благодать Божия.

---

[9] *Преподобный Моисей Му́рин* был разбойником, но покаялся, принял монашество и великими подвигами получил не только прощение грехов, но и дар чудотворения, был удостоен сана пресвитера и сподобился мученической кончины. Подробнее о нём см. «Достопамятные сказания».

— Так-то оно так, только я расстраиваюсь, то и дело впадая в прегрешения.

— Вот и радуйся тому, что то и дело впадаешь в прегрешения. Ведь в тебе есть гордость. А впадая в прегрешения, ты смиряешься. Говори так: «Боже мой, вот такая я никудышная. Помоги мне. Если Ты не поможешь мне, я сама ничего не смогу сделать». И не отчаивайся. Когда мы согрешаем, наш внутренний человек предстаёт в своём подлинном виде, мы осознаём наше действительное внутреннее состояние и стараемся исправиться. Если с нами это происходит, то мы действительно преуспеваем, не питая при этом иллюзий по поводу своего внутреннего состояния. Я вот, например, радуюсь, если какая-то из моих немощей вылезает наружу, если мои страсти становятся заметными — словно всходы колючек и сорняков. Если бы они оставались незаметными, я считал бы себя достигшим святости, а семена страстей всё это время незаметно прорастали бы в земле моего сердца. Так и ты: понятное дело, что, разгневавшись или впав в осуждение, ты расстроишься — ведь это падения. Но надо ещё и радоваться такого рода падениям: ведь стала заметной твоя немощь. А раз она стала заметной, ты станешь бороться, чтобы от неё избавиться.

— Геронда, если какая-то страсть какое-то время не проявляет себя, значит ли это, что во мне её больше нет?

— Если в тебе есть какая-то страсть, то придёт время, и она проявится. Поэтому, если знаешь, что в тебе кроется конкретная страсть, надо быть внимательной. Например, ты знаешь, что за дверью твоей кельи прячется ядовитая змея. Тогда, ступая за порог, ты будешь внимательно осматриваться по сторонам. А то как выползет эта гадина из какого-нибудь тёмного угла и как вопьётся тебе в ногу! Если ты знаешь, что рядом притаилась змея, и ждёшь, когда она высунет из укрытия голову, чтобы стукнуть по этой голове палкой, то это не так опасно. Настоящей опасности ты подвергаешься, когда, не подозревая ни о чём и не глядя под ноги, ты беззаботно шагаешь — и вдруг наступаешь на притаившуюся змею и она тебя кусает! Поймите: если человек не следит за собой и не знает своих страстей — это опасное состояние. А зная, какие в нём живут страсти, и направляя борьбу конкретно против них, человек получает от Христа помощь в их искоренении.

— Геронда, а не правильнее ли будет просто подвизаться, просто бороться, не заморачивая себе голову вопросом: «Я уже исправилась или ещё нет»? Разве это «исправилась — не исправилась» не в руках Божиих?

— Да, подвизайся и возлагай всё на Бога. Однако себя при этом тоже исследуй: где я сейчас, что со мной происходит? Ведь врач тоже сначала старается найти причину высокой температуры, а потом уже подбирает больному лекарство, чтобы эту температуру сбить. Я хочу сказать, что с того момента, как человек начинает видеть свои немощи, у него должна появиться добрая обеспокоенность, стремление бороться и эти немощи исправлять. Я, например, подвергаю себя испытанию и, анализируя, вижу, что во мне есть такая-то и такая-то немощь. Подвизаюсь по мере сил и вновь подвергаю себя испытанию и анализу: «Так, до вчерашнего дня во мне присутствовали такие-то и такие-то немощи и недостатки. Ну что, удалось мне избавиться хоть от какого-то из них? А какая у меня динамика в отношении вот этой страсти?» Совершив такое испытание и проанализировав своё состояние, я обращаюсь к Богу: «Боже мой, я делаю что могу, но помоги мне исправиться Сам. Мне одному это не под силу».

— Геронда, а может ли человек не обладать силой, необходимой для того, чтобы увидеть свои страсти?

— Если человек чрезмерно чувствительный и тонкокожий, то Бог не попускает ему познать все свои страсти сразу, «в один присест». Ведь ранимого человека, познай он разом все свои страсти, начнёт искушать диавол и сталкивать его в пропасть отчаяния: «А, так вот, значит, какие у тебя постыдные страсти, вот что ты натворил, вот ты каких наломал дров!.. Ну что же, путь ко спасению для тебя закрыт!» Так диавол может довести чрезмерно чувствительного человека до психиатрической больницы.

Гордость — опора страстей

— Геронда, если человек подвизается годы напролёт, но преуспеяния не видит, то о чём это говорит?

— Если мы не видим преуспеяния в нашей борьбе, это значит одно из двух: либо у нас нет бдительности и мы не начеку, либо Сам Бог не попускает нам преуспеть, поскольку есть опасность того, что мы возгордимся и нанесём себе вред.

— Геронда, а я, насколько могу себя оценивать, день ото дня становлюсь всё хуже и хуже. К чему это приведёт?

— Смотри, глупенькая, в жизни духовной есть три этапа. На первом Бог подносит человеку лакомства — всякие там карамельки и шоколадки. Он делает это, видя, что душа нуждается в утешении, видя её слабость. На втором этапе Бог отчасти отнимает у человека Свою благодать. Он делает это в педагогических целях — чтобы человек понял, что без Его помощи не способен сделать даже самого малого пустяка, чтобы смирился и почувствовал необходимость прилепиться к Богу. А третий этап — это уже постоянное и твёрдое доброе духовное состояние. И вот ты находишься где-то между второй и третьей стадией. Ты делаешь несколько шагов вперёд, забываешь о своей слабости, и Христос забирает от тебя Свою благодать. Будучи непокрытой Божественной благодатью, ты вновь видишь свою слабость и приходишь в себя. Если бы ты говорила мне, что день ото дня становишься лучше и лучше, то за тебя стоило бы опасаться, потому что это показывало бы, что в тебе есть гордость. А теперь, когда ты говоришь, что становишься всё хуже и хуже, я радуюсь, потому что вижу, что ты духовно здорова. Не бойся. Чем больше человек преуспевает, тем больше видит в себе недостатки и несовершенства. А это и есть преуспеяние.

— Геронда, а может ли быть такое: я прошу у Бога помочь мне избавиться от какой-то страсти, а Он меня не слышит?

— Что же, Он, по-твоему, Ваа́л[10], что ли? Бог и слышит нас, и нам помогает. Возможно, это ты не ощущаешь Его помощи, но если так, то причина этого не в Боге, а в тебе самой — в человеке, гордыней отгоняющем от себя Его помощь.

Невозможно, чтобы Бог не помог человеку, — за исключением тех случаев, когда есть опасность, что человек припишет успех собственным силам и возгордится. Благий Бог хочет, чтобы мы избавились от страстей. Однако если в нас есть гордость или предрасположенность к гордости, Он не станет нам помогать избавляться от множества страстей — иначе мы станем думать, будто бы справились собственными силами.

Поэтому, от всего сердца умоляя Бога помочь нам избавиться от конкретной страсти и не видя Его помощи, мы должны тут же понять, что за этой конкретной страстью кроется другая — бо́льшая страсть. Имя этой большей страсти — гордыня. Но поскольку гордыни мы не видим, Бог оставляет в нас страсть, которую мы не можем в себе не заметить: например, чревоугодие, пустословие, раздражительность и тому подобное. Он делает это для

---

[10] *Ваа́л* — языческое божество, посрамлённое тем, что его жрецы не могли до него докричаться. См. 3 Цар. 18:26.

нашего смирения. А вот когда от постоянных падений наши страсти станут нам отвратительны, когда мы познаем собственную немощь и смиримся, тогда Бог начнёт нам помогать. А когда Бог начнёт нам помогать, мы станем подниматься по духовной лестнице, перескакивая сразу через две ступеньки.

Страсти искореняются легко, пока они подобны молодым побегам

— Геронда, я вижу, что во мне много страстей.

— Да, страстей в тебе и правда хватает. Но ведь кроме них у тебя есть и другое: у тебя есть молодость, есть решительность и отвага. А это качества, необходимые для того, чтобы засучить рукава и выкорчевать из своего сада сорняки и колючки. Потом, насадив на их место лилии, гиацинты и кусты роз, ты будешь радоваться, стоя посреди своего цветущего благоуханного сада. Сейчас, пока ты ещё молода, и страсти твои нежны, подобно молодым побегам, их легко вырвать из земли с корнем. Погляди, ведь когда любой сорняк — даже колючий кустарник — только вылез из земли, его легко ухватить и уничтожить. А когда такие кусты подрастут и загрубеют, за них и не ухватиться без боли, а уж тянуть и вырывать из земли совсем непросто. Или вот, например, крапива: её первые листочки нежны и мягки на ощупь, словно листики и соцветия базилика. Молодую крапиву можно брать в руки, без опаски подносить её к лицу и обонять её запах. Поэтому постарайся искоренить свои страсти, пока ты ещё молода. Если не искоренишь их сейчас, то потом, с возрастом, твоя душа будет порабощаться различными дурными желаниями, и избавиться от них тебе будет уже непросто.

Люди, не искореняющие свои страсти в молодости, в старости очень страдают. Ведь их страсти стареют вместе с ними, превращаясь в старые, трудноизлечимые болячки. Чем больше человек стареет, тем больше он начинает привыкать к своим страстям и… любить их. Да, ведь старость — это возраст любви и нежности. Человек пожилой делается к себе более снисходительным. Кроме того, ослабевает его воля, и борьба со страстями становится всё более и более тяжёлой. Человек же молодой энергичен. Направив эту энергию на то, чтобы искоренить из себя страсти, он преуспеет духовно.

Как избавиться от страстей

— Геронда, отчего я постоянно впадаю в чревоугодие?

— Оттого, что чревоугодие — твоё слабое место. Ведь диавол нападает на тот блокпост, который защищён хуже других, тогда как другие точки, хорошо защищённые, не трогает. «Захватив этот слабый блокпост, — говорит сам себе диавол, — я потом по очереди захвачу и все остальные». Поэтому наименее надёжный блокпост и укреплять надо как можно лучше.

— Геронда, видя свои страсти, я опускаю руки и не знаю, что делать…

— Рук не опускай и не трусь! Мужественно, не смешивая свои страсти в кучу, берись за них по очереди, начиная борьбу с самой главной. В начале духовной борьбы полезно не рассматривать страсти под микроскопом, а истреблять и выкорчёвывать самые грубые. А когда начнут засыхать корни главных страстей, с ними будут сохнуть и более тонкие корешки страстей второстепенных. Следовательно, искореняя бо́льшую страсть, ты вместе с ней искоренишь и другие — поменьше.

— Геронда, а почему, принимая бесчисленные решения ревностно подвизаться против страстей, я в конечном итоге этого не осуществляю?

— А ты не принимай много решений одновременно. Ведь страсти, как и добродетели, составляют из себя единую цепь. И каждая страсть, и каждая добродетель соединена с другой, как сцеплены вагоны поезда и тянутся один за другим. И если ты примешь решение подвизаться против какой-то страсти и возделывать противоположную ей добродетель не пять минут, а продолжительное время, то ты добьёшься того, что вместе с конкретной побеждённой страстью ты избавишься и от других страстей. Кроме того, в тебе разовьются противоположные этим страстям добродетели. Представим, что тебя мучает страсть зависти. Вступив борьбу против этой страсти, ты разовьёшь в себе любовь, доброту и одновременно избавишься от гнева, осуждения, злобы и печали.

— Геронда, страсть или дурную привычку лучше отсекать разом или избавляться от неё постепенно?

— Если можешь, то лучше, конечно, разом. Ведь если ампутировать страсти неторопливо, могут возникнуть осложнения. Нет, в таких делах медлить не нужно. Когда человеку нужно перейти вброд реку, особенно зимой[11], он старается сделать это как можно быстрее — чтобы не окоченеть. Если перейти реку быстро, то потом успеешь согреться раньше, чем простынешь от холода. Или взять, например, стреноженных лошадей. Когда они хотят освободиться, то разрывают путы на ногах одним резким и сильным движением. Вот таким же резким и сильным движением надо обрывать путы и при диавольском искушении.

— Геронда, авва Исаак пишет: «Бесстрастие не в том состоит, чтобы не ощущать страстей, но в том, чтобы не

---

[11] В Греции реки зимой не замерзают.

принимать их в себя»[12]. Так что же, получается, приражения страстей может испытывать даже бесстрастный?

— Может. Но какой бы мусор диавол ни швырял в бесстрастного человека — всё сгорит в том божественном пламени, которое в таком человеке воспламенилось. Диавол не перестаёт искушать никого. Но если человек не принимает враческих приражений, его сердце становится чистым и в нём начинает обитать Христос. Сердце такого человека превращается в пылающую пещь, в *купину неопалимую*[13]. И какой бы мусор ни попал потом в такое сердце, он сгорает там без остатка.

Лучше геройски погибнуть, чем быть побеждённым страстями

— Геронда, достаточно ли одной благодарности Богу для того, чтобы подвигнуть нас на борьбу против страстей?

— Нет, одной благодарности Богу недостаточно. Кроме неё необходимы доброе расположение, признание собственной греховности и любочестная аскеза.

— Геронда, а память смертная? Есть ли от неё польза во внутренней работе над собой?

— Есть, да ещё какая! Имея память смертную, растворённую в надежде на Бога, мы познаем суетность, тщету этого мира и получим духовную пользу. Поэтому надо приводить себе на ум Суд Божий и не забывать о том, что мы будем осуждены на этом Суде за те совершённые нами грехи, в которых мы не покаялись. Будем задавать себе вопрос: «Что я творю? Как я могу жить в таком нерадении? И куда попадёт моя душа, если я умру вот в эту самую минуту? Разве я подписал со смертью контракт,

---

[12] *Исаак Сирин, прп.* Слова подвижнические. Слово 48. Свято-Троицкая Сергиева Лавра, 2008. С. 258.

[13] См. Исх. 3:2-3.

по которому она придёт ко мне ещё не скоро? Ведь люди умирают в любом возрасте — умирают старые, умирают и молодые…» Помня и размышляя о том, что очень скоро Бог может забрать меня из этой жизни, я не буду грешить. Для того чтобы страсти умерли, надо думать о смерти, думать о грядущем Страшном Суде. Кроме того, и сами мы по любочестию должны стремиться пострадать за Христа, Который принял многие страдания, чтобы нас спасти. Борьба со страстями — это непрестанное сладкое мученичество ради соблюдения заповедей, ради любви ко Христу. Лучше геройски погибнуть, чем быть побеждённым страстями и таким образом причинить страдания Христу.

— Геронда, в духовной борьбе я вся измучилась.

— Тут вон даже занозу из пальца больно вытаскивать — что уж говорить о человеке, который с корнем вырывает из себя какую-то страсть!.. А кроме того имей в виду, что как только человек начинает отсекать какую-то из своих страстей, диавол тут же старается ему помешать, и человеку становится тесно и больно — как тесно и больно одержимому нечистым духом, когда над ним читают заклинательные молитвы. Ведь в этот момент происходит борьба: человек сражается с диаволом и в конце концов от него освобождается.

Самоочищение не совершается без труда, автоматически, «нажатием кнопки». Страсти невозможно отсечь одним махом, как невозможно перепилить ствол дерева одним взмахом пилы. Пила долго двигается туда-сюда, пока не перепилит ствол целиком. Но ведь и на этом работа не заканчивается: как много надо труда для того, чтобы спиленное бревно стало мебелью! Бревно надо обтесать, распустить на доски, потом эти доски попадут в руки столяра, а в его руках станут постепенно превращаться в мебель…

— Геронда, а если до меня «не доходит», что этот труд необходим?

— Если «не доходит», то ты так и останешься необработанной корягой, а закончишь тем, что тебя бросят в огонь.

Мы должны засевать своё поле, чтобы Бог благословил его урожаем

— Геронда, я каждый день повторяю: «С завтрашнего дня я буду более внимательной и начну исправляться», но «завтра» всё остаётся по-прежнему…

— А ты вот что делай: «пускай перед собой» Бога. Не просто обещай исправиться, а говори так: «Силою Божией я постараюсь исправиться». Если ты будешь верить и говорить так, то Бог станет тебе помогать. Ты хочешь исправиться, а это значит, что ты способна принимать Его помощь. Ты просишь Бога о помощи? Он призирает на тебя Своим милостивым оком. Стараешься делать то немногое, что можешь делать сама? Значит, потихоньку двигаешься вперёд. Кто из взрослых, видя, как маленький ребёнок своими тоненькими ручками пытается сдвинуть с места большой камень, не подбежит к нему, чтобы ему помочь, избавить от непосильного напряжения? Так и Бог, увидев твоё маленькое собственное старание, поможет тебе победить.

Некоторые люди, не ударяя палец о палец для своего исправления, просят: «Христе мой, во мне есть такие-то и такие-то страсти. Ты и только Ты можешь избавить меня от них — ну так избавь же, хватит с меня!» Как поможет Бог такому человеку? Чтобы Бог помог человеку, надо, чтобы человек приложил своё старание. Есть вещи, которые человек должен сделать сам — чтобы потом ему помог Бог. Человек не получит от Бога помощи, если сам он не желает помочь самому себе.

Мы иногда стремимся получить благодать и дарования Божии «по взмаху волшебной палочки». Мы думаем, что без подвига и борьбы возможно стяжать ту или иную добродетель или даже стать святыми. Однако для того, чтобы Бог благословил наше поле урожаем, мы должны его засеять. Как Бог даст нам что-то без приложенного нами труда? Помните слова из тропаря преподобным отцам: «Пусты́ни безпло́дное возде́лал еси́»?[14] Бог посылает на землю дождь, умягчает почву, но мы тоже должны прилагать свои собственные усилия и возделывать свой надел. Земля готова. Теперь её надо вспахать плугом и засеять зёрнами. Ведь что посеем, то и пожнём — разве не так?.. Однако как сеять, предварительно не вспахав? И как жать, предварительно не посеяв?..

Поэтому не будем задаваться одним лишь вопросом о том, что может сделать Бог, но будем спрашивать себя о том, что можем сделать мы сами. Банк Христа принимает вклады под невероятно хорошие проценты. Но разве мы сможем получать эти проценты, предварительно не сделав в Его банке вклад наших собственных средств?

---

[14] Общий тропарь преподобному единому, глас 8: «Слез твои́х тече́ньми пусты́ни безпло́дное возде́лал еси́...»

ЧАСТЬ ПЕРВАЯ

МАТЕРЬ СТРАСТЕЙ — САМОЛЮБИЕ

«Человеку самолюбивому нет покоя. У такого человека нет душевного мира, потому что он несвободен внутренне».

ГЛАВА ПЕРВАЯ
О САМОЛЮБИИ И ЕГО ПОСЛЕДСТВИЯХ

От самолюбия происходят все страсти

— Геронда, что такое самолюбие?
— Самолюбие — это исполнение прихотей своего ветхого человека, то есть по сути это любовь к своему ветхому человеку. Ведь и чревоугодие, и эгоизм, и упрямство, и зависть своим происхождением обязаны самолюбию. Смотри: один по самолюбию ищет для себя удобств и комфорта и не считается ни с кем. Другой скрупулёзно заботится о еде и о сне — только бы чего-нибудь не произошло с его драгоценным здоровьем. Третий требует, чтобы с ним считались и ценили его. Стоит его чуть-чуть не заметить и сделать не так, как он хочет, — и он тут же взвивается: «Почему со мной не считаются? Я же всё лучше знаю! Ух, я им покажу!» Да, какая это всё-таки страшная вещь — самолюбие!

— Геронда, а когда человек может говорить: *Тебе́ ра́ди умерщвля́емся весь день*[1]?

— Человек имеет право так говорить, если он приносит в жертву ради другого свои пожелания. Ведь любое человеческое пожелание несёт на себе отпечаток человеческого «я», самолюбия. Если человек не рассуждает, по

[1] Пс. 43:23.

душе ли другому то, что хочется ему самому, и начинает требовать: «Подай мне то, подай мне сё!» — или говорит: «Почему ты этого для меня не сделал, а того мне не дал?» — то такой человек в конце концов подпадает под власть диавола.

— Некоторые люди, геронда, не могут успокоиться, когда что-то происходит не так, как им хотелось бы.

— Да как же они успокоятся? В их пожелании сидит их «я». Если в пожелании человека сидит его «я», то как там может найтись место Христу? Но когда в устремлении нет своего «я», а есть единое, есть главное — то есть Сам Христос, — тогда там есть всё. А нет внутри Христа — значит, там вообще ничего нет. Когда человек выбросит своё «я», тогда Бог подаёт ему всё нужное чудесным образом.

— Геронда, когда Вы говорите нам, что нужно выбросить своё «я», я чувствую страх: а вдруг мне это окажется не по силам?

— Ну и дела!.. Это всё равно что сказать: «Если я выброшу из себя свои страсти, что у меня останется?» Ведь когда я говорю, что надо выбросить «я», то имею в виду, что надо выбросить свои страсти, совлечься своего ветхого человека. Для взрослого, который понимает, что к чему, как-то несерьёзно говорить: «Не могу отказаться от своего „я"». Если бы тебе говорили: «Возьми лом и разбей эту стену», а ты кроме кисточки никогда ничего в руках не держала, то могла бы сказать: «Не могу». Но ведь для того, чтобы совлечься ветхого человека, не нужна физическая сила. Для этого нужно только одно — смирение.

В «безвкусном» кроется вкус Самого Христа

Помимо всего прочего, самолюбие — это желание есть и отдыхать больше необходимого. По-хорошему, телу надо давать только то, что ему необходимо. Одно дело — похоть, другое — необходимость. В первом — желание наслаждений для тела, во втором — потребность в необходимом. Допустим, передо мной стоят два блюда, одинаково сытные и одинаково полезные, но одно вкуснее, чем другое. Если я предпочту более вкусную еду — это будет проявление самолюбия. Однако если я из-за болезни страдаю отсутствием аппетита и предпочту вкусную еду ради того, чтобы хоть что-то поесть, то в этом будет рассуждение.

Тело, этот «злой мытарь»[2], как говорит авва Макарий, может требовать больше, чем ему нужно, в зависимости от того, к чему привык организм. Если у человека желудок небольшой, то ему и поститься легче, а если раздутый, то он становится рабом своего желудка, потому что желудок нужно чем-то заполнять. Взять, к примеру, человека толстого: какой огромный амбар он из своего живота устроил! Теперь ему, чтобы наесться, надо по меньшей мере полтелёнка съесть, а чтобы напиться — выпить пару вёдер!

— А раньше, геронда, люди были физически крепче или они больше себя понуждали?

— Конечно, и физически были немного крепче, но и понуждали себя больше. Старец Хаджи-Георгий своим монахам каждый день давал немного мёда и орехов[3]. А ведь все они были молодые, лет по пятнадцать, период активного роста, однако духовно они были взрослые люди! Но сегодня подмешивается мирская логика: «Нельзя детям поститься, чтобы они не заболели, всего у них должно

---

[2] См. *Παλλαδίου, Ἐπισκόπου Ἑλενοπόλεως*. Λαυσαϊκὴ Ἱστορία, Φιλοκαλία, τ. 6, ἔκδ. «Τὸ Βυζάντιον». Θεσσαλονίκη, 1996. Σ. 124. — *Прим. греч. изд.*

[3] В братстве старца Хаджи-Георгия постоянно соблюдался пост. См. *Старец Паисий Святогорец*. Афонский старец Хаджи-Георгий. 1809–1886. М.: Святая Гора, 2010. С. 36.

быть в достатке, нужно оберегать их от трудностей!..» Так вот эти дети и живут, требуя всё больше и больше котлет, только вот котлеты эти им впрок не идут.

Когда человек радуется, что не ест ради любви Христовой, тогда он по-настоящему питается. Если он ради любви Христовой предпочитает безвкусное вкусному, то он находит в безвкусном вкус Самого Христа.

Любовь к себе берёт верх над любовью к ближнему

— Геронда, сегодня один старичок с большим трудом поднимался по ступенькам в храм, и никто ему не помог, хотя мимо шло много народу.

— *И свяще́нник, ви́дев его́, мимои́де, и леви́т, ви́дев, мимои́де*[4]... Что с них взять? Они ведь ни разу не слышали Евангелия о милосердном самарянине!.. Себя самих мы любим, а нашего ближнего — нет. Любовь к себе берёт верх над любовью к ближнему, поэтому так и поступаем. Но любящий себя человек живёт не по духу Евангелия. Если бы Христос думал о Себе, то Он сидел бы на Небе, не приходил бы на землю, не страдал, не распинался бы ради нашего спасения.

Сегодня почти во всех людях присутствует самолюбие, в них нет духа жертвенности. Сегодня людьми овладевает дух по имени «Лишь-Бы-Мне-Не-Было-Плохо». Знаете, как мне иногда больно смотреть на то, как ведут себя люди? Недавно в больнице[5] я был свидетелем такой сцены: потребовалось поднять лежачего больного, чтобы перенести его в другую палату, а медбрат не двинулся с места, хотя это была его работа. «Не могу я его тягать — у меня

---

[4] См. Лк. 10:31-32.
[5] В 1987 году преподобному Паисию удаляли грыжу. — *Прим. греч. изд.*

поясница болит», — равнодушно объяснил он! Погляди, какая беда: человек бесчеловечный! А беременная медсестра, мать двоих детей, вместе с ещё одной женщиной взяли и перенесли его. О себе они не думали. Медсестра и вовсе забыла о том, что она в положении, и кинулась на помощь! Знаете, как я радуюсь, глядя на человека, который, сам находясь в трудной ситуации, жертвует собой ради других! Очень радуюсь! Сердце моё скачет от радости. Я ощущаю родство с человеком, который жертвует собой ради других, потому что такой человек имеет родство с Самим Богом.

«И пусть другие пропадут пропадом!..»

— Геронда, сегодня много людей ожидало Вас, а один молодой человек протолкнулся без очереди.

— Да, был сегодня такой. Входит и говорит: «Мне тут это, в общем, надо тебя увидеть. Я ездил на Афон, не нашёл тебя там и приехал сюда». — «Слушай-ка, — говорю, — ты разве не видишь, сколько людей ждёт? Мне что, всё бросить и заниматься тобой?» — «Да, — говорит, — отец, займись мной». Представляешь? Люди толпятся на лестнице, яблоку негде упасть, и больные там на ногах стоят, и старики, и женщины с малыми детьми... А этот молодой нахал настаивает на своём. И ладно ещё, если бы у него был какой-нибудь серьёзный вопрос, а то чушь какую-то нёс! Главное — он сам, остальные пусть пропадут пропадом!

Бывает, приходят люди и говорят: «Сегодня, отче, молись только обо мне и ни о ком другом». Подумать только, какие претензии! Ведь это всё равно что потребовать: «На этом поезде поеду только я, чтобы никого другого в вагонах не было!» Но ведь поезд в любом случае отправляется в путь, почему бы и другим на нём не поехать?

— Геронда, как понять слова Христа: *И́же бо а́ще хо́щет ду́шу свою́ спасти́, погуби́т ю?*[6]

— Имеется в виду, чтобы человек «погубил» свою душу в положительном смысле этого слова. Чтобы он не считался со своей жизнью, а жертвовал ею ради других. *Никто́же своего́ си да и́щет, но е́же бли́жняго ки́йждо*[7], — говорит апостол Павел. В этом и есть всё основание духовной жизни: забывать себя (в хорошем смысле) и обращаться к другому, участвовать в его боли и трудностях. Надо не искать способа, как бы избежать трудностей, но находить возможность помочь другому человеку, порадовать его.

— Геронда, а как понять, что́ нужно другому человеку, чтобы сделать для него это?

— Поставь себя на место другого, тогда ты поймёшь, что ему нужно. Если же будешь сидеть внутри своей скорлупы, то так и не сможешь понять, что нужно твоему ближнему.

В наше время большинство думает о том, как занять место другого, а не как поставить себя на его место. Я иногда наблюдаю, как некоторые подходят к Причастию, обгоняя других. Каждый из них думает: «У меня дела, я спешу» — и не думает: «А достоин ли я причаститься?» или: «Может, другой человек больше меня спешит?» Ничего подобного! Причащаются и преспокойненько уходят. А ведь даже если тебе не хватит частицы Тела Господня, то ты должен радоваться, что она досталось другому, а не тебе. А если у священника только одна частица, и есть больной человек, находящийся при смер-

---

[6] Мф. 16:25.
[7] 1 Кор. 10:24.

ти, которому нужно Причастие, тебе нужно радоваться, что он причастится, а не ты. Вот чего хочет от нас Христос. Если мы так поступаем, то Христос входит в наше сердце, переполняя человека радостью.

Му́ка под названием «Мне хочется так»

— Геронда, одна сестра создаёт мне проблемы.

— Знаешь, что происходит? Многие люди видят, в чём другие их стесняют, и не видят того, в чём они стесняют других. Они требовательны только к другим — не к себе. Но логика духовной жизни в том, чтобы обращать внимание на то, в чём ты стесняешь других, а не на то, в чём стесняют тебя; стремиться к тому, что нужно другому, а не к тому, что нужно тебе. Разве мы пришли в эту жизнь отдыхать и наслаждаться комфортом? Нет, в этот мир мы пришли не для того, чтобы весело провести время, а для того, чтобы очистить себя и приготовиться к жизни иной.

Если мы думаем только о себе и делаем только то, что нам хочется, то потом начинаем желать, чтобы и другие думали о нас, служили нам, помогали, то есть чтобы всегда было хорошо нам. «Мне хочется та́к!» — говорит один. «А мне хочется иначе!» — не соглашается другой. Каждый стремится к тому, что нравится ему, но покоя не находит, потому что настоящий покой приходит тогда, когда человек думает не о себе, а о других.

Во время оккупации в 1941 году, спасаясь от немцев, которые разоряли деревни, жгли и убивали, мы ушли из Ко́ницы в горы. В тот день, когда немцы вошли в Коницу, два моих брата с утра спустились с горы на равнину рыхлить кукурузу на огороде. Услышав, что пришли немцы, я бросился к матери: «Мама, я сбегаю вниз, предупрежу братьев!» Она меня не пускала, потому что все ей говорили: «Те всё равно пропали, хоть этого не пускай, а то и его потеряешь». — «Как бы не так!» — подумал я, нацепил солдатские башмаки и побежал вниз, в поля. Впопыхах я не успел хорошо завязать шнурки, и, когда бежал через поле, которое недавно полили, башмаки залипли в грязи и соскочили. Я их бросил и побежал дальше босиком вдоль реки, а там полно чертополоха. Летом, по жаре, около часа я бежал по острым колючкам и не чувствовал никакой боли! Прибегаю на поле к братьям, кричу: «Немцы! Прячемся!» И тут мы видим идущих в нашу сторону вооружённых немецких солдат. «Продолжайте рыхлить, — говорю я братьям, — а я сделаю вид, что полю́ и прореживаю кукурузу». Немцы прошли мимо и даже ничего не сказали. Только потом я заметил, что мои ноги все в ранах от колючек, а до того момента я даже ничего не чувствовал. В том беге по острым колючкам была радость! Радость самопожертвования. Разве я мог бросить своих братьев? А если бы с ними что-нибудь случилось? Да меня бы потом замучила совесть! Даже если бы я был бессовестным человеком, меня бы потом грызло воспоминание о том, что я себя пожалел.

Самолюбие лишает нас мира и радости

— Геронда, почему я не имею мирного духа постоянно?

— Ты не освободилась ещё от своего «я», ты ещё узник своего ветхого человека. Постарайся умертвить своё «я», иначе оно само тебя уничтожит. Человеку самолюбивому нет покоя. У такого человека нет душевного мира, потому что он несвободен внутренне. Такой человек скован, как черепаха, и даже некоторые повадки у него черепашьи. Разве черепаха может свободно высунуть голову из-под панциря? Нет: большую часть времени она прячется в своём панцире.

— Геронда, мне кажется, что я слежу за собой, зачастую ловлю себя «на месте преступления», а вот исправляться…

— Исправляться — тяжело. Ох, как тут сопротивляется наш ветхий человек! Но если мы сами не будем с усердием и рассуждением угнетать нашего ветхого человека, то он, как террорист, подорвёт всё здание нашей духовной жизни.

— Геронда, а что такое ад?

— Расскажу тебе одну притчу, которую когда-то слышал. Один простой человек просил Бога показать ему рай и ад. И вот однажды ночью во сне этот человек услышал голос: «Что ж, пойдём, посмотришь, как выглядит ад». Он оказался в комнате, посередине которой стоял стол, за ним сидело много людей. На столе была кастрюля, полная еды. Но, хотя кастрюля и была полной, люди оставались голодными: они держали в руках длиннющие ложки, черпали ими еду из кастрюли, но не могли дотянуться ложками до своего рта. Одни из них ругались, другие истошно голосили, третьи плакали навзрыд… Потом он услышал тот же голос: «А теперь пойдём, я покажу тебе рай». Тогда он оказался в другой комнате, где стоял такой же стол, с такой же полной еды кастрюлей, вокруг тоже сидели люди, с такими же длиннющими ложками. Однако все они были сыты и веселы, потому что каждый из них, черпая из кастрюли еду, тянул ложку не к своему рту, а подносил её ко рту своего ближнего. Вот такие дела… Теперь ты понимаешь, как можно ощутить рай уже в этой жизни?

Творящий добро человек радуется, потому что утешается Божественным утешением. А делающий зло страдает, и земной рай своими руками превращает в земной ад. Если в тебе есть любовь, доброта, то ты ангел, и куда бы ты ни пошла и где бы ни находилась, вместе с собой ты несёшь рай. А если в тебе живут страсти и злоба, стало быть, в тебе находится диавол, и куда бы ты ни пошла и где бы ни находилась, вместе с собой несёшь ад. Мы начинаем ощущать рай или ад уже в этой жизни.

ГЛАВА ВТОРАЯ
О СВОБОДЕ ОТ РАБСТВА САМОЛЮБИЯ

Цель подвига — совлечение своего ветхого человека

— Геронда, как преодолеть самолюбие? Мои телесные силы ограниченны, мне сложно во всём иметь самоотречение и действовать с самопожертвованием.

— *Же́ртва Бо́гу дух сокруше́н, се́рдце сокруше́нно и смире́нно Бог не уничижи́т*[1]. Нельзя преодолеть самолюбие, только взваливая на свои плечи чужой тяжёлый мешок — этого Бог от тебя не требует, потому что у тебя нет достаточных физических сил. Но самолюбие можно преодолеть смирением, перенося тяжесть оскорблений и несправедливости. А если ещё по любви и доброте прибавишь к этому немного физического труда, знаешь, какую ты получишь помощь от Бога?

— Геронда, какая связь между телесным трудом (подвигом) и отсечением страстей?

— Телесный труд подчиняет тело духу. И пост, и бдение, и любой другой подвиг, совершаемый ради любви ко Христу, когда он сопровождается борьбой с душевными страстями, полезен. Потому что если человек не

---

[1] Пс. 50:19.

искореняет душевные страсти: гордость, зависть, гнев, — а только бездумно мучает тело, то он лишь питает свои страсти гордостью. Душевные страсти причиняют нам больше вреда, чем полнота тела: большое пузо — это опухоль доброкачественная. А вот душевная страсть — это уже злокачественная опухоль. Я не говорю, что телесный подвиг не нужен, просто хочу, чтобы вы осознали суть подвига, которая состоит в совлечении своего ветхого человека.

— Геронда, как нужно подвизаться в воздержании?

— Подвизаться нужно следующим образом. Надо давать своему организму то, что ему потребно: сон, пищу и прочее необходимое. Далее задача человека состоит в том, чтобы отсечь похоть, эгоизм, зависть и другие душевные страсти. И вот потом уже надо переходить к воздержанию в пище и во сне. В таком случае телесный подвиг будет оправдан.

— Геронда, как человек может понять, где предел его возможностей, а где самолюбие?

— Человек должен наблюдать за собой и испытывать себя. Методом проб и ошибок он сможет оценить и понять свои возможности. Неопытный продавец кладёт на весы то меньше, то больше необходимого, но со временем уже знает, как положить ровно столько, сколько нужно. Во всяком случае, пока человек молодой, он может подвизаться строже. Чем старше он становится, тем меньше у него сил, и он уже не может себя слишком нагружать. А если переусердствовать, то можно и здоровье повредить. Поэтому время от времени нужно проводить ревизию своих физических возможностей и приспосабливаться к своему новому состоянию.

— Иногда, геронда, когда я чувствую, что силы мои истощены, меня охватывает страх, и я ничего не могу с ним делать. Может, это от самолюбия?

— Когда ты чувствуешь истощение сил, то посмотри, от чего это происходит: не от болезни ли это? Если не от болезни, тогда, может, от недостатка сна — в этом случае нужно побольше поесть или отдохнуть. Если же исключено и первое, и второе — значит, это искушение. Засучи рукава, берись за работу — и победишь искушение.

— Геронда, нужно ли трудиться до изнеможения? Может, жалея себя, я отгоняю благодать Божию?

— Не надорвись, благословенная душа! Нужно наблюдать за собой и останавливаться прежде, чем наступит момент, когда у тебя уже не осталось сил.

— Однако, геронда, мне кажется, что я ещё ни разу в жизни не исполнила сказанное святыми отцами: «Отдай кровь и прими Дух»[2].

— Ну какую там кровь ты можешь дать, малокровная? Лучше обрати всё внимание на борьбу с душевными страстями.

Не надо преклоняться перед комфортом

— Геронда, когда я говорю себе, что могу работать столько-то и что это предел моих возможностей, то говорю это по самолюбию?

— Чем дольше человек сидит сложа руки, тем больше он расслабляется, а чем больше работает, тем сильнее становится. От лени мхом обрастают, а работа и духовную пользу приносит. Цель в том, чтобы человек больше радовался неудобствам и трудностям, а не комфорту. Знали бы вы, как живут на Афоне некоторые старцы и какую радость при этом испытывают! Знаете, какое самоотвер-

---

[2] См. Достопамятные сказания о подвижничестве святых и блаженных отцов. Авва Лонгин, п. 4.

жение имел один старец, живший в километре от моей кельи, высоко на горе, на крутом склоне? Бедняга на четвереньках спускался по тропинке, когда ему нужно было сходить к старцу, жившему ниже. Его хотели забрать в монастырь, чтобы за ним было удобнее ухаживать, но он не соглашался. Потом все стали говорить: «Да он в прелести», так как он жил в келье один. Однажды он пришёл ко мне и рассказал, почему не хотел уходить в монастырь. Когда-то у них в келье не было храма, он долго уговаривал своего старца построить храм, и наконец его старец сказал: «Ладно, давай построим. Только ты уже не сможешь уйти с этого места, потому что у храма будет свой ангел-хранитель, а его одного оставлять нельзя». Тот пообещал, что никогда не уйдёт из кельи, и они построили храм. В конце концов келья, в которой жил старец, обветшала и разрушилась, и он стал жить в храме. Там и спал, сидя в стасидии. Вот какое самоотвержение! Я отнёс ему кое-какую одежду, чтобы ему было во что переодеться. Вдобавок он был болен, его постоянно мучили рези в животе. Однажды я послал к нему знакомого врача. Тот пошёл вместе со своим товарищем, но они нашли старца уже мёртвым: он сидел в стасидии, завернувшись в одеяло. Так этот человек отошёл ко Господу!

Жизнь в суровых условиях ради любви Христовой приносит в сердце умиление Христово. Божественное наслаждение рождается от телесных страданий. Святые отцы отдали кровь и приняли Дух. По́том и трудом они стяжали Божественную благодать. Они выбросили из себя своё «я» и снова обрели его — уже в руках Божиих.

Я прихожу в умиление, когда читаю жития святых подвижников Синайской горы. Пять тысяч подвижников жили на Синае, а сколько ещё на Афоне! За тысячу лет освятилось сколько отцов! А исповедники и мученики? Сколько страданий они претерпели! А мы? Ропщем при первой малейшей трудности. Мы хотим без труда стяжать святость. Самоотвержение стало редкостью. Даже мы, монахи, не понимаем, что блага приобретаются трудом[3], и жалеем себя, оправдываем себя, находим себе смягчающие обстоятельства… Отсюда и начинается зло. Диавол помогает каждому человеку найти оправдание, а годы проходят впустую.

Поэтому не стоит забывать и о том, что всех нас ждёт смерть. И коли уж нам всё равно умирать, то и о теле слишком заботиться не стоит — не в том смысле, что надо доводить его до болезни, но в том, что и перед комфортом вовсе не надо преклоняться.

Зачем беречь своё «я» для себя самого?

— Геронда, у меня есть помысел: может быть, я быстро устаю не только из-за своей телесной слабости, но и ещё из-за чего-то?

— Да, если бы в тебе горело божественное пламя, то всё было бы по-другому.

— А как мне воспламениться этим божественным пламенем?

— Нужно забыть о себе и думать о других.

— Мне кажется, что трудно поступать так всегда.

— По крайней мере, постарайся мыслям и заботе о других отдавать столько же сил, сколько ты отдаёшь мыслям и заботе о себе. Делая так, ты постепенно придёшь к тому, что станешь равнодушна к себе (в хорошем смысле этого слова!) и будешь постоянно думать о других. А если это произойдёт, то и Бог и люди тоже будут о тебе думать.

---

[3] В последованиях малого и великого ангельского образа говорится: «До́брая бо дела́ трудо́м стяжева́ются». См. Требник монашеский. СПб., 2014. С. 17, 71.

Только не думай о других ради того, чтобы другие думали о тебе!

— Выходит, геронда, что мой мучитель — это моё собственное «я»?

— Ну конечно, дитя! Отбрось своё «я». Если отбросишь — воспаришь. Зачем оно тебе, для кого ты его бережёшь? Для себя самой? Ту часть любви, которую оставляешь себе, ты отнимаешь от всецелой и безграничной любви, которую тебе необходимо иметь к другим.

— Геронда, как мне отбросить своё «я»?

— Насколько возможно, исключи своё «я» из того, что ты делаешь. Посели в своё сердце других. То, что ты желаешь для себя, отдавай другим. Отдавай, отдавай, не думая о себе. Чем больше ты будешь отдавать, тем больше будешь получать, потому что и Бог тогда будет в изобилии подавать тебе Свою благодать и любовь. Он станет тебя сильно любить, а ты станешь любить Его, потому что перестанешь любить себя, своё «я». Наше «я» хочет питаться гордостью и эгоизмом, а не благодатью Божией. Но не «я», а именно она — благодать — подаёт душе все необходимые «витамины», изменяет божественным изменением плоть и заставляет человека сиять невещественным светом. Буду молиться, чтобы ты скорее ощутила то, о чём я говорю, и избавила себя от муки самолюбия.

— Геронда, а может получиться так, что я борюсь с самолюбием, но в моих делах всё равно будет сквозить моё «я»?

— Всё зависит от того, как ты подвизаешься. Всякую мерзопакость человек выбрасывает, но сначала нужно понять, что это действительно пакость, почувствовать к ней отвращение. Иначе с какой стати выбрасывать? Вот и для того, чтобы отбросить своего ветхого человека, надо почувствовать к нему отвращение. А если ты «отлежала» совесть и чувства, так и будешь жить с этой гадостью…

> *Когда есть самоотречение,
> Бог подаёт Свою благодать*

— Геронда, когда я думаю о том, как святые совершали усилия над собой, меня мучает совесть. Мне кажется, что я-то себя жалею.

— Когда человек, подвизаясь смиренно, усердно и с рассуждением, выступает за пределы своих возможностей, тогда на него снисходит сверхъестественная Божественная сила.

— Геронда, что имеет в виду авва Варсонофий, говоря: «Не ищи телесного покоя, если не посылает его тебе Господь»[4]?

— Смысл слов аввы в том, что не надо искать местечка потеплее. Нужен не комфорт, а самоотречение, за которым последуют обильные Божественные дары. Когда есть самоотречение, тогда Бог подаёт человеку Свою благодать. Когда в человеке есть дух жертвенности, тогда он получает Божественную помощь, Бог заботится о нём. Чем больше человек приносит себя в жертву, чем сильнее он молится о своих ближних, тем большую помощь от Бога он получает.

Однажды поздно вечером я шёл из монастыря Ставроникита в келью отца Тихона[5], которую приводил в порядок, собираясь там поселиться[6]. По дороге меня остановил один человек. За спиной у меня был тяжёлый мешок, к тому же моросил дождь, а я стоял и слушал его. Уже стемнело, а он всё говорил и говорил не переставая. Мы вымокли насквозь. В какой-то момент мне пришёл помысел: «Как же я найду свою келью? Ночь, грязь, дорога

---

[4] См. Руководство к духовной жизни преподобных отцов Варсонофия и Иоанна. Вопрос 109. М.: Правило веры, 1995. С. 77.

[5] Речь идёт о старце Тихоне (Голенкове), подробнее о нём см.: *Старец Паисий Святогорец*. Отцы-святогорцы и святогорские истории. С. 13–39.

[6] Это было в 1968 году. — *Прим. греч. изд.*

трудная, и фонаря нет». Но как я мог прервать человека? Я его спросил, где он собирается ночевать. Он сказал, что в одной из келий неподалёку. Так мы стояли до полуночи, но наконец распрощались. Я пошёл своей дорогой, но только ступил на тропу, ведущую к келье, как поскользнулся и свалился в кусты. Башмаки полетели куда-то вниз, мешок зацепился за ветки, а подрясник задрался до шеи. Ночь была такая, хоть глаз выколи. Тогда я сказал себе: «Лучше остаться здесь. Прочитаю повечерие, полунощницу, утреню, а там, глядишь, рассветёт, как-нибудь и до кельи доберусь. А тот бедняга — найдёт ли он дорогу?» Я начал читать повечерие, и как только дошёл до «Поми́луй мя, Бо́же, по вели́цей ми́лости Твое́й»[7], неожиданно сильный свет, словно луч прожектора, осветил весь овраг! Я нашёл ботинки и смог идти. Тропинка была освещена. Я дошёл до кельи, нашёл и ключ от замка, а он был такой маленький и спрятан так далеко, что даже днём я бы с трудом его отыскал. Я вошёл в храм, зажёг там все лампадки. И тогда свет исчез — больше необходимости в нём не было…

---

[7] Пс. 50:1, в начале повечерия.

ЧАСТЬ ВТОРАЯ

ГОРДОСТЬ — КОРЕНЬ ЗЛА

«Гордый человек отделён от Бога, потому что гордость не пропускает через себя Божественную благодать. Гордость — это изоляционный материал, не пропускающий сквозь себя благодать Божию и изолирующий нас от Бога».

ГЛАВА ПЕРВАЯ
О ТОМ, ЧТО ГОРДОСТЬ — ЭТО ГЕНШТАБ СТРАСТЕЙ

— Геронда, я завистлива, злопамятна, осуждаю, гневаюсь...

— Зависть, осуждение, гнев, злопамятство и другие подобные страсти происходят от гордости. Гордость — это генштаб всех страстей. Сокрушая гордость, ты одновременно поражаешь все страсти, и в сердце приходят смирение и любовь. Потому я думаю, что в духовной брани достаточно сосредоточить все силы удара на гордости или, лучше сказать, открыть фронт на её направлении. Надо сосредоточить огонь всех наших орудий на крепости гордыни, отделяющей нас от Бога. Погляди, ведь объявляя войну какому-нибудь государству, главный удар наносят по столице. Если удастся захватить столицу — считай, захватили всё государство.

— Геронда, а с кем в родстве находится гордый человек?

— С тем, чьё имя лучше не произносить, — с самим диаволом... Хотя даже диавол уступит скорее, чем гордец... Чтобы уступил диавол, достаточно смириться. А человек гордый не уступит тебе, даже если ты смиришься перед ним, даже если ты попросишь у него прощения. В ответ на твоё смирение он бросит тебе в лицо: «Лицемер!»

У кого больше смирения, у того богаче его духовная сокровищница. А гордый человек ничего путного внутри себя не содержит. Он, как и пшеничный колос без зерна, гордо задирает нос, тогда как зрелый, наполненный хлебом колос смиренно склоняет свою голову к земле. Помрачённый гордостью человек не только внутренне неспокоен, но и даже внешне взбудоражен. Он распространяет вокруг себя шум. Все его дела — как воздушный шарик: диавол его сперва надувает, надувает, что есть мочи… А потом прокалывает тонюсенькой булавкой, и шарик с шумом лопается.

Гордость — лакейская штука, она низка и подла. Страшное дело — ведь самих ангелов она превратила в демонов! Гордость выгнала нас из рая на землю, а теперь с земли пытается отправить в ад.

Когда мы не замечаем своей гордости

— Геронда, я не вижу в себе гордости, не понимаю, в чём конкретно она во мне проявляется.

— Значит, в тебе есть гордость в общем смысле. Диавол часто представляет вещи настолько замаскированно, что человек не понимает, когда поступает по гордости. Но если он будет внимателен к себе, то поймёт, когда действует с гордостью. Он может не ощущать всей гордости, которая в нём, но хотя бы часть её он чувствует. Он может распознать гордость, если заметит в себе чувство эгоистичной удовлетворённости и превосходства над другими.

— А если, геронда, человек совсем не понимает, что в нём есть гордость? Что происходит тогда?

— А тогда начинают действовать духовные законы. Человек гордится, падает и волей-неволей смиряется. Снова гордится, опять падает и снова волей-неволей смиряется. И так продолжается всю жизнь: гордость — смирение, гордость — смирение. Однако такого рода смирение — не добродетель, оно просто результат действия духовных законов. Человек смиряется, сам того не желая и не делая для себя никаких выводов. Это состояние застоя. Гордому человеку просто даётся возможность понять, что в нём что-то не так. Например, говоришь сестре, несущей послушание в иконописной мастерской: «Эта икона у тебя хорошо получилась!..» Если она возгордится, то в следующий раз, когда нужно будет написать другую икону, подумает: «Эту икону я напишу лучше прежней, чтобы старец опять меня похвалил!» И смотришь, вместо иконы у неё выходит самая настоящая карикатура. Я ей замечаю, что где-то пошло не так, а она говорит себе: «Ну, на этот раз я сделаю в точности так, как мне сказал старец, и теперь-то он меня обязательно похвалит!» Ну и что же? Получается ещё одна карикатура.

— Геронда, а при этом ей самой икона может казаться очень красивой?

— Да, ещё как может!.. Её мазня может казаться ей шедевром, она прибежит и будет с радостью говорить мне: «Ну что? Какова она Вам теперь, геронда? Ну скажите, хорошую ведь я теперь написала икону?» Только когда я ей начинаю объяснять и показывать, что её работа — самая настоящая мазня, тогда до неё потихоньку доходит.

— Ну а если она так и не поймёт?

— А если не поймёт, значит, гордость в ней закостенела, и она будет наступать на одни и те же грабли. Что бы ты ни говорил гордому человеку, он все равно не выходит за пределы собственного «я».

— Геронда, а если я умом понимаю свою гордость, однако сердце моё все равно остаётся каменным?

— Начни понимать её хотя бы умом, и постепенно начнёшь исцеляться. Ведь и врач сначала ставит диагноз, а только потом приступает к лечению.

Гордость проникает везде

— Геронда, когда при исполнении своих монашеских обязанностей[1] я преодолеваю какие-то трудности, то радуюсь, поскольку чувствую, что получаю от этого пользу. Может быть, в этом тоже есть гордость?

— Если человек к себе невнимателен, то он может гордиться, даже лёжа на кровати и глядя в потолок. Наш духовный поезд может улететь под откос как направо, так и налево — диавол нас уловляет и с той, и с другой стороны. Некоторые меня спрашивают: «Скажите, пожалуйста, на что особенно мне следует обратить внимание, чтобы не впадать в гордость?» Это всё равно что спрашивать: «Не подскажете ли, где именно я могу упасть: здесь или чуть подальше?» Да где угодно! И здесь ты можешь упасть, и чуть подальше, и совсем далеко ты тоже можешь упасть, и направо ты можешь упасть, и налево… Ты можешь упасть отовсюду! И с лестницы, и со стула, и даже с низенькой скамейки! Ты можешь упасть в любой момент и при любых обстоятельствах, поэтому нужно внимание: гордость проникает всюду.

— Геронда, а может человек гордиться, когда и гордиться-то ему совсем нечем?

— У-у, иногда такой человек может гордиться даже больше тех, кому есть чем гордиться!.. Когда я жил в монастыре Сто́мион[2] в Эпире, то узнал, что в горах скитается один старый пастух. Семьи и дома у него не

---

[1] Под *монашескими обязанностями* обычно подразумеваются молитва по чёткам, чтение Священного Писания и святоотеческих творений, поклоны и другие аскетические труды, совершаемые монахом в келье согласно правилу, определённому духовником.

[2] *Сто́мион* — монастырь в честь Рождества Божией Матери, находящийся близ городка Ко́ница в Эпи́ре (северо-запад Греции, на границе с Албанией). Преподобный Паисий жил в этом монастыре и восстанавливал его из руин в 1958–1962 годах.

было, и он переходил с места на место. В конце концов его приютил у себя другой пастух, поселив в в сарае, где хранились веники для коз. Он не разрешал ему даже огонь разводить, чтобы веники не спалил. Так и жил этот старик в горах в холодном сарае. Спал он в углу на двух досках, на которые клал какие-то старые тряпки. Услышав о нём, я пошёл его навестить. Какой же он был грязнющий — настоящий трубочист!.. Я спросил одну бедную женщину из села неподалёку, сколько ей дать, чтобы она вымыла его. «Ничего, — говорит, — не надо, только мыло принеси». Ну что же, принёс я мыла, она его привела в порядок, и я навестил его ещё раз. Застал я его за обедом. Закончив есть, он молодцевато посмотрел на меня, хитро прищурился, потом важно перевернул миску вверх дном и гордо заявил: «Премудрость, брат! Что ж мы, без понятия? А то тут собаки, коты всякие бродят». Перевернуть миску вверх дном, чтобы её не облизывали собаки и кошки, он считал великим достижением. Как будто в космос слетал! Вот что такое гордыня… Жил не пойми как, а при этом гордился — не пойми чем.

Гордые помыслы

— Геронда, что нужно делать, когда к нам приходят гордые помыслы?

— Как другие люди смеются над нами, когда видят в нас гордость, так и мы сами должны смеяться над своими помыслами гордыни.

— А смиренному человеку приходят на ум гордые помыслы?

— Приходят. Но он смеётся над ними, потому что знает, кто он есть на самом деле.

— Геронда, я где-то читала, что гордые помыслы надо отгонять сразу, как и блудные.

— Блудный помысел распознаётся сразу. А вот чтобы распознать помысел гордыни, нужно трезвение. Например, если во время молитвы в уме появится блудный помысел, ты его распознаешь и сразу отгонишь: «А ну-ка, — скажешь, — пошёл отсюда!..» Но если, например, в церкви тебе придёт помысел, что ты хорошо прочитала Псалтирь, то нужно трезвение, чтобы его распознать и отогнать.

— Но ведь в большинстве случаев помысел гордости появляется во мгновение ока. Как успеть привести на ум смиренный помысел?

— Готовиться нужно заранее. *Уготовихся и не смутихся*[3], — говорит пророк Давид. Помыслы гордыни приходят молниеносно — это старая уловка диавола. А ты применяй против него другую уловку — постоянно возделывай смиренные помыслы, чтобы все время быть впереди его хотя бы на один шаг. Только смиренные помыслы приносят смирение, и только от смирения уходит гордость. Один проповедник[4] рассказывал мне, что как-то раз приготовил очень хорошую проповедь. Он поднялся на амвон и стал говорить, речь его текла как река, и говорил он очень красиво. Но вдруг в один момент у него в уме промелькнул гордый помысел, он сбился, речь его смешалась, и он не мог и пары слов связать. Он растерянно стоял перед всем народом, потом расплакался и молча спустился с амвона, сгорая со стыда. Потом он долго не мог произносить проповеди — в такую пришёл в негодность как проповедник. Я ему сказал: «Это случилось с тобой из-за гордости. Ты возгордился, и поэтому благодать Божия от тебя отошла.

---

[3] Пс. 118:60.
[4] В Греческой Церкви не всякий священник имеет право произносить проповеди в храме, но только получивший на это благословение от священноначалия.

Что же, теперь со смирением начинай всё сначала. Когда подойдёт время подниматься на амвон, говори себе: „Если я собьюсь, значит, мне для пользы духовной нужно опять стать посмешищем перед людьми". И если ты вдруг снова собьёшься и начнёшь плакать, то люди будут думать, что ты плачешь от умиления, и не соблазнятся, а получат пользу. Так что не бойся, смиряйся и проповедуй!» И в самом деле, он теперь всегда заранее готов стать посмешищем — и со смирением произносит хорошие проповеди.

ГЛАВА ВТОРАЯ
О ТОМ, ЧТО ГОРДОСТЬ МНОГООБРАЗНА

Скрытая гордость

— Геронда, Вы сказали, что во мне есть скрытая гордость. Что такое скрытая гордость?
— Это внутренняя гордость. А внутренняя гордость намного хуже внешней.
— А чем внешняя гордость отличается от внутренней?
— Внешняя гордость заметна и потому легко поддаётся врачеванию. Человека, имеющего внешнюю гордость, можно узнать и по одёжке, и по походке, и по разговору. Но бывает, что ему достаточно услышать всего несколько слов, и он начинает исправляться. А вот скрытую гордость попробуй распознай! Именно поэтому она с трудом поддаётся исцелению. Она прячется глубоко, окружающие её не видят, только очень опытный человек способен заметить её. Скрытой гордостью страдают в основном люди, ведущие духовную жизнь. Внешне они могут казаться смиренными и благочестивыми, а в душе скрывать такую гордость, что будь здоров! Не обманывайся: тангалашка может быть одет как в модный костюмчик, так и в нищенские лохмотья…
— А если человек имеет скрытую гордость, он чувствует её?

— Если наблюдает за собой, то чувствует.

— Мне кажется, геронда, что человек, имеющий скрытую гордость, не чувствует в душе покоя.

— Покоя от Бога он не чувствует, даже не знает, что это такое. Но он сам успокаивает свой помысел.

— Геронда, что может помочь мне распознать скрытую гордость и как бороться, чтобы избавиться от неё?

— Представим, что ты ревностно подвизаешься и помысел тебе говорит: ты делаешь нечто великое, ты добродетельный человек. Если так, то в тебе есть гордость, ты её в себе скрываешь. Если ты в себя всмотришься, то увидишь, что удовлетворение, которое ты испытываешь, — удовлетворение ложное. Чтобы скрытая гордость ушла, тебе нужно возненавидеть эту ложь и прогнать её от себя. У людей вызывают отвращение те, в ком заметна внешняя гордость, и это помогает последним исправиться. Однако те, у кого есть внутренняя, скрытая гордость, должны сами возгнушаться собой, чтобы от неё избавиться. Кроме того, если ты даёшь другим право делать тебе замечания, ты тоже себе помогаешь, потому что твоя скрытая гордость выходит наружу, становится явной, а затем постепенно исчезает.

Эгоизм — непослушный сын гордости

— Геронда, гордость и эгоизм — это разные страсти?

— Гордость, эгоизм, тщеславие — это одна и та же страсть, только в разной степени и с разными оттенками. А вот состояние совершенной гордыни — сатанинское.

Эгоизм — непослушный сын гордости. Эгоист не уступает, он всегда стоит на своём. Но как в конце концов ломаются деревья, которые не гнутся под порывами ветра, так и эгоист, не уступая, расшибает себе лоб. Эгоизм — великое зло! Хотя эгоист и не находит покоя, всё равно стоит на своём! Взять, например, ересиарха Ария. Родная мать говорила ему: «Столько людей утверждают, что ты неправ, неужели ты сам этого не понимаешь?» — «Понимаю, — отвечал он, — но разве я могу подчиниться их мнению?» Эгоизм Ария не позволял ему признать свою ошибку.

— Неужели ему было всё равно, что он стольких людей увлёк в свою ересь?

— А этот вопрос его интересовал меньше всего. «Если я призна́ю ошибку, — говорил он, — то потеряю уважение своих последователей». И чем больше он понимал, что заблуждается, тем активнее пытался убедить других в своей «правоте». Страшная всё-таки это вещь — эгоизм!

— Геронда, а чем эгоист отличается от гордеца?

— У эгоиста есть упорство, упрямство, а у гордого может не быть ни того, ни другого. Например, в церкви вы подходите к иконам по чину, все знают, кто за кем идёт. Если у какой-нибудь сестры есть эгоизм, а другая сестра влезет в очередь перед ней, то первая так надуется, что даже не пойдёт прикладываться к иконам!.. «Если эта пролезла вперёд меня, — кипит такая сестра, — то я вообще не пойду никуда прикладываться!» А вот если она не эгоистка, а гордячка, то она точно так же будет задета, что сестра влезла вперёд неё, но вида при этом ни за что не подаст! Она не только эту сестру, но ещё и других, младших себя, с елейным смирением будет пропускать перед собой: «Ах, проходите, пожалуйста, прикладывайтесь-прикладывайтесь!.. И ты проходи вперёд, сестра, и ты вперёд проходи!..»

— Геронда, а что мне делать, когда ранят мой эгоизм?

— Когда ранят твой эгоизм, не спеши накладывать на него мази и повязки. Оставь его как есть, раненым, — пусть себе умирает. Если умрёт твой эгоизм, то воскреснет твоя душа.

— А как умирает эгоизм?

— Надо похоронить своё «я», пусть оно гниёт и превращается в удобрение, чтобы на нём выросли смирение и любовь.

Высокое самомнение

— Геронда, отчего я легко впадаю в гордость?

— Если ты легко впадаешь в гордость, это означает, что ты имеешь высокое мнение о себе. Ты думаешь, будто что-то из себя представляешь. Ведь человек не стал бы гордиться, если бы он не думал, будто что-то из себя представляет, правда? И поскольку ты считаешь себя человеком выдающимся, то и гордишься ты по малейшему поводу. Ты как тот гипертоник, у которого, стоит ему немного поволноваться, мгновенно подскакивает давление.

— Геронда, у меня опять охладело сердце. Почему со мной так происходит?

— Потому что кое-какие винтики у тебя в голове разболтались, и теперь там гуляет ветер высокоумия. Я ставлю на твою голову заглушку, закручиваю на ней болты, а ты её всё равно срываешь. Теперь нам нужно поставить заглушку побольше и закрутить её покрепче. Знаешь, какие бы ты могла получить от Христа дарования, если бы не имела этого недостатка? Когда мы теряем внимание, то незаметно приходит диавол, пронзает нам голову иглой высокоумия, надувает её, как воздушный шар, и запускает вверх.

— Геронда, тому, кто высокого о себе мнения, нелегко разглядеть хорошее в других.

— Да, это так. Человек, высоко о себе мнящий, находится во мгле гордости и не имеет ни духовного здравия, ни ясного зрения, потому он и не может разглядеть дарования, которые имеют другие люди. Как к человеку могут прийти высокие мысли от Бога, если он занят высокими мыслями о себе? Если Христос возьмёт отвёртку и совсем чуть-чуть повернёт у нас в голове хоть один винтик, мы тут же станем нести такую ахинею!.. Какое уж тут высокое о себе мнение?..

Имеющий высокое мнение о себе находится вне себя, такой человек безумен. Ему нужно плавно спуститься на землю, чтобы найти на земле самого себя. Иначе так и будешь попусту парить в облаках и тратить горючее.

Самоуверенность

— Геронда, что значат слова: *А́ще не Госпо́дь сози́ждет дом, всу́е труди́шася зи́ждущии?*[1]

— Это сказано о человеческой самоуверенности. Когда при совершении великого пострига постригаемого спрашивают: «Сия́ вся… претерпе́ти обещава́еши ли ся?» — он отвечает: «Ей, Бо́гу споспе́шествующу»[2]. Будущий монах не говорит: «Конечно, я всё вытерплю сам!» Если же человек не поставляет впереди во всём Бога, но говорит: «Я сам сделаю это, я своими силами сделаю то», тогда он хоть лоб себе расшибёт, всё равно ничего не сделает.

— Геронда, я сильно огорчаю сестёр: они мне говорят одно, а я делаю совсем другое.

— Это происходит с тобой из-за самоуверенности. Тебе кажется, что ты мух на лету ловишь, но на самом-то деле ты ловишь не мух, а воздух! Ты хватаешь воздух и думаешь, что поймала муху. «Поймала!» — кричишь, только в кулаке-то у тебя пусто. Ты хватаешь воздух

---

[1] Пс. 126:1.
[2] См. Требник монашеский. Последование великого ангельскаго образа. СПб., 2014. С. 79-80.

другой рукой и снова кричишь, что поймала муху, но кулак-то твой снова пустой. Так что давай договоримся: сначала проверь, есть ли что в кулаке, а потом уже кричи: «Поймала!»

— Геронда, сёстры говорят мне, что им со мной тяжело, потому что я настаиваю на своём мнении. Но вот сама я этого не замечаю.

— Знаешь, в чём причина того, что с тобой происходит? Когда у тебя сформировалось определённое мнение по какому-то вопросу, то ты уже не спрашиваешь себя и других: «Мне пришёл такой-то помысел, и я не знаю, правильный он или нет», но считаешь, что твоё мнение априори верное, и потому упрямо стоишь на своём. Ты как та жена, которой муж-рыбак принёс осьминога и попросил приготовить его на ужин. А у осьминога не хватало одного щупальца. «Ну что, жена, — говорит проголодавшийся муж, — как там наш осьминог? Небось сварился уже?» — «Но он же не осьминог, — отвечает жена. — Он же семиног». — «Какой там ещё семиног? — говорит муж. — Осьминог, я тебя спрашиваю, сварился?» — «Но он же семиног!» Осьминог — семиног, осьминог — семиног... Слово за слово, наконец муж так разозлился на упрямую жену, что взял её в охапку, отнёс к колодцу и бросил туда! Вот стоит она, бедная, в колодце, по подбородок в воде, кричать уже не может, но всё равно продолжает ему на пальцах молча показывать: «Семь, семь, семь!» Так что ты говори, конечно, сёстрам свой помысел, но на мнении своём не настаивай.

— Да, геронда, но я часто замечаю, что моё мнение правильнее, чем мнение сестёр, с которыми я вместе тружусь на послушании.

— Это из-за твоей самоуверенности вещи представляются тебе в таком свете. Будь аккуратной: тот, кто имеет ко всему слишком рациональный подход, со своим эгоизмом и самоуверенностью может дойти до того, что перестанет вообще кого-либо слушать.

— А как мне избавиться от самоуверенности?

— Присмотрись к себе, и ты увидишь, что у тебя нет ничего своего, что ты ничего не можешь сделать без помощи Божией. Если ты поймёшь, что то хорошее, что ты делаешь, — от Бога, и только глупости — твои собственные, то ты перестанешь доверять себе и избавишься от самоуверенности.

Хвастовство

— Геронда, человек, который болеет гордостью, всегда рассказывает о добре, которое делает?

— Рассказывает или не рассказывает, всё равно — скрытое самодовольство сидит у него внутри. На днях пришёл ко мне один человек. Рассказывал он всё о себе да о себе, но при этом то и дело вставлял: «Во славу Божию сия глаголю». Рассказывает-рассказывает, потом опять своё: «Во славу Божию сия глаголю». Я в какой-то момент деликатно его спрашиваю: «Слушай, может, не только в Божию? Может, и в свою немножко?» — «Ни в коем случае, — отвечает, — вся сия глаголю во славу Божию». Получается, человек пришёл не для того, чтобы рассказать о том, что его беспокоит, а поведать о своих достижениях «во славу Божию», хотя на самом деле он всё рассказывал ради своей собственной славы.

Так или иначе, человек всегда теряет, если сообщает другим о своём добром деле или молча гордится им. В этом случае он без толку трудится, делая что-то доброе, но получая за это осуждение. Один человек, который готовился стать священником, за сорок дней до хиротонии удалился в глухой монастырь. Спустя тридцать восемь дней ему нужно было выехать из монастыря в мир. И вот видели бы вы, как он из кожи вон лез, чтобы вернуться в монастырь и отсидеть там ещё два дня! Так сильно ему потом хотелось всем рассказывать, что он провёл в монастыре сорок дней перед хиротонией. Ну а как вы хотели: ведь и пророк Моисей, прежде чем получить от Бога десять заповедей, тоже пробыл на Синае сорок дней!..[3] Потом он всем рассказывал: «Да-да, перед хиротонией я провёл сорок дней в пустынном уединении». Но разве таким путём к человеку приходит благодать? Да лучше бы он прожил в монастыре двадцать или пятнадцать дней, или вообще не прожил там ни одного дня, чтобы не иметь повода хвалиться, что просидел там сорок дней! Во всех этих случаях он получил бы больше благодати.

— Геронда, апостол Павел говорит: *Хваля́йся, о Го́споде да хва́лится*[4]. В такой похвале может быть гордость?

— Нет. Как же в ней может быть гордость? В такой похвале присутствует не гордость, а славословие, благодарность Богу. Если мы считаем за великую честь и благодеяние то, что Благой Бог устроил так, что мы стали христианами, то в этом нет никакой гордости. Или если, допустим, кто-то считает особым благословением и радуется, что Бог дал ему хороших и благочестивых родителей, то это не значит, что такой человек хвалится мирской похвалой. Это значит лишь то, что он испытывает благодарность Богу.

Человекоугодие

— Геронда, я часто чувствую неудовлетворённость и обиду.
— Что за обиду ты чувствуешь?

---

[3] См. Исх. 34:28.
[4] 1 Кор. 1:31. См. также Рим. 5:11, Флп. 3:3.

— Да вот думаю: «Почему люди не понимают, скольких усилий мне стоит сделать такое-то дело, и не проявляют ко мне уважения?»

— Когда человек делает что-то со смирением и любовью и это не находит у людей понимания, то, естественно, он может почувствовать обиду, хотя, по большому счёту, и в этом случае чувствовать обиду неправильно. Но, по крайней мере, в этом случае есть некоторые смягчающие обстоятельства. Однако когда человек требует от других признания, это гораздо хуже. Желание признания своих заслуг — это проявление эгоизма, самооправдания и человекоугодия. Насколько возможно, веди себя со смирением. Делай то, что делаешь, любочестно, ради Христа, а не из человекоугодия или тщеславия, дабы услышать похвалу от людей. Когда человек не принимает близко к сердцу похвалы от людей, а трудится только ради Бога, то Бог награждает его в этой жизни, подавая в изобилии Свою благодать, а в будущей дарует блага рая.

— Геронда, а может так случиться, что к любочестию примешается человекоугодие?

— Диавол, который хочет всё осквернить, может через человекоугодие похищать у человека часть любочестия. У человека есть духовно здоровое честолюбие — это любочестие, но если он не будет внимателен к себе, то заразится человекоугодием, и потом, что бы ни делал такой человек, это не будет приносить плода. Это всё равно что черпать воду дырявым ведром. Но если человек осозна́ет, что любое дело, которое делается из человекоугодия, — дело пустое, то у него сразу отпадёт всякое желание делать что-либо напоказ. Его глаза не захотят видеть почестей, а уши слышать, что о нём говорят другие.

— А я вот, геронда, не могу различить, где в моих поступках любочестие, а где человекоугодие.

— Чистое видно сразу. Когда человек руководствуется любочестием, то имеет внутреннее извещение, то есть ощущает внутри покой, тишину. А человекоугодие приносит в душу беспокойство и смущение.

— Геронда, помысел говорит мне, что я впадаю в искушения из-за того, что моё сердце не принадлежит всецело Богу.

— Да, частью его владеет человекоугодие. Постарайся, чтобы ни в одно твоё благое дело не вклинивалось человекоугодие, дабы получать вознаграждение за труд полностью, без «отчислений» в пользу тангалашки, и наслаждаться в полной мере внутренним миром. Анализируй мотивы своих поступков, и как только заметишь, что действуешь из человекоугодия, сразу же его отсекай. Если будешь подвизаться таким «добрым подвигом»[5], то освободишься от мирских побуждений, центром которых является человеческое «я». Тогда всё пойдёт как надо, и не будет у тебя искушений ни внешних, ни внутренних, и ты будешь наслаждаться внутренним миром.

— Геронда, меня огорчает застой в моей духовной жизни. Мне бы хотелось каждый день идти вперёд.

— Знаешь, что иногда происходит? Люди хотят избавиться от страстей и стать лучше не для того, чтобы угодить Богу, но чтобы нравиться другим. Вот ты, например, хочешь стать лучше и совершенствоваться в духовной жизни. А ты подумала, почему ты этого хочешь? Для того, чтобы стать ближе к Богу? Или чтобы казаться лучше прочих сестёр? Допустим, что ты стараешься приходить в церковь раньше других. Но какова твоя цель? Ты приходишь раньше других для того, чтобы не опаздывать на службу, потому что поступать так правильно? Или для того, чтобы просто приходить первой и получать похвалы

---

[5] 1 Тим. 6:12.

от сестёр? Духовный человек думает о том, чтобы нравиться Богу, а не людям. *Если бы я хотел нравиться людям, — говорил апостол Павел, — то не был бы рабом Христовым*[6].

— Геронда, я всегда боюсь пасть в глазах людей, но не думаю о том, чтобы ходить правильно перед Богом. Как сделать так, чтобы всегда иметь страх Божий?

— Нужно бодрствовать, быть в состоянии постоянной боевой готовности. Каждое твоё действие, даже самое малое, должно быть ради Бога. Обрати всего себя к Богу. Если ты возлюбишь Бога, то твой ум постоянно будет искать способ благоугодить Богу, понравиться Ему, а о том, как понравиться людям, он и думать забудет. Так ты освободишься от тяжёлых оков человекоугодия, а пока что они удерживают тебя и не дают духовно подниматься ввысь. А уж когда ты научишься радоваться тому, что падаешь в глазах людей, то будешь внутренне услаждаться Сладчайшим Иисусом.

Карамелька похвалы

— Геронда, меня тут маленько похвалили, и я… Ну, как бы Вам это сказать…

— Ну похвалили, и что теперь? Слушай, у тебя что, вместо головы погремушка? Нас, по-твоему, что должно беспокоить: какими нас видят люди или какими нас видит Христос? Люди или Христос — наша движущая сила? Послушай, ты же серьёзный человек, не будь легкомысленной!.. Меня вот тоже часто хвалят-хвалят, иногда даже всякие начальники, а меня от их похвал тошнит. Я смеюсь про себя над их похвалами и отбрасываю эти похвалы куда подальше. Так и ты: лишь услышишь что-

---

[6] См. Гал. 1:10.

то подобное, сразу отбрасывай подальше от себя. Ведь все эти похвалы — совсем никчёмные штуки! Что мы приобретаем от того, что другие нас хвалят? Только то, что завтра-послезавтра нас вслед за людьми будут нахваливать ещё и бесы? Человек, который радуется, когда его хвалят, становится посмешищем бесов.

Если человек повреждён, заражён гордостью или предрасположен к ней, то любые похвалы, будь они «мирскими» или «духовными» — то есть относящимися к телу или к душе, — наносят ему вред. Поэтому лучше не будем торопиться хвалить людей. Ведь если человек слаб духовно, то своей похвалой мы ему только навредим, и он может погибнуть.

Похвала — всё равно что наркотик. Например, человек, который начинает служение проповедника, может после своего первого опыта спросить мнение более опытных: удалась ли проповедь, на что следует обратить внимание, чтобы не причинить вреда слушателям? Чтобы его ободрить, кто-то может сказать: «Ты хорошо говорил, только на то-то, мне кажется, стоит обратить внимание». Но потом склонный к гордости проповедник может дойти до того, что будет спрашивать мнение других, только чтобы услышать от них похвалу. И если ему скажут: «Да, хорошая была проповедь», он обрадуется. «Вот ведь как они меня нахваливают!» — будет думать он и надмеваться этими мыслями. Но если ему скажут: «Увы, проповедь у тебя вышла, прямо скажем, неважная», он начнёт переживать. Видите, как тангалашка одной лишь малюсенькой карамелькой похвалы обводит человека вокруг пальца? Сначала человек спрашивает мнения других с добрым расположением — чтобы понять, в чём он должен исправиться. Но проходит какое-то время, и он начинает спрашивать мнение других ради того, чтобы услышать похвалу, которая доставляет ему радость...

Если вы радуетесь и испытываете чувство удовлетворения, когда вас хвалят, если расстраиваетесь и вешаете нос, когда вам делают замечание или говорят, что такое-то дело вы сделали не очень хорошо, то знайте: вы находитесь в мирском состоянии. И волнуетесь вы по-мирски, и радость испытываете тоже мирскую. Человек духовно здоровый радуется, если ты ему скажешь: «Знаешь, это у тебя плохо получилось», потому что тем самым ты помогаешь ему увидеть свою ошибку. Он признаёт, что сделал дело не очень хорошо, поэтому Бог его просвещает, и уже в следующий раз он сделает его лучше. Но даже сделав его лучше, он все равно будет считать, что не он сделал это дело, а Сам Бог. «Да ладно, что я там один-то мог бы сделать? — отмахивается такой человек. — Если бы Бог мне не помог, я бы таких дров наломал!» У человека, который так мыслит, правильное устроение.

— Геронда, а как сделать так, чтобы мы чувствовали себя одинаково и когда нас хвалят, и когда ругают?

— Если вы возненавидите мирскую славу, то с одинаковым расположением будете принимать и похвалу, и поношение.

Тщеславие

— Геронда, из-за чего я ощущаю внутри себя какую-то пустоту?

— Это от тщеславия. Когда мы стремимся возвыситься в глазах людей, то ощущаем внутри пустоту. Ведь тщеславие — это поиск пустой, тщетной славы, отсюда и возникает ощущение вакуума. Но ведь Христос приходит не в вакуум, а в сердце обновлённого человека. К сожалению, люди духовной жизни часто стремятся приобрести добродетель, но при этом ещё хотят приобрести и что-то, что питало бы их гордость, — общественное признание, привилегии и тому подобные мирские радости. От этого у них в душе появляется пустота, пустота тщеславия. Они ничем не наполнены, в них нет сердечной радости. И чем больше в них растёт тщеславие, тем больше увеличивается пустота в душе и тем больше они страдают.

— Геронда, отчего появляется тяжесть, которую я испытываю в своём духовном делании?

— Ты подвизаешься, но делаешь это без смирения. Тот, кто подвизается со смирением, не встречает трудностей в своём делании. Но когда у человека есть духовные устремления, сопровождаемые тщеславием, тогда в душе возникает тяжесть. Остальные страсти не так сильно препятствуют нам в духовном восхождении — если, конечно, мы смиренно призываем милость Божию. Но когда тангалашка нас уловляет тщеславием, он словно завязывает нам глаза и тащит за собой по узкой и опасной тропинке вдоль обрыва. Тогда-то мы и ощущаем в душе тяжесть, потому что попали под сильное влияние тангалашки.

Духовная жизнь в корне не похожа на жизнь мирскую. В мирской жизни, чтобы, например, какой-нибудь бизнес имел успех, необходимо сделать хорошую рекламу, распространить всякие там буклеты и листовки, постараться сделать так, чтобы о тебе узнало побольше народу. Но в духовной жизни бизнес будет успешным только в одном случае: если человек возненавидит мирскую славу.

— Геронда, как отогнать тщеславные помыслы?

— Радуйся вещам, противоположным тем, к которым стремятся люди мира сего. Только имея устремления, противоположные мирским, можно двигаться и действовать в духовном пространстве. Хочешь, чтобы тебя любили? Радуйся, когда на тебя не обращают никакого внимания. Хочешь сидеть на почётном месте? Садись на самую низенькую скамейку. Ищешь похвал? Возлюби уничижение, дабы ощутить любовь уничиженного Иисуса.

Ищешь славы? Стремись к бесславию, чтобы ощутить славу Божию. И когда ты ощутишь славу Божию, тогда почувствуешь себя счастливым и будешь иметь в себе радость — бо́льшую радостей всего мира.

ГЛАВА ТРЕТЬЯ
О ПОСЛЕДСТВИЯХ ГОРДОСТИ

Гордость отделяет нас от Бога

— Геронда, я чувствую, что со мной что-то не то.
— А ты разобралась, в чём причина такого состояния? Когда ты приходила ко мне на беседу в прошлый раз, было видно, что ты мыслишь правильно и действуешь с рассуждением, потому и Христос тебе помогал. Может, ты из-за этого и впала в гордость, и — как следствие этого — Христос отнял у тебя Свою благодать?
— Да, геронда, так оно и есть.
— Вот видишь… Когда мы перестаём осознавать, что преуспеваем только с помощью Божией, и начинаем думать, что достигаем всего сами, тогда Бог отнимает Свою благодать, дабы мы поняли, что наши — только желание и усилие, а сила и результат зависят от Бога. Как только мы осознаём, что преуспеваем благодаря лишь Божией помощи, у нас сразу открываются глаза, мы смиряемся, плачем о своём падении, Бог нас жалеет и снова подаёт нам Свою благодать. И мы идём дальше.
— Геронда, а когда человек впадает в гордость, Божественная благодать отходит от него сразу же?
— Конечно! А ты что, думаешь, Денница из ангела превращался в диавола медленно, постепенно? Нет, всё произошло во мгновение ока! Лишь только у человека

появится помысел, что он что-то значит, как благодать Божия сразу его покидает. Да и что общего у благодати Божией с гордостью? Бог есть смирение. А когда благодать Божия отходит, то приходит диавол и помрачает ум. Потом такой человек может испытывать даже внешние нападения от бесов, а внутри у него образуется духовный мрак.

Гордый человек не имеет благодати Божией, а потому существует опасность того, что он может пасть великим падением. Боже упаси! Гордый человек отделён от Бога, потому что гордость не пропускает через себя Божественную благодать. Гордость — это изоляционный материал, не пропускающий сквозь себя благодать Божию и изолирующий нас от Бога.

Принимая гордый помысел, мы губим любое доброе дело

— Геронда, ну что же я за человек такой невнимательный! За что ни возьмусь — всё испорчу!..

— Похоже, в тебе сидит скрытая гордость. А Бог тебя любит. И, следовательно, начинают действовать духовные законы: ты что-нибудь портишь и смиряешься. *Всяк возноса́йся смири́тся*[1], — сказано в Евангелии.

— Геронда, а я тут недавно гладила, прожгла чужую рясу и теперь боюсь утюг в руки брать.

— А ты осеняй себя крестным знамением, бери утюг и гладь.

— А может, это было искушение?

— Если мы что-то портим, это редко происходит от зависти диавола. Как правило, причиной является гордый помысел. Когда мы принимаем гордый помысел, то губим

---

[1] Лк. 14:11.

любое доброе дело. Вот похоже, что и ты приняла гордый помысел.

— Но почему тогда сгорела ряса, причём чужая? Почему не со мной что-то случилось?

— А вот как раз потому ряса и сгорела, что она была чужая. Сёстры узнали о том, что ты натворила, — ты опозорилась, а через это смирилась. А если бы что-то случилось с лично с тобой, то ты бы не опозорилась. Ведь для чего человек исповедуется? Чтобы грех его стал явным, был выставлен на посмешище. Так побеждается диавол.

— Геронда, когда человек делает что-то, а вместо пользы происходит вред, то что это значит: человек делал неправильно или не имел доброго расположения?

— В каждом конкретном случае причин может быть много. Надо рассматривать мотивы поступка.

— Геронда, а может ли человек испортить что-то просто по рассеянности?

— Что значит «просто по рассеянности»? Если присмотришься повнимательнее, то увидишь, что в большинстве случаев человек портит что-то по гордости. Если, к примеру, какой-нибудь хозяйке придёт помысел, что никто на целом свете не моет тарелки лучше неё, то может так получиться, что она «просто по рассеянности» опрокинет полку с посудой и всю посуду разобьёт. Как-то раз женщине, которая работала в посудной лавке, пришла в голову такая мысль: «О, как же я ловко достаю с полки коробки с фужерами!» Как только она это подумала, коробка, которую она снимала, выскочила у неё из рук и упала на пол. Все бокалы разбились! Или, допустим, водитель видит идущего вдоль дороги бедного старика, сажает его в машину и везёт, куда тот попросит. Если в этот момент водителю придёт помысел: «Ну? Разве другой бы так поступил? А я вот молодец! А теперь ещё и этот дедуля будет всем рассказывать, какой я хороший!» —

то благодать Божия его оставит, и он может врезаться в столб, въехать на тротуар или, Боже упаси, даже кого-нибудь сбить.

У гордого человека вместо духовных взлётов происходят падения

— Всё, геронда, спа́ла у меня, наконец, температура.

— Очень рад, что спала, слава Богу. А то тебя эта температура всю измучила. Надеюсь, что и в твоей духовной жизни высокая температура тоже пройдёт, только вот нужно разобраться с гордостью, от которой эта температура поднимается. На самом деле гордость — такая штука, которая может вызвать не только незначительное повышение духовной температуры, но и сильный жар. И чем сильнее гордость, тем выше духовная температура, которая влияет даже на тело, вызывая жар и в нём, поскольку тело и душа человека неразрывно связаны.

Гордость — самая страшная духовная болезнь. Она как пиявка. Если пиявка присосётся к человеку, то начинает пить его кровь. А гордость высасывает из человека всё до капли. Она вызывает духовное удушье, потому что забирает весь духовный кислород, предназначенный человеческой душе.

— Геронда, я заметила, что сто́ит мне в моём делании войти в определённую колею, как всё начинает идти наперекосяк…

— Видно, помысел начинает тебе нашёптывать: «Я преуспеваю! Я преуспеваю!» — поэтому и случается падение. У гордого человека вместо духовных взлётов происходят падения.

— Геронда, а меня всегда уязвляет гордость: что бы я ни делала, что бы ни говорила.

— А ты всё делай со смиренным помыслом, иначе даже в благих твоих действиях будет присутствовать диавол.

Допустим, человек гордо заявляет другим: «Вот, собираюсь тут сделать одно доброе дело!» Тем самым он посвящает в своё намерение диавола и может встретить на пути множество препятствий. А в конечном итоге он так ничего и не сделает. Но если человек, собираясь сделать доброе дело, избегает шума, то диавол не находит зазора, чтобы встрять.

— Геронда, как правильно совершать над собой духовную работу?

— Сокровенно и в молчании. Духовное делание — вещь тонкая, в ней каждое наше действие требует особого внимания. Духовная жизнь — это «наука из наук»², как говорят святые отцы. О, сколько здесь нужно трезвения! Восхождение в духовной жизни — это всё равно что подъём по винтовой лестнице без перил. Если человек поднимается и вместо того, чтобы смотреть под ноги, начинает говорить себе: «Ух, как высоко я забрался! А сейчас ещё выше заберусь!» — то оступается и летит вниз.

— А почему, геронда, у этой лестницы нет перил?

— А потому что человек — свободное существо и должен сам пользоваться умом, который ему дал Бог. Если он не пользуется правильно своим умом, то чем ему может помочь Бог?

— Геронда, а может гордость быть причиной «духовной засухи»?

— Может. Если в человеке есть гордость, то Бог попускает ему пребывать в состоянии вялости, безразличия, холодности, равнодушия. Ведь если человек гордый вкусит от небесных благ, то он начнёт гордиться и думать, что якобы заслужил это своими делами. А потом он станет

---

² *Преподобный Исихий, пресвитер Иерусалимский.* К Феодулу душеполезное слово о трезвении и молитве. Цит. по кн.: Добротолюбие. Т. II. Свято-Троицкая Сергиева Лавра, 1992. С. 183.

ещё и других учить: «Подвизайтесь, люди! Видите, чего я удостоился за свои подвиги!» — и так будет причинять людям вред. Потому Бог и попускает такому человеку быть биту. По попущению Божию этого человека бьют столько, сколько нужно — пока в нём не умрёт самомнение, пока он не отчается в себе — в хорошем смысле этого слова — и не почувствует, что значат слова Господа *без Менé не мóжете творúти ничесóже*³

Гордость делает человека посмешищем

— Геронда, почему мы всё время хотим, чтобы другие знали о наших благих делах, хотя так сладостно и легко жить и трудиться в безвестности?

— Дело даже не в сладкой и лёгкой жизни, просто человек, имеющий внутреннее содержание, естественно старается, чтобы его добрые дела не были заметны. А люди такого человека уважают и любят, хоть он сам этого и не понимает.

Насколько же притягателен смиренный человек и насколько отвратителен гордый! Гордого человека никто не любит. Даже Бог от него отвращается. Погляди, даже малые дети, видя, что кто-то из ребят ведёт себя надменно, начинают над ним смеяться. А молчаливого и рассудительного сверстника — уважают. Если дети увидят на улице человека, который идёт задрав нос, они сразу чуют, что это за фрукт, бегут за ним вслед и дразнят. Помню одного человека в Конице: он каждый день надевал костюм, галстук, шляпу и гордо прогуливался по площади, хотя жил в страшной нищете. Детишки, как только видели его, подбегали и пристраивались сзади, передразнивая его гордую походку. И это совсем маленькие дети. Взрослые

---

³ Ин. 15:5.

же понимают, что человек горд, ещё быстрее! Они могут ничего ему не говорить, чтобы не оскорбить, но внутри чувствуют отвращение.

Человек, который хочет себя возвеличить, в конечном итоге становится посмешищем. Помню, когда я жил на Синае[4], туда приехал один священник по имени Савва. Человек он был немного тщеславный и о себе имел высокое мнение. Однажды бедуины затаскивали в монастырь что-то тяжёлое и, когда тянули, то, чтобы налегать одновременно, кричали «caya! caya!», что значит «все вместе!» Отец Савва, услышав их крики, со всех ног побежал на монастырский двор и начал напоказ удивляться: «Вы только посмотрите!.. Я ещё и обустроиться-то толком не успел, а эти люди уже знают о моем приезде, приветствуют меня и торжественно выкрикивают моё имя! „Савва! Савва!" — кричат они... Хм, даже тут меня все знают!..» Горемыка думал, что бедуины кричат: «Савва! Савва!» Когда он это сказал, меня разобрал смех. Да и разве можно здесь было не рассмеяться? Лукавое око и глядит кривобоко: если человек что-то себе напридумывал, то и на происходящее вокруг он будет смотреть сквозь свои фантазии.

— Геронда, он так делает из-за гордости?

— Он пленён тщеславием, да и его больная фантазия делает своё дело, так что потом он сам не видит, насколько смешно выглядит. Один монах мне рассказывал, что когда жил в миру, как-то подарил своему знакомому дорогое пальто. Прошло время, и они оказались вместе в одной компании. Его знакомый был одет в то самое пальто. Во время разговора он вдруг заявляет собравшимся: «А известно ли вам, друзья, откуда у меня эта вещица? Представьте себе: я купил это пальто в Париже. Сколько

---

[4] Преподобный Паисий подвизался на Синае с 1962 по 1964 год. — *Прим. греч. изд.*

оно стоит — лучше умолчу, чтобы вас не смущать». И он говорил это в присутствии человека, от которого получил пальто в подарок!

— Геронда, он что, был совсем глупый?

— Ну а как ты думаешь: может ли кто-то быть глупее гордого? Гордость делает человека самым настоящим посмешищем.

ГЛАВА ЧЕТВЁРТАЯ
О ТОМ, ЧТО НЕОБХОДИМО НАНЕСТИ УДАР ПО ГОРДОСТИ

*Нужно не бежать с поля боя,
а воевать как положено*

Геронда, помысел говорит мне, что если я переменю послушание, оставлю клирос и перестану писать иконы, то перестану постоянно гордиться и впадать в искушения.

— Даже если ты перестанешь петь и писать иконы, но не возненавидишь тщеславие, то будешь допускать ещё больше духовных ошибок. И в уходе твоём тоже будет гордость, даже ещё больше гордости, потому что на самом деле ты хочешь отказаться от своих послушаний не ради смирения, а просто для того, чтобы поменьше ущемлялся твой эгоизм.

— Геронда, но не лучше ли вообще ничего не делать, чем делать что-то и при этом гордиться?

— Если тебе велят что-то делать — иди и делай. Только следи за тем, чтобы не преткнуться и не упасть. Споткнулась и упала? Поднимайся, не лежи. Осознай, что ты оступилась по невниманию, и если тебе опять велят что-то делать, снова иди и делай. Но опять следи, чтобы снова не споткнуться. Если ты один раз упала, то это не значит, что в следующий раз надо отказываться от послушания. Вот если игуменья или старшие сёстры тебе скажут: «Не занимайся этим послушанием, потому что ты в прошлый раз духовно споткнулась», тогда не ходи. Понятно тебе? Итак: когда тебе говорят что-то делать, делай. Только делай правильно и со смирением. Ничего не делать, чтобы якобы не возгордиться, — это ещё хуже. Это всё равно что смотреть на бой со стороны, бежать с поля боя, чтобы в тебя не угодила пуля или осколок. Цель в том, чтобы оставаться на поле боя и воевать — но воевать как положено. А иначе из тебя не будет совсем никакого толку.

Наш ближний поможет нам сломать нашу гордость

— Геронда, я расстраиваюсь, когда сёстры мне делают замечания.

— Гордость в тебе сидит, вот и расстраиваешься. Сломать гордость тебе поможет твоя сестра, если ты дашь ей право делать тебе замечания и разрешишь ей сказать что-то нелицеприятное в свой адрес. Так очищается душа. Человек с трудом видит собственное высокое мудрование, поэтому он должен относиться к другим людям как к врачам и принимать от них любые лекарства для исцеления от своей болезни. Наши ближние — наши врачи: у каждого из них лежит в кармане лекарство, способное исцелить нашу болезнь. Добрые люди лечат нас с состраданием и любовью, а недобрые — со злобой и пристрастием. Однако часто именно это суровое врачевание бывает для нас полезнее, поскольку беспощадным словом, как скальпелем, вырезается гнойник из глубины нашей души.

— Геронда, а я, наверное, совсем дура: мне часто делают замечания, но я не могу понять, за что.

— Скажи лучше не «дура», а примерно так: «Я умная-преумная, но вот смирения у меня нет». Увы, но когда тебе указывают на ошибки, ты начинаешь оправдываться.

Если ты не принимаешь замечаний, сделанных за ошибки, которые, как тебе кажется, ты не совершала, то как ты научишься брать на себя чужие ошибки? Человек, который оправдывается в ответ на замечания, убивает в себе смирение. А вот человек, который взваливает на себя вину за все ошибки — и свои, и чужие, — смиряется, и его осеняет благодать Божия.

— Нет, геронда, мне кажется, что я стараюсь не доказать свою правоту, а просто хочу объяснить, что меня неправильно поняли…

— Вот я и заметил, что в тебе есть скрытая гордость, которая всё лезет и лезет из тебя через самооправдание!.. Старайся не оправдываться, что бы тебе ни говорили. Искренне попроси прощения — этого достаточно. Словом «прости» и искренним раскаянием пресекается гордость.

— Сегодня, геронда, один ребёнок плохо себя вёл в архондáрике[1]. Мать настаивала, чтобы он попросил прощения, а он вместо этого канючил: «Ох, у меня ручки болят, ох, у меня ножки болят…» Ребёнок-то капризничал, а вот почему некоторым взрослым людям так трудно пересилить себя и сказать «прости»?

— Сказать «прости» им не позволяет гордость.

Духовная ядерная реакция

— Геронда, как мне избавиться от самомнения?

— Познай себя. Хотя бы попробуй, загляни внутрь себя. Согласись, ведь безобразно там? Посмотри внимательно — и станешь сама себе противна.

Если человек не будет познавать самого себя и через это естественным образом смиряться, то благодать Божия не сможет в нём пребывать. Даже если Бог даст ему

---

[1] *Архондáрик* — помещение для приёма гостей при монастыре.

мафусаи́лово долголетие[2], всю его жизнь диавол будет играть с ним в «кошки-мышки»: то диавол внушит ему гордый помысел, то человек ответит помыслом смиренным, потом снова начинай сначала… И так без конца, как заевшая пластинка…

— Геронда, я вижу, что все сёстры, даже молодые, превзошли меня в добродетели.

— Что ж, сама смиряться не захотела, вот тебя и смирили другие. Знаешь, что делают, когда хотят запустить ракету в космос? Ведут обратный отсчёт: «Десять, девять, восемь, семь… один, ноль!» Когда доходят до нуля, ракета взмывает ввысь. И раз ты дошла до нуля, то должна оторваться от земли и полететь к небу. Ты физику учила?

— Да, геронда.

— Ну а сейчас пришло время изучить духовную физику, узнать, как происходит духовная ядерная реакция.

— Как, геронда?

— Когда ты займёшься собой, когда познаешь себя и смиришься — тогда произойдёт духовная ядерная реакция: расщепится ядро твоей самости, высвободится уйма духовной энергии и ты рванёшь ввысь. Только так можно выйти на духовную орбиту, в противном случае ты останешься на орбите мирской.

Нет человеку никакой пользы, если он познает весь окружающий мир, но не познает свой внутренний. Если же он сначала познает свой внутренний мир, то есть ядро своей личности, то потом легко сможет изучить не только землю, но и космос. Когда человек познаёт себя, тогда по законам духовной физики происходит расщепление ядра его самости и он начинает вращаться на духовной орбите — вне притяжения Земли, вне притяжения мира.

---

[2] *Мафусаи́л (Мафуса́л)* — ветхозаветный праотец, проживший дольше всех из упомянутых в Священном Писании — 969 лет. См. Быт. 5:27.

Хотя он и живёт на земле как человек, но не испытывает притяжения греха и вообще мирских похотей.

— А если, геронда, в человеке остаётся гордость, то это значит, что он плохо выучил духовную физику?

— Да, и поэтому в нём ещё не произошла духовная ядерная реакция, ещё не расщепилось ядро его самости.

— То есть, геронда, получается, что мы снова вернулись к теме смирения?

— Ну конечно! Человек, в котором есть гордость, не познал самого себя. Если он позна́ет себя, то его гордость уйдёт. Познание себя — вот что самое главное. Нет познания себя, поэтому нет и смирения. И когда человек в смирении позна́ет себя, тогда получает признание у людей.

— А если познание себя есть, но смирения как не было, так и нет?

— Это значит, что нет доброго расположения, нет любочестия.

Высокое положение и смиренное расположение

— Геронда, а во мне есть гордость?

— Ну… есть немножко… По крайней мере, нужно, чтобы гордость оставалась в пределах допустимой нормы, «в рамках, предусмотренных законом»…

— Так что же, геронда, получается, что есть некое «допустимое количество» гордости?

— Ну, как тебе объяснить: если немножко возгордится тот, у кого есть способности, знания, дарования, то у него есть смягчающие вину обстоятельства. Это, конечно, не значит, что гордость — хорошее дело, но, по крайней мере, какие-то оправдания у такого человека есть. Но вот тот, у кого нет ни способностей, ни знаний, ни дарований, не имеет права быть гордым, он просто обязан быть смиренным! Если уж такой человек гордится — значит, совсем плохи его дела. Бывает, например, что обычная медсестра гордится, когда делает больному укол пенициллина и у того падает температура. А вот Александр Флеминг, который открыл пенициллин, — насколько же он был смиренным человеком! После своего открытия он приехал в Америку, и люди встречали его аплодисментами. Он видит, что все кому-то аплодируют, и тоже стал хлопать. Хлопал-хлопал, а потом спрашивает: «Скажите, пожалуйста, а кому они аплодируют?» И когда узнал, что ему, ужасно смутился! Что я хочу сказать: сам открыватель пенициллина не гордился своим открытием, а простая медсестра, которая делает больному укол, раздувается от своей важности. Поэтому святитель Василий Великий и говорит: «Величайшее дело, если человек имеет высокое положение и смиренное расположение»[3]. Это очень ценное качество, и оно вознаграждается Богом.

Какое подчас смирение встречается у военных, имеющих высокий чин, и какая гордость распирает простых полицейских! Пришёл как-то раз ко мне в келью сержант полиции, очень гордый и развязный человек, и начал: «Да я служу во внутренних органах, да я такой, да я разэдакий!» Даже если бы он был начальником всей греческой жандармерии, и то бы так хвастаться ему не стоило. Страшное дело! А бывают люди богатые, высокопоставленные, талантливые и при этом имеющие такое смирение, такую простоту… Военные, имеющие высокие звания, не носят форму, чтобы избежать почестей. Помню, один генерал, у которого было много боевых наград, собираясь на парад, вздыхал: «Ох, опять тащить на себе эти ордена-медали…» А другой — и не генерал вовсе,

---

[3] Ср.: *Василий Великий, свт.* Творения. Т. 1. Беседа 20, о смиренномудрии. М.: Сибирская благозвонница, 2012. С. 1036–1042.

у которого всего-то и было наград, что одна нашивка за выслугу лет, всё время носил форму, чтобы показывать людям, какая он «важная птица». Пришил и широченные лампасы себе на штаны, так что его за это чуть было на гауптвахту не посадили, потому что по уставу лампасы должны быть определённой ширины. Несчастные люди!..

— Значит, геронда, если кто-то гордится, занимая при этом невысокое положение, то что этим он хочет показать? Свою глупость?

— И не один раз показать, а многократно!

Не присваивай себе того, что дал тебе Бог

— Геронда, я горжусь физическими способностями и духовными дарованиями, которые, как мне кажется, у меня есть.

— И с какой стати тебе гордиться? Это ты сотворила небо и землю? Не присваивай себе того, что дал тебе Бог, и не стремись показать людям, будто имеешь то, чего у тебя нет. Говори себе: «Бог по моей слабости дал мне некоторые дарования, чтобы я не расстраивалась и не чувствовала себя несчастной. Теперь я должна эти дарования развить, чтобы обогатиться духовно. Слава Тебе, Боже мой! Благодарю Тебя за то, что Ты сжалился надо мной и помог». Ты что, и вправду считаешь своими все те дарования, которые имеешь? Поразмысли: твои ли они на самом деле? *Что же и́маши, его́же не́си прия́л?*[4] Вот где надо поработать головой: понять, что все твои дарования — от Бога. Стоит благодати Божией нас оставить, как мы ровным счётом ничего доброго не можем сделать. Всё ведь очень просто. Допустим, у кого-то есть некоторые

---

[4] 1 Кор. 4:7.

способности, и он ими гордится. Прежде всего пусть этот человек подумает, откуда у него эти способности. Их ведь ему дал Бог, правда? Сам-то он что сделал, чтобы эти способности у него появились? Ничего. Например, кому-то Бог дал ума побольше, чем другим, и он может иметь своё дело и жить в достатке. Ну и что же, ему теперь гордиться своими успехами? Ведь стоит только благодати Божией его оставить, как он может влезть в долги и угодить в тюрьму.

Так или иначе, если у человека есть дарования, но нет смирения, и он своим вызывающим поведением оскорбляет ближнего, то вынуждает Христа немного ослабить винтики у него в голове, скажем так, для принудительного смирения. Допустим, кто-то хочет сдвинуть с места большой камень. Корячится, корячится — но не может, потому что у него не хватает для этого смекалки. Тут к нему подходит другой, чуть поумнее, и начинает его унижать: «Ну что, дубина, совсем не соображаешь?» Берёт лом и, используя его как рычаг, легко сдвигает камень. Но коли он так себя ведёт со своим ближним, то не должен ли Бог немножко ослабить винтики и у него в голове? Знаете, с некоторыми известными ораторами случается иногда такой паралич речи, что они потом ни слова не могут сказать! Вот как им приходится смиряться. А что хорошего было бы, если бы Бог попускал такому оратору искромётно говорить без устали? Каждого гордого человека Бог тормозит Своим, персональным способом, заботясь о том, чтобы безупречность не навредила ему.

Нужно внимательно следить, чтобы не присвоить себе тех дарований, которые дал нам Бог. Нужно благодарить за них Бога и заботиться, как бы не оказаться недостойными таких дарований. И одновременно нам должно быть больно за тех, кто не удостоился таких дарований от Бога. Мы должны молиться за них. И когда видим человека, который в чём-то нам уступает, будем говорить себе: «Если бы он имел дарования, которые Бог дал мне, то он был бы сейчас святым. А я вот не только не развил данных мне дарований, но ещё и обманываю Бога, присваивая себе те дарования, которые Он мне дал». Понятное дело, Бог не расстраивается, когда человек присваивает себе дарования, которые Он ему даёт. Только вот бóльших дарований Он ему дать уже не может, чтобы ему не навредить. Но если человек действует с простотой и смирением и признаёт, что его дарования от Бога, тогда Бог даёт ему и другие, и третьи.

Гордостью мы сами делаем себя несчастными, потому что мы собственными руками, словно одежду, снимаем с себя те дарования, которые дал нам Бог, и одновременно огорчаем Бога, Которому тяжело видеть нас несчастными. И хотя у Него есть изобильные богатства, которые Он может нам дать, Он их не даёт, чтобы нам не навредить. Ведь что происходит? Если Он даст нам какой-нибудь дар, то мы начинаем смотреть на других как на букашек, начинаем оскорблять людей своим гордым поведением. Если не даст нам никакого дара — впадаем в отчаяние. Вот Бог и думает: «Дашь им какой-нибудь дар, они начинают гордиться, вредят себе и с другими ведут себя заносчиво и нагло. Не дашь — мучаются и страдают. Вот Я и не знаю, что Мне с ними делать».

Будем же благодарить Бога не только за те дарования, которые Он нам дал, но и просто за то, что Он сотворил нас людьми. Ведь Он в Своём доме хозяин, а потому мог создать нас и змеями, и скорпионами, и черепахами, и мулами, и ослами. Будем размышлять так: «Бог мог бы создать меня мулом. Попал бы я к безжалостному хозяину, который грузил бы на меня по сто пятьдесят килограммов и бил по бокам палкой… Но ведь Он так не сделал. Он мог бы создать меня змеёй или скорпионом —

но не создал. Он мог бы сотворить меня черепахой или лягушкой, свиньёй, комаром или мухой... Но кем Он меня сотворил? Он сотворил меня человеком. А я? Ответил ли я благодарностью и любовью на данные мне дарования? Нет, не ответил». Знаете, если человек не рассуждает подобным образом, то — хотя он и кажется людям праведником — он самый лживый человек на земле. Ведь он обманывает не людей, а Самого Бога, наделившего его столькими дарованиями. Но если он рассуждает правильно, то и тогда, когда он достигнет духовных вершин и когда он будет совершать тысячи чудес ежедневно, помысел всё равно не скажет ему, что он делает что-то особенное. Ведь всё доброе он приписывает Богу, а сам только смотрит, достоин ли он того, что Бог ему дал. Такой человек в этой жизни *принимает благодать на благодать*[5]. Он становится благодатным человеком, потому что смирение стало для него естественным состоянием. И если он всё приписывает Богу и становится благодарным рабом Божиим, то он услышит в будущей жизни: *Добре, рабе благий и верный: о мале был еси верен, над многими тя поставлю, вниди в радость Господа твоего*[6].

---

[5] См. Ин. 1:16.
[6] Мф. 25:21.

ЧАСТЬ ТРЕТЬЯ

ВЕЛИЧАЙШАЯ НЕСПРАВЕДЛИВОСТЬ ОСУЖДЕНИЯ

«Только Бог судит праведно, потому что только Он знает сердца людей. Мы же, не ведая праведного суда Божия, судим по наружности, внешне, и потому осуждаем и несправедливо обвиняем других».

ГЛАВА ПЕРВАЯ
«НЕ СУДИ́ТЕ, ДА НЕ СУДИ́МИ БУ́ДЕТЕ»[1]

Осуждение исполнено несправедливости

— Геронда, я с лёгкостью сужу и осуждаю других.
— Твоя способность суждения — это дар, данный тебе Богом, только пользуется им тангалашка, который подзуживает тебя осуждать и грешить. Поэтому, пока твоя способность суждения не очистится и не освятится, пока не придёт Божественное просвещение, не доверяй собственному мнению. Если человек, у которого не очистилась способность суждения, суёт свой нос в чужие дела и судит других, то он постоянно впадает в осуждение.

— Геронда, а как освятить способность суждения?
— Нужно очистить эту способность. У тебя может быть благое произволение и желание, но ты уверена, что всегда судишь правильно. Однако твоё суждение человеческое, мирское. Постарайся освободиться от человеческого, стяжать бескорыстие, чтобы пришло Божественное просвещение и твой суд превратился в духовный, Божественный. Тогда твой суд будет отвечать Божественному, а не человеческому правосудию, он будет в согласии с

---

[1] Мф. 7:1.

любовью и милосердием Божиим, а не с человеческой логикой. Ведь только Бог судит праведно, потому что только Он знает сердца людей. Мы же, не ведая праведного суда Божия, судим по наружности, внешне, и потому осуждаем и несправедливо обвиняем других. Наш человеческий суд — это величайшая несправедливость. Помнишь, что сказал Христос? *Не суди́те на лица́, но пра́ведный суд суди́те*[2].

В суждении нужна большая осторожность, ведь мы никогда не можем знать истинного положения вещей. Много лет назад в монастыре на Афоне жил благочестивый диакон, который ни с того ни с сего вдруг оставил монастырь, снял рясу и вернулся в мир на родину. Тогда отцы начали шептаться и говорить о нём разное. Но что произошло на самом деле? Кто-то написал ему, что его сёстры до сих пор не устроены в жизни, и он, боясь, как бы они не сбились с правильного пути, поехал им на помощь. Он нашёл работу на одном из заводов и жил ещё аскетичнее, чем в монастыре. Заработав сёстрам на приданое и выдав их замуж, он оставил мир, работу на заводе, снова надел рясу и вернулся в монастырь — уже в другой. Игумен, увидев, что он всё знает: устав, послушания, все особенности монастырской жизни, — спросил, где он этому научился. Тогда он открыл игумену своё сердце и всё ему рассказал. Игумен сообщил о нём епископу, и тот сразу рукоположил его во священника. Потом этот иеромонах уехал в один дальний монастырь, где строго подвизался, достиг святости и помог духовно многим людям. А те, кто не знают, чем дело закончилось, возможно, до сих пор его осуждают[3].

---

[2] Ин. 7:24.
[3] В данном случае действия этого человека идут вразрез с канонами Церкви и церковным благочинием и не могут считаться правильными. Преподобный Паисий привёл этот пример для того, чтобы показать, что суд «по наружности»,

Мы должны быть очень осторожны, чтобы никого не осудить. Какую несправедливость мы причиняем ближнему, когда его осуждаем! Хотя в действительности мы причиняем несправедливость не другим, а себе: когда мы кого-то осуждаем, от нас отворачивается Бог. Ничто так не ненавистно Богу, как осуждение, потому что Бог праведен, а осуждение исполнено несправедливости.

Как мы доходим до осуждения

— Геронда, почему я часто впадаю в осуждение?

— Потому что много смотришь на других. Любопытствуешь и хочешь знать, что делает одна сестра, что другая. Ты своими руками собираешь хворост, чтобы тангалашке было чем заниматься: поджигать его и ввергать тебя в осуждение.

— Раньше, геронда, я не замечала недостатки других, а теперь замечаю и осуждаю…

— Теперь ты видишь недостатки других, потому что не видишь свои собственные.

— Геронда, от чего происходят помыслы осуждения?

— От самомнения, то есть от гордости и от склонности к самооправданию.

— Геронда, в осуждении ближнего проявляется недостаток любви к нему?

— Ну а что же ещё? И любви не хватает, и бесстыдства достаточно… Если в тебе нет любви, то ты смотришь на чужие ошибки не со снисхождением, а наоборот: мысленно унижаешь и осуждаешь ошибающихся людей. Тангалашка всё это видит и подталкивает их к новым ошибкам. Ты эти ошибки тоже видишь, снова относишься к ним без

каким бы правильным он ни казался, может быть несправедливым по отношению к человеку. — *Прим. греч. изд.*

снисхождения и опять впадаешь в осуждение... Потом ты и вести себя с этими людьми начинаешь с презрением.

— Геронда, иногда меня огорчает сестра, с которой я вместе работаю, и я её осуждаю.

— А откуда ты знаешь, со сколькими тангалашками в это время борется сестра? Может, в тот момент, когда ты её осуждаешь, на неё напали пятьдесят демонов, пытаясь её победить?.. А ты, увидев её побеждённой в неравном бою, будешь осуждать: «Так вот, значит, ты какая!..» А бесы, увидев, что ты её осудила, в следующий раз нападут на неё уже не ротой, а целым батальоном, чтобы ты снова увидела её побеждённой и осудила её ещё сильнее. Например, ты можешь попросить: «Сестра, не клади, пожалуйста, туда эту вещь, её место здесь». Но на следующий день тангалашка может сделать так, что она забудет, о чём ты её просила, и снова положит вещь на старое место. Потом она сделает ещё что-нибудь не так, и ты начнёшь мысленно заводиться: «Только подумай! Буквально вчера я её просила этого не делать, а сегодня она опять за своё! Да ещё и других дел натворила!» Таким образом ты её осуждаешь и уже не можешь удержаться, чтобы раздражённо не сказать вслух: «Сестра, разве я тебе не говорила не класть туда эту вещь? А ты кладёшь! Ты ведёшь себя возмутительно! Ты меня ис-ку-ша-ешь своим поведением!» Вот так, диавол сделал своё дело! И сделал так хитро, что ты не только осудила сестру, но уже успела и испортить с ней отношения. Она возьмёт всю вину на себя, не зная, что косвенно причиной к этому искушению стала не она, а ты, раздражившись в начале. Тангалашка ещё сильнее станет её бороть, навязывая ей чрезмерное смущение, что она вывела тебя из равновесия, и постарается ввергнуть её в уныние. Видите, с каким лукавством работает тангалашка, а мы его слушаем...

Поэтому постарайтесь никого не осуждать. Если осуждать, то только тангалашек, которые из ангелов сделались демонами и вместо того, чтобы покаяться, становятся всё более лукавыми и злыми. С бешеной силой они стараются довести до погибели создания Божии. Лукавый побуждает одних людей совершать странные действия и нарушать порядок, а одновременно внушает другим помыслы осуждения «бесчинников». Враг побеждает таким образом и тех, и других. Но те люди, из-за которых возникает беспорядок, чувствуют потом свою вину и каются, тогда как другие, осуждающие, оправдывают себя, надмеваются и падают так же, как пал лукавый, — из-за гордости.

От осуждения уходит благодать Божия

— Геронда, когда мне приходит помысел против кого-то, это всегда осуждение?

— Ты что, сама этого не понимаешь в ту же секунду?

— Иногда понимаю только потом.

— А ты старайся осознавать своё падение как можно быстрее. И как можно быстрее проси прощения у сестры, которую осудила, и у Бога, потому что осуждение будет препятствовать тебе в молитве. Осуждение отгоняет благодать Божию, и в твоих отношениях с Богом появляется холодность. Как ты будешь потом молиться? Сердце осуждающего человека превращается в лёд, в камень.

Осуждение и злословие — самые страшные грехи, они сильнее, чем любой другой грех, они удаляют благодать Божию. «Как вода угашает огонь, — говорит преподобный Иоанн Лествичник, — так осуждение угашает благодать Божию»[4].

— Геронда, я засыпаю на утренней службе.

---

[4] См. *Иоанн Лествичник, прп.* Лествица. Слово 10, п. 8.

— А может, ты осудила кого-то из сестёр? Ты смотришь на вещи внешне и осуждаешь других, поэтому и засыпаешь потом на службе. Когда человек осуждает других и не смотрит на происходящее духовно, то он лишается духовных сил. А когда он лишится сил, то его либо клонит в сон, либо он, наоборот, страдает бессонницей.

— Геронда, я часто согрешаю чревоугодием.

— Сейчас тебе всё внимание следует обратить на осуждение. Если ты не прекратишь осуждать, то и от чревоугодия не сможешь освободиться. Человек, который осуждает, отгоняет от себя благодать Божию, становится беззащитным и потому не может исправиться. И если он не осозна́ет свою ошибку и не смирится, то постоянно будет падать. Но если он поймёт, в чём причина его осуждения, и, поняв, обратится за помощью к Богу, то благодать Божия к нему вернётся.

*Тот, кто осуждает других,
впадает в те же грехи*

— Геронда, почему так происходит: когда я осуждаю сестру за какой-нибудь недочёт, то потом сама делаю то же самое?

— Если кто-то осуждает за что-нибудь другого, но не осознаёт своего падения и не кается, то обычно сам впадает в тот же грех. Так происходит, чтобы человек осознал своё падение. Бог по Своей любви попускает осуждающему человеку «скопировать на себя» состояние того, кого он осудил. Если, например, ты скажешь про кого-нибудь, что он корыстолюбив, и не поймёшь того, что ты осудила, то Бог отнимет Свою благодать и попустит, чтобы и ты впала в корыстолюбие, — и ты начнёшь копить деньги. И пока ты не осозна́ешь своего падения и не попросишь у Бога прощения, в отношении тебя будут действовать духовные законы.

Чтобы помочь тебе лучше это понять, расскажу историю из своей жизни. Когда я жил монастыре Стомион, узнал, что одна из моих одноклассниц по начальной школе сбилась с правильного пути. Я молился, чтобы Бог внушил ей мысль прийти ко мне в монастырь. Я даже выписал из Священного Писания и святых отцов некоторые мысли о покаянии. И вот однажды она действительно пришла. Мы побеседовали, и мне показалось, что она всё поняла. Она стала часто приходить в монастырь вместе с ребёнком, приносить свечи, масло, ладан для храма. Однажды мои знакомые, паломники из Коницы, мне сказали: «Отче, эта женщина перед тобой притворяется!.. Сюда-то она приносит свечи и ладан, только вот в городе продолжает гулять с офицерами!..» И вот, когда она пришла в монастырь в следующий раз, я прямо в храме на неё накричал: «Вон! Иди отсюда! От тебя всё вокруг блудом провоняло!..» Бедная женщина ушла из монастыря в слезах. А я спустя совсем недолгое время ощутил сильнейшую плотскую брань. «Что это? Никогда со мной не бывало таких искушений. Что происходит?» Я не мог найти причину такого блудного разжения. Я молился, но искушение не отступало. Я отправился наверх, на гору Гамилу, в уединённое лесистое место. «Лучше пусть меня съедят медведи, чем я впаду в блуд», — думал я. Я зашёл далеко в горы, но искушение не проходило. На поясе у меня висел топорик. Я его расчехлил и три раза сильно ударил по ноге в надежде, что от боли искушение пройдёт. В ботинке захлюпала кровь, но искушение — нет, не проходило[5]. И вдруг у меня в голове промелькнула мысль о той женщине, на которую я накричал. Я вспомнил слова,

---

[5] Преподобный Паисий отнюдь не указывает на самоистязание как на способ борьбы с плотскими искушениями. Его поступок подтверждает, что ради любви Христовой он был готов даже на мученичество. — *Прим. греч. изд.*

которые сказал ей в порыве гнева и осуждения, и тут же всё понял. «Боже мой! — подумал я. — Я лишь немного испытал эту адскую муку, а она?! Она-то ведь живёт с ней постоянно!.. Боже мой, прости меня за то, что я её осудил!..» И сразу я почувствовал небесную прохладу — плотская брань прошла. Видишь, к чему может привести осуждение?

Если мы снисходительно отнесёмся к ошибкам других, то Бог проявит снисхождение и к нашим ошибкам

— Геронда, сегодня во время сбора маслин я осудила некоторых сестёр, потому что они относились к делу невнимательно.

— Знаешь, оставь-ка ты лучше и суд, и осуждение, а иначе Бог тебя тоже осудит. Разве ты никогда не кладёшь чуть порченую маслину вместе с хорошими?

— Нет, геронда, стараюсь не класть.

— Если Христос будет нашу жизнь так же придирчиво разбирать на Страшном Суде, мы пропали! Но если мы будем закрывать глаза на чужие недостатки и не будем никого осуждать, то потом сможем сказать Христу: «Боже, возьми и меня в рай, ну хоть в какой-нибудь уголок!» Помнишь историю из «Отечника» о нерадивом монахе, который спасся, потому что не осуждал? Когда ему пришло время умирать, он был мирен и очень радостен. Тогда его старец ради духовной пользы собравшихся отцов спросил: «Брат, почему ты не боишься смерти, ведь ты же жил нерадиво?» На это брат ответил: «Жил я и правда в нерадении. Но с того времени, как стал монахом, старался никого не осуждать. И вот я скажу Господу: „Христе, я окаянный человек! Но по крайней мере одну Твою заповедь я исполнил: *Не судите, да не суди́ми бу́дете*[6]"». — «Блажен ты, брат, — сказал ему старец, — потому что получил спасение без труда»[7].

— Геронда, а некоторые верующие люди, когда видят человека, живущего во грехе, говорят: «Ну, этот прямой дорогой шагает в ад!»

— Это уж точно: если мирские люди пойдут в ад за распутство, то духовные — за осуждение... Ни об одном человеке мы не имеем права говорить, что он пойдёт в ад. Мы не знаем, как действует Бог. Суды Божии — *бе́здна мно́га*[8]. Никого нельзя осуждать, потому что так мы восхищаем суд из рук Божиих, сами мним себя богами. Если Христос спросит нас в день Суда, вот тогда и скажем своё мнение...

---

[6] Мф. 7:1.
[7] См. Отечник проповедника / Сост. иг. Марк (Лозинский). № 643. Свято-Троицкая Сергиева Лавра, 2008. С. 367.
[8] См. Пс. 35:7.

ГЛАВА ВТОРАЯ
О ТОМ, КАК БОРОТЬСЯ С ОСУЖДЕНИЕМ

Если мы будем заниматься собой, то не будем осуждать других

— Геронда, когда я вижу непорядок на послушании, то в мыслях осуждаю сестёр.

— Ты следи за тем, чтобы у тебя самой всё было в порядке, а не смотри на чужой беспорядок. Будь строгой к себе, а не к другим. Сегодня ты что делала?

— Пыль вытирала.

— С других пыль вытирала или с себя самой?

— К сожалению, с других.

— Смотри, ты начнёшь работать над собой, когда прекратишь любопытствовать о чужих делах. Если обратишь внимание на себя, то будешь видеть только свои собственные недостатки, а чужих не будешь замечать. Тогда ты отчаешься в себе (в хорошем смысле слова) и будешь осуждать только себя. Будешь чувствовать свою греховность и постараешься преодолеть свои немощи. Потом, когда заметишь чужую слабость, остановишь себя: «Неужели я преодолела свои немощи? Тогда с какой стати я могу предъявлять к другим претензии?» Постоянно сверяй свою жизнь с писаниями святых отцов и следи за собой, чтобы не впасть в скрытую гордость. Также имей самоукорение с рассуждением, чтобы избежать осуждения, даже в помыслах. Делай так, и понемногу исправишься.

— Геронда, авва Исаак пишет: «Если любишь чистоту… вошедши в виноградник сердца твоего, делай в нём, истребляй в душе своей страсти, старайся не знать зла человеческого»[1]. Что он имеет в виду?

— Он имеет в виду, что надо обратить внимание на себя и работать над собой. Как святые стяжали святость? Они обратили внимание на себя и видели только свои собственные страсти. Благодаря самоосуждению и самоукорению у них с душевных очей спала завеса, и они стали видеть чисто и глубоко. Они видели себя ниже всех людей, они считали всех людей лучше себя. Они видели собственные недостатки больши́ми, а чужие — маленькими, потому что смотрели очами души, а не земными глазами. Поэтому они и говорили о себе: «Я хуже всех людей». Их душевные очи очистились и приобрели зоркость, поэтому они смотрели на собственные недостатки-щепочки как на брёвна. А мы, хотя наши недостатки размером с брёвна, смотрим на них как на сучки[2] или даже вовсе не замечаем. А вот чужие недостатки мы любим разглядывать в микроскоп. Нам чужие грехи кажутся больши́ми, а свои собственные мы не видим, потому что у нас не очистились очи души.

Главное, чтобы очистились душевные очи. Когда Христос спросил слепого: «Как ты теперь видишь людей?» — тот ему ответил: «Как деревья»[3], потому что зрение его восстановилось лишь частично. Когда зрение вернулось полностью, он стал видеть ясно. Достигнув хорошего духовного состояния, человек всё видит чисто, все

---

[1] *Исаак Сирин, прп.* Слова подвижнические. Слово 55. С. 317.
[2] См. Мф. 7:3.
[3] См. Мк. 8:24.

недостатки других оправдывает (в хорошем смысле этого слова), потому что видит их духовным зрением, а не человеческим.

Находя другим оправдания, мы перестаём их осуждать

— Геронда, ко мне приходят помыслы гордости и осуждения. Я стараюсь оправдывать других, но не понимаю — это у меня борьба или уже падение?

— Это борьба. Когда человек разинет рот, туда ему может влететь муха. Конечно, он её выплюнет, но лучше стараться, чтобы мухи не влетали.

— Геронда, однако часто, глядя на других, я их действительно осуждаю.

— Конечно, невозможно не видеть то доброе и злое, что происходит вокруг тебя. Однако нужно стяжать рассуждение, чтобы видеть смягчающие обстоятельства и оправдывать людей. Тогда ты будешь их видеть в добром состоянии.

— Геронда, во время службы мне приходят помыслы: почему одна сестра не пришла на клирос, почему другая поёт тихо?.. И так я постоянно осуждаю то одну, то другую.

— А почему ты не думаешь о том, что, может быть, сестра устала или, может, у неё что-то болело и она не спала — и поэтому не поёт? Я вот, например, знаю сестёр, которые даже больные и с температурой, еле волоча ноги, идут на послушания и стараются, чтобы никто ничего не заметил, чтобы их не освободили от послушаний и не подменили бы какой-нибудь другой сестрой, которой придётся работать за двоих. Это тебя не трогает?

— Трогает, но у меня не всегда получается оправдывать сестру, когда она грубо себя ведёт.

— Ты когда-нибудь думала о том, что сестра, может быть, ведёт себя грубо, чтобы скрыть свою добродетель? Я вот знаю людей, которые намеренно творят бесчинства для того, чтобы их злословили те, кто к себе невнимателен. Или, возможно, сестра ведёт себя грубо, потому что устала, но потом она сразу кается. Сестра уже покаялась за своё поведение, а ты её продолжаешь осуждать. В глазах людей она выглядит униженно, но в глазах Бога — высоко.

— Геронда, а я вот страдаю какой-то узостью восприятия: не ставлю себя на место другого человека, чтобы его оправдать.

— Смотри с состраданием на того, кто ошибается, и прославляй Бога за то, что Он дал лично тебе. Иначе Он потом тебе может сказать: «Я тебе столько всего дал, так почему же ты со Мной поступила так жестоко?» Подумай о том, что было у человека в прошлом, были ли у него какие-нибудь возможности для духовного развития, — и какие прекрасные обстоятельства были у тебя, но ты ими не воспользовалась. Так ты будешь радоваться благам, которые тебе даровал Бог, прославлять Его и смиряться. И одновременно ты почувствуешь любовь и сострадание к тому, у кого не было таких возможностей, как у тебя, и будешь за него от сердца молиться.

Есть люди, которые совершают тяжкие преступления, но при этом у них есть много смягчающих вину обстоятельств. И кто знает, каковы эти люди в глазах Божиих? Если бы Бог нам не помогал, то, может, и мы были бы шпаной и хулиганами. Допустим, какой-то преступник совершил двадцать преступлений. Ты его осуждаешь, но не знаешь, что у него было в прошлом. Кто знает, сколько преступлений совершил его отец?! Может, его с детских лет посылали воровать? А потом, в молодости, много лет он провёл в тюрьме, где его учили опытные воры. Да с такой биографией он мог бы совершить не двадцать, а сорок преступлений, но он-то сдержался, ограничился двадцатью!.. А ты с твоими наследственными задатками и воспитанием теперь уже должна бы творить чудеса. А где они, эти чудеса? Нет их. Значит, извинения тебе нет. Или даже вообразим, что ты совершила двадцать чудес — но ведь могла бы совершить сорок!.. Значит, опять извинения тебе нет. Такими вот помыслами мы отгоняем осуждение и слегка размягчаем наше жестокосердие.

Не надо торопиться с выводами

— Геронда, что поможет мне не осуждать?
— Разве дело всегда обстоит так, как ты думаешь?
— Нет, геронда, не всегда.
— Ну тогда напоминай себе: «Не всегда я думаю правильно, ох как часто ошибаюсь! Вот вчера напридумывала себе, а оказалось всё совсем наоборот. Да и третьего дня — наговорила, осудила, несправедливо поступила на ровном месте. Всё, хватит верить тому, что нашёптывают помыслы!»

Каждому из нас случалось ошибаться в своих предположениях. Если мы будем почаще об этих случаях вспоминать, то и осуждать будем поменьше. При любой ситуации, кажущейся очевидной, не очевидны смягчающие обстоятельства — а они наверняка есть у человека, которого мы собрались осудить.

И у меня в молодости осуждение тоже частенько вертелось на языке. Так как я старался жить внимательно и имел некое подобие благочестия, то и осуждал то, что мне казалось неправильным. Когда человек живёт в миру духовной жизнью, то может видеть в других пороки и не видеть добродетелей. Тех, кто возделывает добродетель, он может не видеть, так как они живут незаметно. Но он видит других, творящих бесчинства, и осуждает их. Этот, по его мнению, делает не то, другой ходит не так, третий смотрит не туда...

Знаете, что со мной случилось однажды? Мы с одним моим знакомым пошли на службу в монастырь в Монодéндри — от Коницы примерно девять часов пешком. В храме мой знакомый пошёл на клирос, а я стал в стасидии позади певчих и тихо им подпевал. Через некоторое время в храм вошла относительно молодая женщина, одетая в чёрное, стала рядом со мной и принялась меня внимательно рассматривать. Смотрит на меня и крестится, смотрит и крестится... Я вскипел. «Ну что она за человек, — думал я, — чего она на меня всё время смотрит?» Я даже на своих сестёр, когда они проходили рядом по улице, не поднимал глаз. Они потом приходили домой и жаловались матери: «Арсений[4] меня видел и прошёл мимо!» — «Ну разве так можно, — говорила мне потом мама, — встречаешь на улице своих сестёр и не здороваешься!» — «Буду я смотреть на каждую, что проходит мимо меня, сестра она мне или нет! — отвечал я. — У нас целая куча родственников[5]. Делать мне больше нечего». Вот в такие я впадал крайности: проходит мимо сестра, а я с ней не здороваюсь! Ну так вот... Только окончилась Литургия, эта женщина в чёрном пригласила меня к себе в дом. Оказывается, я был очень похож на её сына, убитого на войне! Так вот почему она смотрела на меня в церкви и крестилась: я напомнил ей её ребёнка. А я-то осуждал: «Вот бессовестная — разглядывает в церкви монаха!» Меня сильно мучила совесть после этого случая. «Ты не пойми что выдумываешь, — говорил я себе. — А она потеряла сына, у неё горе!»

---

[4] Мирское имя преподобного Паисия. — *Прим. греч. изд.*
[5] У преподобного Паисия было семь братьев и сестёр. К тому времени три старшие его сестры уже вышли замуж. — *Прим. греч. изд.*

А в другой раз я осудил своего брата, который служил тогда в армии. Интендант роты прислал мне записку: «Я дал твоему брату два бидона с оливковым маслом. Где они?» Я вспомнил, что брат был в очень хороших отношениях со своими сослуживцами, они даже гостили у нас дома. «Неужто он мог обмануть своих боевых друзей, взять чужое масло?» — подумал я. Сажусь и пишу брату резкое письмо… А он мне отвечает: «Бидоны спроси у пономаря нижней церкви!» Оказывается, он, договорившись с офицером, пожертвовал масло в церковь нижней Коницы, а теперь речь шла только о пустых бидонах. «Что ж, поздравляю, — сказал я себе, — в тот раз ты осудил бедную женщину, теперь собственного брата. Всё, хватит! В другой раз не суди вообще. Ты ведь, оказывается, ненормальный, потому и видишь всё ненормально. Постарайся же стать нормальным человеком». И поэтому в другой раз, когда что-то мне казалось не так, я говорил: «Наверное, происходит что-то хорошее, только я этого не понимаю. Ведь сколько раз я ни принимал помысел слева, всегда оказывался неправ». Когда я возненавидел себя (в хорошем смысле слова), то стал всех оправдывать. Для других я всегда находил оправдание и обвинял только себя.

Если человек не следит за собой, то ему нечего будет сказать на Суде в своё оправдание. Нужно мужество, чтобы отсечь осуждение.

= СРОЧНАЯ ТЕЛЕГРАММА =
= ДОБРОГО НАЧАЛА И ТОЧКА =
= ПОМЫСЛАМ ОСУЖДЕНИЯ ТОЧКА И АМИНЬ =
= УМУ И СЕРДЦУ ОЧИЩЕНИЯ =
= АМИНЬ =[6]

---

[6] Эту записку в стиле телеграммы старец Паисий написал одной послушнице. — *Прим. греч. изд.*

ЧАСТЬ ЧЕТВЁРТАЯ

ИСЧАДИЯ САМОЛЮБИЯ И ГОРДОСТИ: ЗАВИСТЬ, ГНЕВ И ПЕЧАЛЬ

«Когда человек научится радоваться преуспеянию других, тогда и Христос даст ему всё то, в чём преуспели другие. Тогда он будет радоваться так, как радуются все другие вместе взятые, и тогда его успехи и радость будут огромны!»

ГЛАВА ПЕРВАЯ
О ТОМ, ЧТО ЗАВИСТЬ ЯДОВИТА

Зависть — одна из самых тяжёлых страстей

— Геронда, по отношению к одной сестре у меня возникает чувство соперничества.

— Знаю я, кого ты имеешь в виду... Но есть важная новость: я тут узнал, у неё к тебе бывают такие же чувства. Желаю же вам, сёстры, чтобы вы прекратили соревноваться друг с другом, а стали ревновать по Богу, подражая пророку Илии-ревнителю, который изгнал бы из вас дух тщеславного соперничества и дал бы вам своей божественной ревности. Аминь.

— Геронда, когда во мне возникает дух соперничества, то я стараюсь взглянуть на вещи более рассудительно.

— А не лучше ли просто с самого начала не устраивать «соревнований»? Это же глупо выглядит. Чтобы не поддаться духу соперничества, не требуется великих телесных подвигов, достаточно чуть-чуть поработать головой, чтобы отогнать эту страсть, ведь она относится к душе, а не к телу. Смотри, никогда не позволяй духу соперничества тобой возобладать, потому что это может довести тебя до одной из самых тяжёлых страстей — до зависти, а от неё рукой подать до клеветы, которая гораздо хуже, чем зависть.

— Геронда, а зависть многогранна?
— Да, каких только граней в ней нет!.. Есть и гордость, и эгоизм, и самолюбие… Нет в ней любви и, естественно, смирения.
— Значит, геронда, в том, кто завидует, не может быть любви?
— Конечно, не может! Невозможно, чтобы в одном человеке уживались одновременно зависть и любовь. Даже если у него есть немного любви, любовь его нечистая, потому что в ней полным-полно его «я». Зависть портит, делает негодной любовь и доброту — так всё масло в кувшине становится негодным, если туда свалится мышь и утонет.
— Геронда, мне кажется, я завидую другим из-за того, что не ощущаю в себе полноту.
— Как же ты можешь почувствовать полноту, когда хочешь, чтобы всё принадлежало тебе?
— А если я желаю чего-то, что есть у сестры?
— Если Бог сказал: *Не пожела́й… ели́ка суть бли́жняго твоего́*[1], то как мы можем желать чего-то, что принадлежит другому? Что же, выходит, мы даже основные заповеди не в состоянии соблюдать? Тогда наша жизнь превратится в ад. *Ки́йждо искуша́ется от своея́ по́хоти*[2], — говорит святой Иаков, брат Господень. Эти-то вот похоти и будут мучить души в аду. И если Бог возьмёт нас в рай, а мы не будем свободны от зависти, то и там не найдём успокоения, потому что будем иметь те же безрассудные пожелания.

---

[1] См. Исх. 20:17.
[2] См. Иак. 1:14.

Ревность отравляет женскую любовь

— Геронда, почему страсть ревности присуща женщинам в большей степени, чем мужчинам?

— Женщина от природы обильно одарена добротой и любовью, и диавол сильно на неё нападает: он подбрасывает ей ядовитую ревность и отравляет её любовь. А когда женская любовь будет отравлена и превратится в злобу, тогда и сама женщина из пчёлки превращается в осу и жестокостью начинает превосходить мужчин. Если для ревнующего мужчины достаточно, чтобы соперник просто исчез с глаз, то женщине, которую Бог сотворил более эмоциональной, этого мало, ей хочется, чтобы соперница вообще исчезла с лица земли — чтобы уж наверняка!

Злоба женщины, принявшей в себя ревность и упрямство, может достичь демонической степени. Женщина должна бояться ревности. Она обязана удалить «я» из своей любви, чтобы её сильная любовь была чистой.

— Но как этого можно достичь?

— Достичь можно, преодолев в себе мелочность и взрастив духовное мужество, духовное благородство и жертвенность. Благородство — это противоядие ревности. Но, к сожалению, это благородство есть у немногих.

Зависть делает нас бессильными

— Геронда, у меня совершенно нет дерзновения.

— Завидуешь другим, вот и нет у тебя дерзновения. Когда человек кому-то завидует, он переживает, теряет аппетит, чахнет и теряет дерзновение, в то время как другие думают, что он великий подвижник!

— Я вот, геронда, как раз такой себя и чувствую: духовно жалкой и слабенькой.

— У тебя много сил, но ты их расточаешь на глупую зависть, и хотя в тебе есть прирождённое благородство, ты мучаешься, как последняя нищенка. Ты бы очень преуспела в духовной жизни, если бы не буксовала в зависти. Будь осторожна, следи за собой: зависть высасывает у тебя все душевные и телесные силы, которые ты могла бы принести в дар Богу. Если бы ты отогнала зависть, то и молитва твоя имела бы силу.

Из-за зависти человек теряет духовные силы. Почему, думаете, из бесноватого отрока апостолы не могли изгнать беса, хотя приняли от Христа власть изгонять демонов и уже неоднократно так исцеляли людей? Потому что завидовали Петру, Иакову и Иоанну: ведь только их Христос взял на гору и преобразился перед ними[3]. Христос мог бы взять с Собой всех учеников, но не все были в состоянии вместить такое таинство, поэтому Он взял только тех, которые могли бы его вместить. Может, вы скажете, что Он не любил других учеников? Или любил Иоанна больше других? Нет, наоборот: это Иоанн любил Христа больше других учеников и потому вмещал любовь Христову лучше, чем они. Он обладал большей «ёмкостью», его «духовный аккумулятор» был получше. Видите, как зависть удалила благодать Божию от апостолов, и они не смогли исцелить бесноватого отрока? Поэтому Христос сказал: *О ро́де неве́рный и развраще́нный, доко́ле бу́ду с ва́ми? Доко́ле терплю́ вам?*[4]

Кто погребает собственные дарования, тот завидует дарованиям других

— Геронда, как человек, который завидует, может помочь себе преодолеть эту страсть?

---

[3] См. Мф. 17:1-19.
[4] Мф. 17:17.

— Если он познает дарования, которыми его наделил Бог, и станет их развивать, то не будет завидовать и станет жить как в раю. Многие не видят своих собственных талантов, а видят только чужие, и их охватывает зависть. Они считают себя обделёнными, ущемлёнными, мучаются и превращают свою жизнь в кошмар. «Почему у него есть эти дарования, а у меня нет?» — говорят они. Да, но у тебя — одни дарования, у другого — другие. Помните Каина и Авеля? Каин не стремился разглядеть собственные дарования, а смотрел на те, которые были у Авеля. Так он взрастил в себе недоброжелательство к брату, потом восстал и против Бога, и наконец дошёл до убийства[5]. А ведь, возможно, он имел дарования даже бо́льшие, чем Авель.

— А как может человек, видя таланты других, не завидовать им, а радоваться?

— Если он будет развивать свои собственные таланты, а не закапывать их, тогда будет радоваться и талантам других. Я уже много лет наблюдаю за одной сестрой, у неё есть и голос, и благоговение, однако она не поёт на клиросе. А так как свой собственный талант она закапывает и не поёт, то её просто крутит, когда она слышит, как поёт другая сестра, у которой и не такой уж хороший голос. Лучше бы она думала о том, что ей надо развивать свой весьма неплохой голос, который даровал ей Бог.

Поэтому пусть каждый посмотрит: может, дарование, которому он завидует, есть и у него, но он его не развивает? Или, может быть, Бог дал ему другой талант? Бог ведь не обделил никого, он каждому дал свой талант — именно тот, который поможет человеку в его духовном развитии.

Как один человек не похож на другого, так дарование одного человека не похоже на дарование другого. Вы не

---

[5] См. Быт. 4:3-8.

обращали внимания на душистый горошек, который у вас растёт внизу у ограды? У него один корень, но цветки все разные: голубые, белые, розовые, лиловые… Один цветок краше другого, однако друг другу они не завидуют — каждый рад своему цвету! А птицы? У каждой своя красота, своё щебетание.

Итак, каждый пусть найдёт те дарования, которые ему дал Бог, и пусть прославляет Благого Бога, но не горделиво и по-фарисейски, а смиренно, признавая, что пренебрёг ими, и пусть развивает эти таланты.

— А вот я, геронда, завидую некоторым сёстрам из-за того, что у них есть дарования, которых нет у меня.

— Тебе Бог дал столько дарований, и при этом ты завидуешь дарованиям других? Ты мне напоминаешь дочь одного кондитера в Конице. Отец каждый день давал ей небольшой кусочек пирожного, от большого ей могло бы стать плохо, а она смотрела на детей в школе, которые ели большие кукурузные лепёшки, и завидовала им. «Они-то едят большие куски, а мне отец даёт маленький», — плакала она. Завидовала кукурузным лепёшкам, которые ели другие, а у самой была целая кондитерская с пирожными! Так и ты не ценишь великих дарований, которые тебе дал Бог, но смотришь на чужие и завидуешь.

Не будем неблагодарными. Ведь Бог, наш Благой Отец, наделил каждое из Своих созданий различными дарованиями, зная, что нужно каждому из нас, чтобы дарования эти пошли на пользу, а не во вред. Однако мы часто ведём себя как маленькие дети, жалуемся, что Отец не дал нам ни одной монетки — ни драхму, ни две драхмы, — а дал какую-то бумажку, и не понимаем, что Он дал нам купюру в сто драхм. Но нам нравятся монетки, а про бумажки мы ничего не знаем, и вот мы плачем и обижаемся на нашего Благого Отца…

Добрая зависть

— Геронда, я завидую одной сестре, потому что вижу, что у неё есть смирение, простота, благоговение.

— Ладно, я помолюсь, чтобы она умерла. Ты ведь хочешь, чтобы она умерла?

— Нет же, геронда, что Вы такое говорите?! Да, я могу завидовать добродетели другого, но даже в мыслях не имею, чтобы с ним случилось что-то плохое!.. Я не хочу, чтобы моя сестра лишилась добродетели: хочу лишь, чтобы и во мне было что-то хорошее!

— Ладно, тогда распилим добродетель, чтобы каждой из вас досталось по половине! Не переживай. Твоя зависть — это добрая зависть. Ты ревнуешь *дарова́ний бо́льших*[6]...

— Значит, геронда, бывает и добрая зависть?

— Да. Когда кто-нибудь завидует добродетели другого и одновременно радуется за него, тогда эта зависть добрая. Но если человеку становится плохо, если он расстраивается, видя успехи другого, или же втайне радуется, когда у того возникают трудности, тогда эта зависть недобрая. Допустим, что ты завидуешь сестре, потому что у неё хороший голос и она хорошо поёт. Если ты, узнав, что она охрипла и не может петь, обрадуешься, значит, в твоей зависти есть зло, значит, она отравлена. Если же ты огорчишься из-за болезни сестры — это значит, что в твоей ревности нет зла, просто ты тоже хотела бы научиться хорошо петь.

— А как, геронда, мне стяжать эту добрую зависть?

— Ну, давай назовём тебя в постриге Доброзавистницей!.. Постарайся очистить и освятить свою зависть, чтобы она стала доброй завистью. Радуйся за сестру, которая

---

[6] 1 Кор. 12:31.

преуспевает, и стремись ей подражать. Так ты преобразишься духовно, и в тебе будет пребывать благодать Божия, которая дарит человеку небесную радость уже в этой жизни.

— Геронда, а может ли в человеке добрая зависть превратиться в недобрую?

— Если человек не работает над собой, то, конечно, может. Нужно быть внимательной.

— Геронда, а я вот не всегда могу понять то, что именно чувствую, видя успехи сестры. Какая это зависть: хорошая или плохая?

— А ты спроси себя: «Если бы сестра сотворила чудо, что бы я почувствовала?» Или: «Если бы она впала в искушение и уронила бы себя в глазах людей, я бы радовалась или переживала?» Ответив на этот вопрос, ты поймёшь, хорошая у тебя зависть или плохая. Ну-ка скажи: если ты услышишь, что сестра, которой ты завидуешь, обленилась и совсем перестала исполнять своё монашеское правило, сама не молится, а ставит в магнитофон кассету и слушает: «Господи Иисусе Христе…» — ты этому обрадуешься или огорчишься?

— Огорчусь. Но и если услышу, что она делает всё бо́льшие и бо́льшие духовные успехи, тоже, думаю, не обрадуюсь.

— Если сама ты ходишь с трудом, радуйся за того, кто быстро бегает, а не огорчайся. Если хочешь духовно преуспеть, радуйся успехам сестёр и проси Бога, чтобы они и дальше преуспевали, а ты пришла в свою меру. Когда я был послушником в монастыре[7], там был ещё один послушник, примерно того же возраста, что и я. Он достиг большой духовной меры, его лицо светилось. Он во всём был примером, великий подвижник и ревнитель. Ещё он

---

[7] В монастыре Эсфигме́н, в 1953 году. — *Прим. греч. изд.*

был очень благоговейным. Даже старшие монахи в знак уважения вставали, когда он проходил мимо. Я больше получил пользы от этого послушника, чем от всех книг, которые до того читал, потому что он был живым примером. Однажды у меня болело сердце. Случайно в это время в келью ко мне зашёл тот брат, и я попросил его помолиться. Он ещё не успел уйти, а боль уже прошла. В другой раз в монастырь пришёл бесноватый и просил у отцов, чтобы они его исцелили. Тогда игумен сказал этому послушнику: «Давай-ка помолись, пусть бес выйдет из этого несчастного». — «Вашими молитвами, — ответил он, — Христос да прогонит беса». Только он отошёл, бес вышел из человека. Вот какое у него было дерзновение к Богу! Вот в какую духовную меру он пришёл! Так вот, я просил Бога, чтобы тому брату прийти в меру того святого, имя которого он носил, а мне прийти в его меру. Так же поступай и ты, и ощутимо увидишь силу Божию.

Когда человек научится радоваться преуспеянию других, тогда и Христос даст ему всё то, в чём преуспели другие. Тогда он будет радоваться так, как радуются все другие вместе взятые, и тогда его успехи и радость будут огромны!

ГЛАВА ВТОРАЯ
О ТОМ, ЧТО ГНЕВ — ВРАГ МИРА БОЖИЯ

Обратим гнев против страстей

— Геронда, я вижу, насколько неуместен для монаха гнев, и хочу от него освободиться.

— Гнев — мы сейчас имеем в виду чистый гнев — это врождённая сила души[1]. И если человеку от природы кроткому его безгневие помогает в духовном совершенствовании, то человек гневливый сугубую пользу может получить от силы гнева, которая заключена в его характере, направив её против страстей и против лукавого. Но если он не научится пользоваться этой силой гнева правильно, то ею воспользуется диавол. Так и человек по природе кроткий, если не постарается приобрести мужества, то не будет способен к духовному рывку. А вот если человек пылкий, гнев которого обладает большой силой, решится на что-то большое и обратит свой гнев против зла, то считай, что дело сделано. Поэтому высот в духовной жизни достигают люди, в которых есть «сумасшедшая жилка»[2].

---

[1] См. сноску на стр. 24.
[2] Под «сумасшедшей жилкой» преподобный Паисий в первую очередь понимает геройскую отвагу.

— Я так понимаю, геронда, что мне нужно было бы гневаться на диавола, а не на сестёр?

— Гляди: вначале человек гневается на других, потом, подвизаясь, начинает гневаться на тангалашку, а в конце приходит к тому, что гневается только на своего ветхого человека, на свои страсти. Потому старайся гневаться только на тангалашку и на свои страсти, а не на сестёр.

— Геронда, а мой гнев и упрямство — это детские страсти?

— Нет, благословенная душа! Когда маленький ребёнок злится, стучит ножками и кричит «не хочу, не буду!», этому есть какое-то оправдание. Но с возрастом он должен от этого избавиться, сохранив только детскую простоту, непосредственность, а не свои детские глупости. Погляди, до чего доходят некоторые гневливые люди! Они бьются в гневе головой об стенку — хорошо ещё, что Бог так устроил, что у пылких людей крепкая голова, поэтому она и остаётся цела! А есть такие, что рвут на себе одежду. Помню, один человек каждый день в гневе рвал на себе рубашку — на мелкие кусочки! Но он делал это для того, чтобы не срываться на других.

— Получается, геронда, что гнев — это срыв?

— Да, но лучше срываться на своего ветхого человека, чем на других.

Почему мы гневаемся

— Геронда, а у меня гнева и в помине нет, бывает, правда, что нервы шалят.

— Может, всё-таки это не нервы, а страсти в тебе шалят? Посмотри внимательно, может быть, страсть гнева всё-таки сидит у тебя внутри?

— А разве не бывает, что человек срывается действительно только из-за того, что у него нервы расшатаны?

— Бывает и такое. Например, человек может сказать резкое слово по той причине, что он устал, у него что-то болит, есть какие-то проблемы… Иной и на «Добрый день!» может ответить: «И ты тоже проваливай!» — хотя ему ничего плохого не сказали. Он устал, ему больно, поэтому так и реагирует. Ведь даже самый терпеливый ослик, если взвалить на него больше, чем он может понести, начнёт лягаться.

— Когда я не нахожусь в мире с самою собой, геронда, то меня раздражает любая мелочь.

— Если ты не находишься в мире с самою собой, значит, ты духовно больна, и неудивительно, что так реагируешь. Если человек болен, он иногда не может вытерпеть, даже когда кто-то рядом разговаривает. Подобное происходит, когда человек находится в плохой духовной форме: у него нет трезвения, терпения, у него нет снисходительности.

— Геронда, отчего я гневаюсь по малейшему поводу?

— Ты гневаешься, потому что думаешь, что всегда виноваты другие. В тебе гнев начинается с того, что ты принимаешь относительно других помыслы, приходящие слева. Если будешь принимать помыслы, приходящие справа, то не будешь обращать внимания на то, чтó тебе сказали и как сказали. Ты станешь брать ответственность за происходящее на себя и перестанешь гневаться.

— Но, геронда, я не могу убедить себя в том, что всегда виновата именно я.

— Похоже, что в тебе есть скрытая гордость. Будь внимательной, ведь в гневе присутствуют ещё и самооправдание, и гордыня, и нетерпение, и наглость.

— Геронда, почему сегодня люди на каждом шагу так легко раздражаются?

— А времена сейчас такие… Сейчас не то что люди — сейчас даже мухи легко раздражаются! У нынешних мух появилось упрямство, настырные такие стали!.. Раньше, бывало, отгонишь муху — она улетает. А теперь гони не гони — возвращается с настырностью… Но правда и то, что в нашу эпоху некоторые способы зарабатывания денег не только не помогают обретению душевного спокойствия, но даже и спокойного от природы человека могут сделать нервным и раздражительным.

— Почему, геронда, теперь, когда я живу в монастыре, не гневаюсь, тогда как в миру часто приходила в сильное раздражение?

— Часто из-за внешних причин человек испытывает недовольство и срывается, потому что не испытывает удовлетворения от того, что он делает. Ему хочется чего-то другого. Но такое раздражение — как внешняя пыль, оно исчезает, когда человек находит то, к чему стремится.

«Гне́вайтеся, и не согреша́йте»

— Геронда, негодование происходит от эгоизма?

— Не всегда. Есть и праведное, священное негодование. Когда пророк Моисей, получив скрижали с заповедями на вершине горы Хорив[3], спускался к своему народу и увидел, что израильтяне приносят жертву золотому тельцу, в священном гневе бросил скрижали на землю и разбил их[4]. Ведь уходя на гору, Моисей объяснил израильтянам, как жить до его возвращения. К тому же и сами они видели молнии и слышали гром на вершине Хорива. Но так как Моисей долго не возвращался, израильтяне стали искать себе бога, они пошли к Аарону и сказали ему: «Мы не знаем, что случилось с Моисеем. Кто теперь поведёт нас? Сделай нам богов, чтобы они вели нас».

---

[3] Другое название горы Синай. — *Прим. греч. изд.*
[4] См. Исх. 32:1-24.

Аарон сначала не соглашался, но потом уступил. Евреи взялись за работу. Они построили печь, побросали в неё всё золото, которое им дали египтяне перед исходом из Египта[5], и сделали ни много ни мало, а целого золотого тельца!.. Они водрузили его на большой камень и стали пить и веселиться. «Он поведёт нас!» — говорили люди. Тогда Бог сказал Моисею: «Иди скорее вниз, потому что народ изменил Мне». Спускаясь с Синая, Моисей услышал крики. Иисус Навин, который ждал его пониже, спросил: «Что случилось? На нас напали иноплеменники?» — «Нет, это не крики битвы, это развесёлые песни», — ответил ему Моисей. Они подошли ближе и увидели, как люди веселятся тому, что золотой телец поведёт их в Землю обетованную! Видишь ли, телец-то был не простой, а золотой, такой уж точно приведёт куда надо!.. Тогда Моисей вознегодовал, бросил скрижали с заповедями на землю и разбил их.

Так и человек духовный может рассердиться, вознегодовать, накричать, но он сделает это лишь по серьёзному духовному поводу. У него нет внутри зла, и другим он не причиняет зла. *Гне́вайтеся и не согреша́йте*[6] — разве не так говорит пророк Давид?

«Угото́вихся и не смути́хся»

— Геронда, так как же мне преодолеть гнев?

— А задача не в том, чтобы преодолевать гнев. Задача в том, чтобы не доходить до гнева. Посмотри на молоко: если не успеешь вовремя снять его с огня, оно поднимается и сразу убегает.

— А как не доходить до гнева?

---

[5] См. Исх. 11:1-3, 12:36-37.
[6] Пс. 4:5.

— Необходимо бодрствовать над собой. Следи за собой и сдерживай свой гнев, чтобы эта страсть не пустила в тебе корни. Иначе потом, даже если ты попробуешь вырубить укоренившуюся в тебе страсть гнева топором, она постоянно будет давать всё новые и новые побеги. Помни сказанное пророком Давидом: *Угото́вихся и не смути́хся*[7]. Знаешь, как поступал один монах? Выходя из кельи, он ещё на пороге осенял себя крестным знамением и просил: «Боже мой, сохрани меня от искушений!..» — и был готов к встрече с искушением. Он вёл себя словно часовой на посту — смотрел в оба, с какой стороны нападёт на него искушение, чтобы защититься от него и мгновенно дать отпор. И если какой-нибудь брат вёл себя по отношению к нему плохо, он уже был готов к этому искушению и отвечал кротостью и смирением. Вот и ты поступай так же.

— Геронда, иногда, когда случается искушение, я говорю себе: «Промолчу», но под конец не выдерживаю, срываюсь.

— Что значит «срываюсь»? Думаешь, сорвалось — и улетело, развеялось? Похоже, у тебя дефицит смирения, поэтому ты держишься до определённого предела, а потом срываешься. Тебе нужно ещё смирения — совсем чуть-чуть... Прежде чем открыть рот и что-нибудь сказать, прочитай два-три раза молитву Иисусову, чтобы стало немножко светлее. Одна женщина, когда её обуревал гнев, сначала читала полностью Символ веры и только потом открывала рот и начинала говорить. Видишь, как стараются не монахи даже, а мирские люди?

— Геронда, а что делать, если меня раздражает поведение одной из сестёр?

---

[7] Пс. 118:60.

— Относись к этой сестре по-доброму. Постарайся оправдывать её с любовью. Это естественным образом поможет тебе приобрести постоянное доброе духовное расположение. И когда к тебе придёт страсть гнева, то она найдёт твоё сердце занятым любовью и, не обретя места, где ей можно было бы ступить ногой, уйдёт.

Смирением и молчанием мы сдерживаем гнев

— Геронда, как человек может сдержать гнев?

— Смирением и молчанием мы сдерживаем гнев. Почему мы называем змею мудрой? Потому что, хотя у неё есть сильное оружие, яд, и она может причинить нам немалый вред, но стоит ей услышать приближающиеся шаги, как она сразу уползает. Змея не бросается на того, кто нарушил её покой, но сдерживает свой гнев. Так и ты: если кто-нибудь заденет тебя словом, не отвечай. Молчанием ты обезоруживаешь того, кто тебя хочет обидеть. У меня в келье Панагуда жил огромный кот, его звали Ди́кас. И вот однажды он поймал лягушонка и собирался его съесть. Однако лягушонок решил не сопротивляться, замер и лежал без движения. Дикас походил-походил вокруг, потом оставил его в покое и ушёл. Так крохотный лягушонок своим молчанием и… — да-да, смирением! — победил огромного кота! А вот стоило бы лягушонку хоть немного пошевелиться, Дикас схватил бы его, стал бы его подбрасывать и прихлопывать.

— Геронда, когда у нас с сестрой бывают разногласия и каждая стоит на своём, то мы заходим в тупик, я постепенно закипаю и под конец впадаю в гнев.

— Пойми простую вещь: одна из вас должна смириться и уступить. Иначе никак. Если два человека хотят пронести через узкую дверцу длинную доску, то кто-то из них должен зайти первым, а другой вторым: по-другому доску не занести. Когда каждый стоит на своём, это всё равно что бить камень о камень — только искры летят!.. Жители Фа́рас[8], когда кто-то стоял на своём, говорили: «Ну, хорошо, хорошо… Пусть тебе козочку, а мне козлика»[9], и так избегали ссоры. В любом случае тот, кто уступает, оказывается в выигрыше, потому что он чем-то жертвует — а это приносит радость и мир.

— А если человек внешне ведёт себя правильно и уступает, а в душе возмущается?

— Это значит, что в нём ещё жив ветхий человек, однако он с ним борется.

— Но почему, геронда, хотя он и ведёт себя правильно, всё равно не имеет в себе мира?

— А с чего у него внутри будет мир? Чтобы внутри у человека был мир, он должен не только внешне, но и внутренне быть правильно сориентирован. Тогда уходят гнев и беспокойство, а в человека входит мир Божий. А когда приходит душевный покой, он уничтожает порождения гнева, душевные очи очищаются, и человек начинает видеть ясно. Поэтому Христос именно о миротворцах и сказал, что они *сы́нове Бо́жии нареку́тся*[10].

---

[8] *Фа́расы* — местечко в Каппадокии, родина преподобного Паисия. — *Прим. греч. изд.*
[9] Козочка имеет бо́льшую ценность, так как даёт приплод и молоко. — *Прим. греч. изд.*
[10] Мф. 5:9.

ГЛАВА ТРЕТЬЯ
О ДУШЕВРЕДНОЙ ПЕЧАЛИ

Радость от Христа, печаль от диавола

— Геронда, в последнее время я так сильно печалюсь…

— А отчего печалишься-то? Дай угадаю: пошли ко дну твои корабли!.. Куда же ты их отправила? Неужто прямо в Атлантический океан? Да ты в своём уме? Разве по такой погоде корабли посылают в открытое море? Сколько же их затонуло?

— Все до одного, геронда, взяли и затонули!..

— Что же, это прекрасная новость: теперь ты у нас настоящий нестяжатель и можешь стать хорошей монахиней! Но скажи, пожалуйста, почему ты не всегда прославляешь Бога? Чего тебе не хватает? Если тоскует человек, который находится вдали от Христа, я это понимаю, но если тоскует тот, кто близок ко Христу, я этого понять не могу. Ведь если ты близок ко Христу, то даже если тебе больно, твою боль услаждает Христос.

Насколько я понял, для человека противоестественна горькая печаль, потому что если свою печаль он приносит Христу, она становится сладким нектаром. И если в ком-то сидит горечь печали, то это значит, что человек не отдаёт свои горести Христу.

Радость от Христа, печаль от диавола. Знали бы вы, как я огорчаюсь, когда вижу монаха с таким кислым выражением лица, как у хозяина бакалейной лавки, который лишился прибыли! Совсем другое дело — печаль по Богу, радостотворный плач. Тут человек радуется. Его молчание и скромность собирают в его сердце мёд. Когда вижу такого человека, я готов ему ноги целовать.

— А откуда, геронда, человек может понять, что его печаль действительно по Богу?

— Допустим, кто-то совершил грех и из-за этого переживает. Если он огорчается по чистому любочестию, из-за того, что опечалил Христа, то он ощущает в сердце боль, однако это сладкая боль, потому что Бог разливает в его душе сладость, утешение. Это печаль по Богу. А если человек постоянно пребывает в печали, чувствует страх и отчаяние, он должен понять, что эта печаль не по Богу. Печаль по Богу — это духовная радость, она приносит утешение в сердце. А вот та печаль, которая не по Богу, обязательно приносит чувство страха и безысходности.

— А если, геронда, человек духовный огорчается из-за того, что какой-нибудь шарлатан пользуется его именем и наносит людям вред?[1]

— Такого рода печаль оправданна, из-за этого надо переживать, потому что многим людям наносится вред. Но даже в этом случае реагировать надо духовно. Можно ведь и такую ситуацию воспринять смиренно и сказать: «Боже мой, я не хочу, чтобы люди пострадали, просвети их, чтобы они уразумели истину». Если так сказать, то внутри сохранится мир. Но если начать суетиться и тарахтеть: «Ах-ах, что же делать? Моим именем пользуются и губят людей!..» — то и покоя никакого не будет. Так или иначе, но если человек не виноват сам и совесть

---

[1] Сестра, задавшая вопрос, имела в виду случаи, когда люди пользовались именем преподобного Паисия ради собственной выгоды или для того, чтобы склонить других к принятию своих ошибочных воззрений. — *Прим. греч. изд.*

у него спокойна, то даже если другие его ранят, он будет получать великое утешение.

Эгоизм всегда приносит печаль и страх

— Геронда, я постоянно думаю о том своём проступке, которым Вас огорчила, и меня охватывает печаль.

— Хватит уже о нём думать, дело прошлое. Ничего, кроме огорчения, постоянные воспоминания о том проступке тебе не дадут, да и ничем не помогут. Но если впредь ты будешь повнимательнее, это пойдёт тебе на пользу. Поэтому с любочестием продолжай свою борьбу. Каждый человек по невнимательности допускает ошибки, однако Благий Бог, наш Отец, защищает и покрывает нас. Для того чтобы нам помочь и защитить нас, у Бога есть святые, для этого Он каждому человеку дал ангела-хранителя, для этого и в земной жизни Он выделяет людей духовных, чтобы те помогали другим людям.

— А меня гнетёт печаль о моих падениях, геронда, и у меня опускаются руки.

— Это от эгоизма. Под этим гнётом ты пытаешься остаться несгибаемой, потому выбиваешься из сил. Смирения, покаяния и сокрушения нет, зато есть эгоизм, а эгоизм всегда приносит печаль и страх. Когда у человека нет покаяния, но он огорчается из-за своего эгоизма, человекоугодия, из-за того, что пал в глазах других, тогда в нём живут тревога, горечь, боль.

— Значит, геронда, если человек после своего падения сильно переживает, то причина этому всегда эгоизм?

— Нет, не всегда. Причиной сильных переживаний после падения может быть ещё и любочестие. Когда переживания, которые происходят от чистого любочестия, велики, тогда Божественное утешение тоже велико и сильно.

А такое Божественное утешение даёт силу не только душе, но и телу.

— Но как мне понять, геронда, от любочестия я переживаю или не от любочестия?

— Тот, кто переживает своё падение любочестно, обвиняет во всём себя, а тот, кто переживает своё падение эгоистично, обвиняет во всём других и говорит, что с ним поступают несправедливо. Ущемляется эгоизм, человек начинает дуться, перестаёт разговаривать… Вот сегодня я двум сёстрам сделал замечание за их оплошность. Обе огорчились и опустили головы. Но одна огорчилась по любочестию, что своей оплошностью меня опечалила. А другая огорчилась от эгоизма. Первая стыдилась даже глаза на меня поднять. Однако другая, чтобы не испортить свою репутацию, сразу стала оправдываться, не думая о том, насколько серьёзна её оплошность. Она подумала так: «Ах, я уронила себя в глазах других, теперь они перестанут мне доверять!.. Как же мне теперь оправдать свою оплошность, чтобы не испортить репутацию?» Если бы она признала свою ошибку, обвинила бы во всём себя, то получила бы утешение. Но она старалась оправдаться, и поэтому никакого покоя у неё в душе не было. Когда мы сами себя оправдываем, то даём место диаволу, который приходит, плетёт из наших помыслов свои тонкие кружева и ввергает нас в печаль. Но когда мы принимаем всю вину на себя, тогда Бог берёт на Себя всю нашу тяжесть. Так что давайте решим, что нам избрать: смирение, которое даёт покой, или же эгоизм, который приносит нам печаль, страх и расстройство?

Неблагодарный человек всегда печален

— Геронда, почему многие люди, хотя у них всё есть, ощущают депрессивный страх и печаль?

— Если вы видите человека, который подавлен сильным страхом, огорчением и печалью, хотя ни в чём не нуждается, знайте: он нуждается в Боге.

Тот, кто, имея всё — и материальные блага, и здоровье, — вместо того, чтобы благодарить Бога, выдвигает всё новые и новые безумные требования, ворчит и ропщет[2], может считаться «своим парнем» в аду. А вот человек благодарный доволен всем. Он размышляет о том, что́ Бог ему даёт каждый день, и радуется всему. А неблагодарный всем недоволен. Он ропщет по всякому поводу, мучается от всего. Допустим, он недоволен тем, что припекает солнце, но вдруг начинает дуть пронзительный северный ветер и приносит холод. Солнце тебе не нравилось? Что же — дрожи теперь от холода.

— Геронда, что Вы хотите сказать этим примером?

— Я хочу сказать, что если мы не признаём с благодарностью тех благ, которые нам подаёт Бог, и ропщем, то приходят испытания, которые заставляют нас сжаться в комок. Я вам без шуток говорю: тот, кто выбрал себе жизнь по такому «типикону», тот, кто постоянно ноет и ропщет, обязательно получит от Бога крепкую оплеуху, чтобы ещё в этой жизни расплатиться хотя бы с частью своего долга. Если же обходится без оплеухи, это ещё хуже. Тогда придётся сразу за всё расплачиваться в жизни будущей.

— Так значит, геронда, ропот может войти в привычку?

— Нет, не так: ропот не может не войти в привычку. Потому что за ропотом обязательно следует ропот и за жалким нытьём на свою судьбу в обязательном порядке следует много другого жалкого нытья. Сеющий нытьё, жалобы «на свою судьбину горькую» пожинает то, что посеял, — жалкое нытьё, а в житницы свои засыпает семена

---

[2] Яркий пример такого поведения — старуха из «Сказки о рыбаке и рыбке».

депрессии и страха. Тогда как человек, сеющий славословие, вкушает божественную радость и приемлет вечное благословение. Человек ропщущий — сколько бы Бог ему ни давал благословений — не признаёт их за благословения. Поэтому благодать Божия отходит от него и к нему приходит искушение, а потом искушение преследует его, оно наступает ему на пятки, и всё у него идёт через пень-колоду. А вот за человеком благодарящим гонится Сам Бог со Своими благословениями.

Неблагодарность — великий грех, который осудил Сам Христос. *Не де́сять ли очи́стишася? Да де́вять где?*[3] — спросил Он прокажённого, который пришёл Его поблагодарить. Христос ждал благодарности от десяти прокажённых не для Себя, но для них самих, потому что благодарность принесла бы пользу не Ему, а им самим.

Тангалашка хочет видеть нас опечаленными

— Геронда, почему радость у меня иногда резко сменяется печалью?

— Резкий переход от радости к печали чаще всего происходит от искушения. Тангалашка по своей злобе борется с человеком, особенно с человеком восприимчивым, тонкокожим и от природы жизнерадостным. Он борется с тем, кто стремится проводить жизнь духовную. В этом-то и состоит его работа: он хочет видеть нас печальными, потому что он от этого радуется. Но с какой это стати мы должны позволять тангалашке делать что ему вздумается? Разве радость не лучше расстройства и печали? Разве любовь не лучше злобы и ненависти?

— А я вот, геронда, иногда впадаю в печаль, а причины понять не могу.

---

[3] Лк. 17:17.

— Это тангалашка не хочет, чтобы человек радовался. Он находит способ огорчить и тех, у кого есть повод огорчаться, и тех, у кого его нет. Что касается тебя, то мне кажется, что он стремится ввергнуть тебя в отчаяние. Для этого он всё больше и больше опутывает тебя своими тонюсенькими ниточками. Ладно ещё, если бы он вязал тебя верёвкой!.. Верёвкой человека опутать куда ни шло — был бы хоть какой-то повод для огорчения. Но ведь на самом деле его тонкие нити тебе только кажутся канатами, и ты из-за этого переживаешь. Не мучай себя без повода, потому что этим ты радуешь тангалашку и огорчаешь Христа. Скажи: ты что, правда хочешь, чтобы Христос огорчался?

— Нет, геронда, но...

— Никаких «но»! «Ад огорчи́ся!» А ну-ка скажи: «Ад огорчи́ся!»

— «Огорчи́ся!»[4]

Печаль истощает наши душевные и телесные силы

— Геронда, у меня часто болит желудок, и мне трудно исполнять своё монашеское правило.

— Ты вот всё сидишь и беседуешь со своими помыслами, всё видишь в чёрном свете и терзаешь себя без причины. Оттого ты и страдаешь душой и телом. Вслед за очередным таким приступом помыслов у тебя и желудок начинает болеть. Где уж потом найтись силам для духовного делания! Можно, конечно, выпить лекарство и снять боль, но если ты не прекратишь печалиться, то же-

---

[4] *Иоанн Златоуст, свт.* Слово на Святую Пасху. В Греции на пасхальном богослужении во время чтения Слова святителя Иоанна Златоуста молящиеся хором воодушевлённо повторяют за священником окончания некоторых фраз из «Слова», например: «Ад огорчи́ся...» Все: «Огорчи́ся!»

лудок твой снова станет болеть. Не принимай помыслы, которые приводят тебя к отчаянию, чтобы не выкидывать в мусорное ведро те дары, которые дал тебе Бог. Чем правильнее ты будешь смотреть на вещи, тем больше в тебе будет покоя и умиротворения, тем и физически здоровее ты будешь. И лекарства тебе потом не понадобятся.

Тоска выбивает оружие из рук христианина. Она высасывает все соки его душевных и телесных сил, она не даёт ему ничего делать. Она не только отравляет его душу, но и в тело тоже вносит беспорядок. Печаль и расстройство бьют по самым чувствительным местам организма, они вызывают в человеке депрессивный страх и делают его ни на что не годным. Яд печали может свалить с ног не только человека со слабым организмом, но и очень крепкого от природы. Среди вас в монастыре есть одна сестра. Знаете, сколько у неё нереализованных сил? И в духовном плане она могла бы развиться очень сильно, да и на послушании была бы первой во всём! Она могла бы быть лучшей в монастыре — но из-за того, что она надломлена печалью, она ни к чему неспособна. Человек с такими задатками пропадает впустую. Словно мощная машина, которая простаивает без пользы.

Прогоним нытьё и ропот духовной отвагой

— Геронда, когда в духовной борьбе меня одна за другой постигают трудности, я начинаю роптать, и меня охватывает такая тоска...

— А в трудный-то момент как раз и проявляется человеческая сила. Когда встречаешься с трудностями, не бойся и не поддавайся панике. Проси у Бога духовного мужества, чтобы смело встречать трудности на своём духовном пути и отважно бороться.

— Геронда, печаль, которую я последнее время испытываю из-за своего ужасного внутреннего состояния, меня духовно парализует.

— Слава Богу, ты уже не там, где когда-то давно была. Но и туда, где тебе подобает быть, ты ещё не пришла. Однако я уверен, что скоро ты проявишь свою отвагу и благодатью Божией разорвёшь последние путы ропота и нытья — как лев разрывает тенёта. Прогони нытьё и ропот духовной отвагой. Буду этого ждать и молиться. Надеюсь, что дождусь, и тогда от души порадуюсь твоим успехам.

— Геронда, когда я не выполняю своё монашеское правило, меня охватывает тоска.

— Печаль о том, что мы не сделали то, что положено, или наоборот, радость о том, что выполнили свою задачку, — вещи естественные. Но к этому может примешиваться и эгоизм, а потому будь внимательна. Прямо сейчас положи доброе начало, определи порядок своей духовной борьбы и потихоньку иди вперёд. Так ты достигнешь постоянства, прекратятся эти скачки́ вверх-вниз, которые вызывает враг, всеми силами старающийся, чтобы ты его не заметила. Если ты с духовным мужеством ради преуспеяния в монашеском подвиге используешь те силы, которыми наделил тебя Бог, то достигнешь бо́льших успехов. А вот если застрянешь в болоте ропота и жалобного нытья, то так всё и будешь без конца горько причитать, а тангалашка в это время будет плясать от радости и злорадно потирать ладошки.

— Я вот, геронда, не пойму: чего мне не хватает — усилий?

— Да вставать тебе надо и в атаку бежать! Неужели не понятно?

— А как хоть в неё бегут, в эту атаку-то?

— Отважно бегут! Знаешь, мне тут ноющие и ропщущие на судьбу монахини не нужны. Мне нужны духовные сулио́тки[5], которые с духовной отвагой воевали бы с диаволом, прославляя Бога.

Противоядие от печали — это славословие Бога

— Геронда, я огорчаюсь, когда вижу, что какая-то страсть покинула меня не полностью.

— А ты говори: «Слава Тебе, Боже, что ушло так много!» Будь я на твоём месте, то, глядя на великие Божии дарования, *от стра́жи у́тренния до но́щи*[6] повторял бы: «Слава Тебе, Боже!» Если ты хочешь уже здесь начать жить райской жизнью, то смотри на милости и богатые дарования, которые даёт тебе Бог, и начинай славословить Его: «Слава Тебе, Боже». Прославляйте Бога за то, что Он помог вам преуспеть, пусть и немного — благодаря ли собственному труду или помощи других. Когда человек говорит: «Слава Тебе, Боже», то Бог ему помогает, потому что благодарность в сочетании со смиренным мудрованием и любочестным подвигом постоянно привлекает к нему неисчислимые небесные силы и Божественные благословения.

— Геронда, а если я знаю, что снова упаду?

— Ничего ты не знаешь, а думаешь так от страха. Не бойся, что допустишь прежнюю ошибку, поскольку так ты сама колеблешь свою веру в Бога, расковыривая под микроскопом своё прошлое. Если помысел говорит тебе, что ты не исправишься, и от этого ты впадаешь в

---

[5] *Сулио́ты* — небольшая свободолюбивая конфедерация сёл горного региона Су́ли, расположенного на юге Эпира, в Северо-Западной Греции. Сулиоты свято хранили Православие, свои строгие обычаи и отважно защищали от турок свою свободу и независимость, внеся огромный вклад в освободительную борьбу греков против Османской империи. В военных операциях наравне с мужчинами участвовали и женщины, сражаясь до последней капли крови и смерть предпочитая позорному плену.

[6] Пс. 129:5.

уныние, то нужно себя утешить и подбодрить. Скажи: «Слава Богу — сегодня я стала лучше, чем была вчера. Слава Богу тысячу раз». Это воодушевление, хотя и кажется ненастоящим, заключает в себе великую силу — упование на Бога. А упование на Бога — это такой рычаг, который опрокидывает отчаяние и открывает струю Божественной живости. Тогда душа освобождается от печали и депрессивного страха, и духовные силы человека потихоньку укрепляются.

— Геронда, я переживаю из-за многих проблем со здоровьем.

— Принимай всё как великие дарования от Бога. Бог ведь никого не обижает. На Небе тебе будет чем утешиться. Там ты получишь приличную пенсию, если, конечно, сама её не урежешь своим ропотом.

— Но как это произойдёт, геронда, ведь сейчас-то я не чувствую в себе Неба?

— Ты не чувствуешь в себе Неба, потому что не прославляешь Бога. Когда человек живёт и движется в пространстве славословия, он радуется всему. В миру есть люди, которые будут судить ещё и нас, монахов. Посмотрите на бедуинов — какая же у них тяжёлая жизнь! А они благодарят Бога и всегда веселы[7]. Они пшеницу не просеивают от песка и камней, а несут на мельницу как есть, поэтому и хлеб у них как настоящий камень. В пище, которую они едят, похоже, нет необходимых микроэлементов, кальция и тому подобного, поэтому у бедуинов совершенно разрушенные зубы. Смотришь, идёт себе бедуин с одним-единственным зубом, а радуется при этом так, словно этот зуб у него перламутровый!.. А у кого-то всего только одного зуба и не хватает, но он из-за

---

[7] Преподобный Паисий общался с бедуинами, когда жил на Синае с 1962 по 1964 год. — *Прим. греч. изд.*

этого чувствует себя ущербным. Я рассказываю вам всё это к тому, чтобы вы понимали, что нужно непрестанно славословить, прославлять Бога за Его к нам благодеяния, делая это день и ночь.

Один епископ рассказывал мне, что в храме, когда диакон читал Евангелие об исцелении гергесинских бесноватых[8], один совсем простой прихожанин, который стоял позади епископского места, на каждом слове Евангелия повторял: «Слава Тебе, Боже». Диакон читал: «*Во вре́мя о́но прише́дшу Иису́су в страну́ Гергеси́нскую…*» — «Слава Тебе, Боже», — говорил прихожанин. «*Срето́ста Его́ два бе́сна…*» — «Слава Тебе, Боже!» — «*Лю́та зело́…*» — «Слава Тебе, Боже!» — «*И се устреми́ся ста́до все… в мо́ре*». — «Слава Тебе, Боже!..»

«Я понял, — рассказывал мне потом епископ, — насколько этот простой человек был прав, постоянно повторяя: „Слава Тебе, Боже". Потому что „слава Тебе, Боже" и есть те самые слова, которые ввергают бесов в море». Вот и вы постоянно повторяйте: «Слава Тебе, Боже, слава Тебе, Боже, слава Тебе, Боже…», пока «свиное стадо» не бросится в море.

Славословие освящает всё вокруг. Славословя, человек растворяется в благодарности Богу. Он теряет рассудок — в хорошем смысле этого слова; он радуется всему. А когда человек благодарит Бога даже за малое, то в какой-то момент его осеняет столь щедрое благословение Божие, что человек не в силах его понести. Тут уже и диавол не может больше устоять и бежит прочь со всех ног.

---

[8] См. Мф. 8:28-34.

РАЗДЕЛ ВТОРОЙ

ДОБРОДЕТЕЛИ

«В ком есть духовная красота, рождаемая добродетелью, тот светится от Божественной благодати. Приобретая добродетели, человек достигает обо́жения, становится лучезарным, и Божественная благодать выдаёт его другим».

О ВОЗДЕЛЫВАНИИ ДОБРОДЕТЕЛЕЙ

— Геронда, когда человек достигает обо́жения?
— Когда в него вселяется Божественная благодать.
— Тогда в нём начинает жить радость?
— В нём начинает жить не только радость, но и обилие любви, смирения, утешения, уверенности. В нём присутствуют качества, которые присущи Богу, и потому в него вселяется благодать Божия.
— А что значит выражение *Бог бого́в*[1]?
— Разве святой пророк Давид не говорит: *Бо́зи есте́, и сы́нове Вы́шняго вси́*[2]? Человек сотворён *по образу* Божию, следовательно, Бог есть Бог богов, то есть людей. Человек же должен достичь обожения. По образу Божию сотворены все люди, но кто из нас стоит на пути к *по подобию*? Чем дальше мы отходим от Бога, тем меньше мы делаемся подобны Ему, то есть тем дальше оказываемся от *по подобию*.

Чтобы человек сделался подобным Богу, он должен жить в согласии с заповедями Божиими и работать над собой. Таким образом он очищается от страстей и приобретает добродетели, и тогда он уже не просто человек, сотворённый *по образу* Божию, но переходит в состояние *по подобию*, так как в нём действует Божественная благодать.

---

[1] Пс. 49:1.
[2] Пс. 81:6.

«Делание добродетели есть хранение заповедей Господних»

— Геронда, я бы очень хотела увидеть своего святого.

— А я бы очень хотел, чтобы ты постаралась стать другом Божиим.

— Как мне этого достичь, геронда?

— *В чесо́м испра́вит юне́йший путь свой? Внегда́ сохрани́ти словеса́ Твоя́*[3]. Если ты будешь жить в согласии с заповедями Божиими, то станешь другом Божиим.

Если мы дети Божии, то должны соблюдать Его заповеди. Когда иудеи сказали: «У нас отец Авраам», Христос им ответил: «Ваш отец не Авраам, а сатана, потому что если бы вы были детьми Авраама, то творили бы и дела Авраама»[4].

— Геронда, что имеет в виду авва Исаак, когда говорит, что Христос требует не исполнения заповедей, но исправления души[5]?

— Ну а для чего Бог дал нам заповеди? Разве не для нашего исправления? Соблюдая заповеди Божии, мы возделываем добродетель и приобретаем здравие души. «Делание добродетели, — говорит авва Исаак, — есть хранение заповедей Господних»[6].

— Геронда, авва Исаия говорит: «Человеку потребно сердце мужественное и великое, чтобы пещись о хранении заповедей Божиих»[7].

— Так оно и есть. Чтобы безукоризненно исполнять заповеди Божии, необходимы мужество, отвага и трезвение. Поэтому ищи, чего тебе не хватает и что Бог требует

---

[3] Пс. 118:9.
[4] См. Ин. 8:39,44.
[5] *Исаак Сирин, прп.* Слова подвижнические. Слово 34. С. 188.
[6] Там же.
[7] *Авва Исаия, прп.* Слова преподобного аввы Исаии к своим ему ученикам. Слово 26 // Добротолюбие. Т. I. Свято-Троицкая Сергиева Лавра, 1992. С. 427.

от тебя; поразмысли о том, что ты сделала, а что должна была сделать, но не сделала. Говори себе: «Да, мне по сердцу то, чем я занимаюсь, однако угодно ли это Христу?» — и старайся исполнять волю Божию. *За словеса́ усте́н Твои́х аз сохрани́х пути́ же́стоки*[8], — говорится в Священном Писании.

Ценность имеет та добродетель, которая приобретается свободно, без принуждения. Человек должен почувствовать необходимость добродетели и потом потрудиться, чтобы её стяжать. Это ведь не Богу нужно, чтобы мы исполняли Его волю, — это нам самим нужно исполнять волю Божию, чтобы освободиться от своего ветхого человека.

Вся борьба верующего человека должна быть направлена на то, чтобы безукоризненно соблюдать заповеди Божии. Когда человек стремится к исполнению воли Божией, тогда он приближается к Богу и, даже если не просит, всё равно получает Божественную благодать. Иными словами, он черпает воду непосредственно из Источника.

Все добродетели необходимо возделывать

— Геронда, а может ли человек быть добродетельным от природы?

— От природы человек может быть, например, простым, спокойным, кротким. Однако всё это природные дарования, которыми наделил его Бог. А человек, чтобы приумножить их, должен взращивать, возделывать. Духовные дарования, дары Святого Духа он получит через подвиг.

---

[8] Пс. 16:4.

— Геронда, а рассуждение — это дар Божий или же добродетель, которая приобретается человеком постепенно через духовное делание?

— Я тебе скажу так: рассуждение — это дар Божий. Но допустим, у тебя нет этого дара, зато есть какой-нибудь другой. Развивая тот дар, который у тебя есть, ты параллельно с ним будешь развивать рассудительность и другие добродетели, а через это восполнять и те добродетели, которых у тебя не хватает. Когда человек подвизается, к примеру, в воздержании, то одновременно он возделывает молчание, внимание, молитву, рассудительность и другие родственные добродетели.

Любую добродетель и любую страсть можно возделать, развить. Всё зависит от того, в каком направлении человек будет работать. Если он будет возделывать добродетели, то вырастут добродетели, которые заглушат страсти. Если он будет возделывать страсти, то вырастут страсти, которые заглушат добродетели. Ну а если он будет возделывать и те и другие, то вырастут и те и другие, и получится полная неразбериха. Чтобы это понять, представьте себе сад, в котором растут и цветы и бурьян. Если хозяин сада начнёт возделывать бурьян, то вырастет бурьян и заглушит цветы. Если он станет ухаживать за цветами, то разрастутся цветы и заглушат бурьян. Если же он будет возделывать и цветы и бурьян, то со временем не сможет отделить цветы от бурьяна.

Чтобы человек преуспел, он должен увидеть и признать, какие страсти в нём есть, и приложить старание, чтобы их отсечь. Также ему следует познать дарования, которыми наделил его Бог, и развить их. Если он станет в смирении их возделывать, то вскоре духовно обогатится. Если человек будет духовно работать, он станет лучше; если отнесётся к духовной работе с небрежением, станет хуже.

Я встречал людей, у которых почва души была плодородной, но они оставили её невозделанной, и в итоге всё там заросло терновником и чертополохом. А другие, хотя на земле их сердца росли терновник и чертополох, всё выпололи, вспахали, и их духовная земля стала приносить плоды. Что пользы, если Бог нам дал хорошую землю, а мы её бросили и она поросла бурьяном? Если наш духовный надел пригоден для выращивания сахарного тростника, а нас вполне устраивают растущие на нём камыш и осока, если мы не заботимся о том, чтобы выполоть из земли камыш, а на его место посадить и выращивать сахарный тростник, то чем поможет нам Бог? Из камыша ведь только и можно, что корзинки плести — сахара из него никак не добудешь.

Бог от каждого из нас потребует ответа: удвоили ли мы тот дар, который Он нам дал. Если кому-то из нас Он дал пять дарований, то человек должен превратить пять в десять. Даже девять дарований при исходных пяти — это уже не отличная оценка. Поэтому каждый из нас со смирением и рассуждением пусть делает всё возможное для того, чтобы стать отличником. Ведь Бог потребует от нас ответа, превратил ли человек один талант в два, два — в четыре, а пять — в десять. Следовательно, если человек удвоил данные ему таланты, то в глазах Бога он заслуживает высшей награды. А если кто-нибудь — не по гордости, а по усердию — превратит в десять всего один данный ему талант, то он умилит этим не только Бога, но даже человека с самым жёстким и каменным сердцем.

Добродетель ближнего и нас наполняет благоуханием

— Геронда, что помогает стяжать добродетель?

— Общение с человеком, у которого эта добродетель есть. Если ты общаешься с человеком, у которого есть благоговение, то постепенно тоже сможешь приобрести благоговение. Так происходит с любой добродетелью, потому что добродетель ближнего и нас тоже наполняет благоуханием.

Когда мы, как в зеркало, смотримся в добродетели других людей и стараемся им подражать, мы созидаем себя. Но и глядя в зеркало их недостатков, мы тоже получаем пользу, потому что чужие недостатки помогают нам увидеть наши собственные. Добродетель другого побуждает меня к тому, чтобы стремиться ей подражать, а недостаток брата заставляет задуматься, нет ли и у меня такого же недостатка, и если есть, то в какой степени. Всё это нужно мне для того, чтобы постараться от этого недостатка избавиться. Например, я вижу, насколько брат трудолюбив, радуюсь этому и стараюсь ему подражать. А в другом брате вижу порок любопытства. Я не осуждаю брата, но внимательно смотрю на себя: не болею ли любопытством и я? И если увижу, что болею, то постараюсь от этого избавиться. Однако если в себе я вижу только добродетели, а в других только недостатки, и при этом на свои недостатки не обращаю внимания или даже оправдываю их, радостно приговаривая: «А я-то лучше всех: и того, и другого, и пятого, и десятого…» — то дела мои совсем плохи.

Мы смотримся в других людей, как в зеркало, — отражаемся в них и видим себя. А вот те, в ком отражаемся мы, видят, какие мы неумытые трубочисты. И их насмешки и замечания смывают грязь с наших лиц.

Рецепты добродетелей, составленные святыми

— Геронда, а каковы отличительные свойства святых?

— Любовь со смирением, простота и рассуждение — вот отличительные свойства святых. Если человек с рассуждением будет понуждать себя подражать жизни святых, то и сам приобретёт святость.

В делании стяжания добродетелей нам очень поможет пример святых как ориентир. Сравнивая себя со святыми, мы видим свои страсти, осуждаем себя, смиряемся и с любочестием, с божественной ревностью стараемся им подражать. У нас нет оправдания, если мы топчемся на месте, потому что у нас перед глазами есть духовные рецепты, составленные святыми, их жизнь, их святой пример. Все святые — это дети Божии, и они помогают нам, несчастным чадам Божиим, подсказывая способы, как избежать уловок лукавого.

Внимательное чтение житий святых согревает душу, побуждает нас следовать их примеру и мужественно продолжать борьбу за стяжание добродетелей. В житии каждого из святых видно одно и то же духовное безумие, только в каждом оно проявлялось по-разному, своим особенным способом. Видно пламенное рачение, которым они горели к Богу. От такого чтения в человеке загорается огонь божественной ревности и стремление им подражать.

— Геронда, я уже много лет каждый день читаю житие святого, «его́же па́мять ны́не соверша́ем», уже почти наизусть всё выучила. Может, пора остановиться?

— Постоянно надо читать эти жития, до самой смерти. В житии описывается очень мало, не вся жизнь святого, а только то, что перелилось через край чаши его жизни. Святые были бы безумцами, если бы раскрыли всё, что пережили втайне. Но нам достаточно и того немногого, что описано, — лишь бы это немногое трогало наше сердце, подвигало применить это в собственной жизни.

— Геронда, мне кажется трудным осуществить что-то подобное тому, что совершили святые. Скажем, святая

Синклити́кия[9]. Какой тяжёлый подвиг несла до конца своей жизни, хотя страдала от тяжёлой болезни! Или преподобный Варсонофий[10] — сколько лет он хранил совершенное молчание!

— Ладно, если хочешь подражать преподобному Варсонофию, постарайся молчать не всегда, а хотя бы промолчать, когда тебе делают замечание. Что же касается подвига святой Синклитикии, то мне тоже кажется, что у тебя не хватит физических сил его повторить, — не выдержишь. Но внутренне, по-моему, ты можешь ей подражать, и здесь тебе предстоит очень много работы. Желаю, чтобы святая поделилась с тобой хотя бы немногим из того, что имела сама.

Очистим добродетель от примесей

— Геронда, Вы иногда говорите об «отравленной добродетели». Когда добродетель бывает «отравленной»?

— «Отравленная» добродетель — это, например, доброта, в которой присутствует человекоугодие, или же любовь, в которой есть примесь корысти и собственных интересов. Когда наши устремления не чисты, когда в них нет бескорыстия и простоты, а в добродетели присутствует наше «я», то мы словно подделываем добродетель, делаем её фальшивой. Тогда она похожа на неспелый плод, в котором, конечно, тоже есть какие-то витамины, но, откусив от него, понимаешь, какая это кислятина.

— Геронда, а может быть так, что во мне нет добродетели, а кто-то считает меня благочестивым человеком?

— Намного хуже будет, если сама ты будешь считать себя благочестивым человеком.

---

[9] Память преподобной Синклити́кии Александрийской совершается 5 (18) января.

[10] Память преподобного Варсонофия Великого совершается 6 (19) февраля.

— Могу я не видеть своего действительного духовного состояния и думать, что имею добродетель?

— Можешь, но если присмотришься, то увидишь, что внутри нет сладости, — и из этого поймёшь, каково твоё действительное духовное состояние. Иногда человек может думать, что стяжал добродетель, только на основании того, что он усвоил некоторые внешние признаки этой добродетели и им следует, стараясь перед другими казаться благочестивым. Но на самом деле это не добродетель, не настоящая добродетель. Так он долго не продержится. Настанет испытание, и истина откроется. Одно дело — подвизаться, скажем, в молчании для того, чтобы словами не оскорблять других, и так постепенно приобретать добродетель молчания. И другое — не разговаривать, чтобы другие считали тебя молчальником.

Человек может молчать языком, но при этом непрестанно беседовать с помыслами, и страсти могут им обладать. Внешне-то он может казаться настоящим святым, но когда откроется его внутренний человек, то обнаружится такое…

— Геронда, я прихожу в отчаяние от своего состояния. То хорошее, что я видела в себе, на деле оказалось никчёмным.

— Что же именно?

— То, что я считала рвением по Богу, на деле в конечном итоге оказалось эгоизмом.

— Нет, благословенная душа, это не так! В руде много разных полезных металлов. Да, там может быть много песка, но есть и медь, и железо, и немного золота… Если руда попадёт в горнило, тогда золото выплавится. Разве не говорится: *Я́ко зла́то в горни́ле*[11]?

---

[11] Прем. 3:6.

Гордость — похититель добродетелей

— Геронда, я нахожусь в плену страстей. Иногда меня обворовывает самолюбие, иногда стремление к внешнему.

— Если человек допускает, чтобы воры расхищали его имущество, разве он сможет обогатиться? И ты, если будешь допускать, чтобы тебя окрадывали страсти, разве сможешь преуспеть? Так и останешься навсегда в нищете: сколько бы ты ни накапливала, будешь терять. Понять не могу: как это тангалашка может тебя обворовывать, ведь ты же сама можешь исхитить рай!

— Я бы очень хотела прилагать усилия к стяжанию добродетели, а вместо этого топчусь на месте. Из-за чего это происходит?

— Бывает и так, что человек ещё не созрел для добродетели. А ты, я вижу, начинаешь приближаться к духовной зрелости. Так что смотри: теперь, когда настаёт лето и виноград начинает потихоньку наливаться сладостью, как следует береги его от ворон-тангалашек, живи смиренно и незаметно.

— Но всё, что я делаю хорошего, теряю, потому что мгновенно впадаю в гордость.

— Знаешь, что с тобой происходит? Ты подобно пчеле собираешь мёд, но потом позволяешь злому вору-тангалашке у тебя его похищать. Сама ты при этом остаёшься «с носом». Как пасечник дымом обманывает пчёл, а потом забирает у них мёд, так и у тебя тангалашка дымом гордости затуманивает голову, крадёт весь твой духовный мёд, а потом с радостью потирает руки. Он крадёт у тебя многоценные дары Божии, а сам радуется. Ты же умная, неужели не понимаешь этого? Почему не хватаешь за руку вора — лукавого, который тебя грабит?

— Но если человек чувствует, что дар, которым он обладает, от Бога, то как искушение может этот дар похитить?

— Через невнимание. Бог наделяет каждого человека многими дарованиями, а человек, хотя должен за них благодарить Бога, часто не имеет внимания, «присваивает себе» дары, данные ему Богом, и в душе возносится. Тогда вор — лукавый диавол — идёт и крадёт у человека эти дарования. Он отравляет их своим ядом и делает ни на что не годными.

Духовная красота

— Геронда, как мне стяжать духовную красоту?

— Подвизаясь с божественным рвением в стяжании добродетелей, ты приобретёшь и духовную красоту. Пресвятая Богородица обладала и внешней, и внутренней красотой. Тот, кто её видел, внутренне изменялся. Духовная нежность, которую источала Матерь Божия, исцеляла человеческие души. Своей внутренней красотой и силой благодати Божия Матерь совершила самый настоящий апостольский подвиг! Так и любой человек: если он будет духовно трудиться, оттачивать свой характер, то его душа исполняется благодатью и становится прекрасной.

— А человек, имеющий Божественную благодать, сам это чувствует?

— Он чувствует некоторые действия благодати.

— А другой человек, глядя на него, может распознать в нём благодать?

— Да, может, потому что благодать его выдаёт. Ведь добродетель нельзя скрыть, как бы человек ни пытался это сделать. Солнце ведь не спрячешь за решетом — его лучи всё равно просочатся сквозь дырочки.

В ком есть духовная красота, рождаемая добродетелью, тот светится от Божественной благодати. Приобретая добродетели, человек достигает обо́жения, становится лучезарным, и Божественная благодать выдаёт его другим. Так, сам того не желая и не ведая, человек обнаруживает себя перед другими, и этим прославляется Бог.

Освобождение от страстей и очищение души сказываются и на плоти, которая тоже очищается, ведь очищение начинается с сердца. Сердце через кровь передаёт свою духовность телу, и так освящается весь человек.

ЧАСТЬ ПЕРВАЯ

ДОБРОДЕТЕЛЬ ВСЕГО ОДНА, И ИМЯ ЕЙ — СМИРЕНИЕ

*«Смирение отверзает двери Небесные,
и благодать Божия сходит на человека».*

ГЛАВА ПЕРВАЯ
«БОГ СМИРЕННЫМ ДАЁТ БЛАГОДАТЬ»[1]

У смиренного человека есть все добродетели

— Геронда, скажите нам что-нибудь перед тем, как уехать…[2]

— Что я вам скажу? И так уже столько наговорил!..

— Скажите нам что-то, над чем мы могли бы внутренне работать до Вашего возвращения.

— Ну что же, раз вы так этого хотите, скажу… Итак: добродетель в собственном смысле всего одна, и имя ей — Смирение. Но вы этого не понимаете, поэтому я назову вам ещё одну добродетель, имя которой — Любовь. Но подумайте сами: если у человека есть смирение, то разве у него может не быть любви?..

— Авва Исаак говорит: «Что соль для всякой пищи, то и смирение для всякой добродетели»[3].

---

[1] См. 1 Петр. 5:5.
[2] Эта беседа происходила в исихастирии в феврале 1968 года между преподобным старцем Паисием и первыми насельницами. На следующий день старец уезжал на Святую Гору после двух месяцев пребывания в монастыре, где он находился для того, чтобы заложить фундамент духовной жизни во вновь созданной общежительной обители. — *Прим. греч. изд.*
[3] *Исаак Сирин, прп.* Слова подвижнические. Слово 46. С. 245.

— Видишь как: выходит, без смирения добродетели несъедобны! Святой Исаак хочет показать, насколько необходимо смирение в делании добродетелей.

— Геронда, а в другом месте авва Исаак говорит, что смирение приходит только тогда, когда человек приобретёт все добродетели.

— Может, ты что-то не так поняла? Наоборот: если у человека нет смирения, к нему не может приблизиться ни одна добродетель[4].

— Значит, человек, имеющий смирение, имеет вкупе с ним и все добродетели?

— Разумеется. Смиренный человек источает всю гамму духовных ароматов: простоту, кротость, любовь без границ, доброту, незлобие, жертвенность, послушание и другие благовонные добродетели. Он нищ духом[5], поэтому он и владеет всем духовным богатством. Ещё он благочестив и молчалив, а потому он того же рода, что и Преблагословенная Богородица Дева Мария, Которая обладала великим смирением. Нося в Себе Воплощённого Бога, Она ответила: *Сé рабá Госпóдня: бýди мне по глагóлу твоемý*[6]. Не сказала: «Я стану матерью Сына Божия». Она молчала, молчала, пока не заговорил Сам Христос, когда Ему исполнилось тридцать лет.

Святой Андрей Критский в одной из стихир говорит, что Пресвятая Богородица — Бог после Бога и второе

---

[4] Отрывок, который имеет в виду сестра, звучит так: «Смирение есть некая таинственная сила, которую, по совершении всего божественного жития, восприемлют совершенные святые» (*Исаак Сирин, прп.* Слова подвижнические. Слово 53. С. 287). Здесь авва Исаак говорит о смирении как о совершенном состоянии, а преподобный Паисий имеет в виду смирение, необходимое для борьбы за стяжание добродетелей. — *Прим. греч. изд.*

[5] См. Мф. 5:3.

[6] Лк. 1:38.

место занимает за Троицей[7]. Раба и вместе с тем Невеста Божия! Дева и Матерь! Создание Божие и Мать Создателя! Всё это великие тайны, которые нельзя объяснить, можно только пережить!

— Геронда, какая икона Богородицы Вам нравится больше всего?

— Мне все иконы Пресвятой Богородицы нравятся. Даже если я просто вижу, что где-то написано Её имя, много раз благоговейно его целую, и сердце моё трепещет от радости.

Поразительное дело, если задуматься!.. Юная девочка говорит: *Величит душа́ моя́ Го́спода... я́ко призре́ на смире́ние рабы́ Своея́*[8]. В немногих словах такой смысл! Великую пользу можно получить, если вникнуть в смысл этих слов. Сказано кратко, но как много сокрыто здесь смыслов! Если ты будешь в эти слова вникать, то возлюбишь смирение, а если смиришься, то увидишь, как вселяется в тебя Бог и превращает твоё сердце в вифлеемские ясли.

На смиренном человеке почивает Дух Божий

— Скажите нам, какие добродетели должен иметь человек, чтобы его осенила благодать Божия?

— Даже и одного смирения достаточно. Меня часто спрашивают: «Сколько нужно времени, чтобы стяжать Божественную благодать?» Некоторые могут всю жизнь якобы жить духовно, подвизаться, но при этом думать, что из себя что-то представляют, — такие не приобретают

---

[7] Третья стихира после канона пятого гласа в неделю. Новый Богородичник преподобного Никодима Святогорца: Каноны Божией Матери на каждый день. М.: Издательство ПСТГУ, 2015. С. 272.

[8] Лк. 1:46-48.

благодати Божией. А другие за короткое время приобретают благодать, потому что смиряются.

Если человек смирится, то благодать может в минуту его осиять, сделать ангелом, и он попадёт в рай. А если возгордится, в минуту сделается тангалашкой и окажется в аду. Человек, если захочет, становится овечкой, если захочет — ко́злищем. Бедные козлы и козы, может, и хотели бы стать овцами, да не могут, а человеку Бог дал такую возможность: из козлища становиться овечкой, только бы он сам этого захотел.

Благодать Божия нисходит только на смиренного и кроткого человека. На таком почивает Дух Божий. Помнишь, что говорит пророк Исаия: *На кого́ воззрю́, то́кмо на кро́ткаго и молчали́ваго*[9]?

Бог ждёт от нас лишь немного смирения, чтобы нам вступить с Ним в родство, а затем все Его богатые дары изливаются на нас обильно один за другим. Ведь Бог, если можно так выразиться, «должен» смиренному человеку обилие благодати, Он наделит ею как даром, даже если сам человек об этом и не просит. Таков духовный закон. Разве в Священном Писании не говорится: *Бог го́рдым проти́вится, смире́нным же дае́т благода́ть*[10]? Так уж Бог определил. «Смиренный» означает «имеющий благодать». «Очень смиренный» значит «имеющий большу́ю благодать от Бога», потому что смиренный человек, как губка, впитывает в себя Божественную благодать. Тот, кто смиренно склоняется и принимает удары от других, очищает себя от коросты, становится по духовной красоте подобен ангелу и свободно проходит сквозь узкие врата рая. Никто не восходит на Небо мирским восхож-

---

[9] Ис. 66:2.
[10] 1 Петр. 5:5.

дением и возношением, но только духовным умалением и смирением.

Смирение отверзает двери Небесные, и благодать Божия сходит на человека. А гордость их затворяет. Старец Тихон говорил: «Один смиренный человек имеет больше благодати, чем много человек вместе. Каждое утро Бог одной рукой благословляет мир, но если увидит смиренного человека, благословляет его двумя руками. У кого больше смирения, тот больше всех!»[11]

Всё зависит от смиренного расположения. Когда в человеке есть смиренное расположение, тогда для него естественным образом земля соединяется с Небом. В смирении люди обрели ключ, поворачивая который они поднимаются до третьего Неба[12] на духовном лифте любви. А ведь некоторые говорят: «И чего это Бог требует от нас смирения?» Скажут тоже! Если человек не смирится, то он не только не пройдёт в узкие двери рая, но даже и в этой жизни не будет иметь покоя. Христос что сказал? *Научи́теся от Мене́, я́ко кро́ток есмь и смире́н се́рдцем, и обря́щете поко́й душа́м ва́шим*[13].

Один смиренный помысел мгновенно приводит в действие благодать Божию

— Меня удивляет, как один смиренный помысел мгновенно приводит в действие благодать Божию. Как-то к дверям моей кельи приблудился котёнок. Бедняга, видно, съел что-то не то, отравился и теперь просил помощи, извиваясь от боли, подпрыгивая, как осьминог, когда его бьют о камни… Жалко было на него смотреть, а что сделаешь? Перекрестил его раз, другой — никак! «Посмотри

---

[11] См. *Старец Паисий Святогорец*. Отцы-святогорцы и святогорские истории. Свято-Троицкая Сергиева Лавра, 2001. С. 30.
[12] См. 2 Кор. 12:2.
[13] Мф. 11:29.

на себя, — сказал я тогда сам себе, — уже сколько лет ты монах, а даже несчастному котёнку помочь не можешь!» Только я себя обвинил, котёнок, который был уже на последнем издыхании, вдруг пришёл в себя. Подбежал, стал тереться о ноги и радостно подпрыгивать… Вот какая сила у смирения! Потому и сказано: *Во смире́нии на́шем помяну́ ны Госпо́дь*[14].

Я заметил, что от одного смиренного помысла человек начинает светиться, сиять. Когда человек принимает всю вину на себя, на него изливается благодать Божия. Позавчера приезжал врач, у которого много детей, он сказал мне: «Геронда, я очень гордый человек, и из-за моей гордости дети плохо себя ведут». И говорил он это в присутствии детей, со слезами на глазах, но его лицо при этом сияло! Похожее я видел и здесь, в монастыре, несколько дней назад. Несколько сестёр пришли ко мне на разговор. Поговорили о разном, пришлось их сильно отругать. Одна сестра никакой пользы не получила: с холодным сердцем пришла, с холодным ушла, всё говорила о чужих недостатках, всем косточки перемыла, — кто над собой не работает, у того талант кости перемывать весьма преумноженный. А другая сестра от моей строгости вся сжалась, чуть не плакала. Смирилась, зато потом её лицо светилось. Видите, что делает один смиренный и сокрушённый помысел! Весь мусор сразу отправляется в помойку, человек приходит в порядок, и его лицо начинает сиять.

Один смиренный помысел может мгновенно вознести человека на такую духовную высоту, на какую он не взойдёт за годы сверхчеловеческих подвигов.

— Геронда, если человек гордый приведёт себе на ум один смиренный помысел, Бог ему поможет?

---

[14] Пс. 135:23.

— Если у него будет один смиренный помысел, тогда он уже не будет гордым, а будет смиренным, и Бог ему поможет. Человек изменчив: то его клонит в одну сторону, то в другую, в зависимости от того, какой у него помысел. Гордый человек, если приведёт на ум смиренный помысел, получает помощь. Так и смиренный человек, если примет помысел гордости, перестаёт быть смиренным. Возгордится — и благодать Божия его оставляет, и он приходит в плохое состояние. Если же он осозна́ет своё прегрешение и искренне покается, появляется смирение, и его состояние меняется на хорошее, потому что смирение приносит благодать Божию. Но чтобы смирение стало для человека постоянным состоянием и в нём пребывала благодать Божия, требуется духовная работа.

ГЛАВА ВТОРАЯ
О ТОМ, КАК ТРУДИТЬСЯ ДЛЯ СТЯЖАНИЯ СМИРЕНИЯ

Как возделывается смирение

— Геронда, каким образом возделывается смирение?
— Смирение возделывается как с помощью любочестия, так и с помощью навоза[1] падений. Любочестный человек всё, что бы он ни имел хорошего, приписывает Богу. Он видит множество благодеяний Божиих и понимает, что он их недостоин, смиряется и постоянно славословит Бога. И чем больше он смиряется и прославляет Бога, тем сильнее на него изливается Божественная благодать. Это добровольное смирение. А смирение, которое происходит от непрестанных падений, — смирение вынужденное. Несомненно, добровольное смирение имеет бо́льшую ценность, чем вынужденное. Оно подобно участку плодородной земли, на котором деревья растут без удобрений и навоза и дают вкусные плоды. Вынужденное же смирение похоже на скудную почву, где, чтобы получить урожай, нужны и удобрения, и навоз, и всё равно плоды будут не такими вкусными.

— Геронда, мне тяжело приходится, когда из-за дурного обхождения с кем-то я унижаю себя в глазах других и вынужденно смиряюсь.

---

[1] См. Лк. 13:8.

— Вынужденным смирением ты оплачиваешь хоть часть того долга, который накапливаешь своими грехами. Однако пора бы уже начинать смиряться добровольно.

— А я, геронда, нахожусь в очень тяжёлом состоянии. Меня мучают плотские помыслы, и я впадаю в уныние. Боюсь, что никогда не выйду из этого состояния.

— Мужайся, благословенная душа, и в конце концов Христос победит. Пой: «От ю́ности моея́ враг мя искуша́ет, сластьми́ пали́т мя, аз же, наде́яся на Тя, Го́споди, побежда́ю сего́»². Главная причина не в твоей несчастной плоти, а в гордости. Допустим, у тебя немало талантов (которые, конечно, дарованы Богом), но поскольку ты не всегда к себе внимательна, то враг находит удобный случай и ввергает тебя в гордость. И вместо того чтобы омывать своё лицо слезами радости и благодарности к Богу, ты размазываешь по щекам сопли обиды и уныния. А вывод такой: если мы не смиримся добровольно, то нас смирят помимо нашей воли, поскольку Благой Бог нас любит. Итак, мужайся, чадо моё, и Христос победит. *А́ще бо па́ки возмо́жете, и па́ки побежде́ни бу́дете, я́ко с на́ми Бог*³. Это буря, она пройдёт, а за ней последует много хорошего. Ты лучше узнаешь себя, смиришься вынужденно, и, согласно духовным законам, на тебя обязательно придёт благодать Божия, которой раньше мешала гордость.

Мы пока ещё не познали себя. Если познаем, душа наша станет ликовать и будет смиренно просить милости Божией. Познание себя рождает смирение. Потому что чем больше человек узнаёт себя, тем шире раскрываются очи его души и он лучше видит свою великую немощь. Он познаёт своё убожество и свою неблагодарность, а вместе с тем великое благородство и милосердие Божие.

---

² Степенна восьмого гласа, первый антифон.
³ Стих из великого повечерия, см. Ис. 8:9.

Оттого он внутренне сокрушается, смиряется до земли и начинает сильно любить Бога.

Сердечное смирение — это основа основ

— Геронда, а может человек смиряться рассудочно, но при этом не смиряться сердцем?

— В прежние времена в монастырях и даже во многих мирских домах двери были очень низкие, и чтобы войти внутрь, человек должен был низко приклонить голову, иначе он ударялся лбом о притолоку. Так что входящий должен был делать поклон и ему приходилось волей-неволей задумываться и не зевать, чтобы не набить шишку и не опозориться перед людьми. Этот пример показывает, что рассудочное смирение подходит только для того, чтобы уберечь голову и не осрамиться. Позавчера пришла одна сестра и говорит мне: «Геронда, игуменья мне сказала, что, когда я пою, хвалюсь своим голосом. Теперь я держу это в уме и стараюсь петь смиреннее». — «Ты поняла то, что тебе сказала игуменья? — спрашиваю я её. — Ты должна почувствовать и осознать эту слабость и захотеть от неё избавиться. Потому что если твоё старание не хвалиться своим голосом будет чисто внешним, только для того, чтобы игуменья больше тебе не делала замечаний, то можешь дойти до того, что станешь не только хвалиться своим голосом, но и гордиться собой».

— Геронда, хотя я и привожу на ум смиренные помыслы, но в глубине, внутри у меня сидит высокая самооценка. Как может одно сочетаться с другим?

— Ты просто приводишь на ум смиренные помыслы, но эти помыслы не доходят до сердца. Если бы они затрагивали твоё сердце, то внутренне бы изменяли тебя добрым изменением и ты бы теперь была ангелом. Сердечное смирение — это основа основ. Что говорит авва

Исаак? «Совершенно же смиренномудр тот, кто не имеет нужды мудрованием своим изобретать способы быть смиренномудрым... но без принуждения таков в сердце своём»[4].

Смирение на деле, а не только на словах

— Геронда, если человек сам себя смиряет, укоряет и говорит: «Я ущербный, никчёмный, пропащий человек, я такой-сякой» — этим он помогает себе стяжать смирение?

— Самому себя человеку легко укорять, но он с трудом принимает упрёки от других. Сам про себя он может говорить: «Я самый жалкий и грешный, я хуже всех», но при этом от других не может принять ни одного резкого слова. Когда ребёнок спотыкается и падает, ему больно, но не очень обидно. Или если его отшлёпает любящий отец, то малыш подумает про себя: «Ладно, ничего страшного». Но если его чуть оцарапает или толкнёт мальчик, который ему несимпатичен, вот тогда да! Он станет вопить, делать вид, будто ему больно, что он не может встать!

Когда я жил на Синае, там был мирянин по имени Стра́тис. Если ты его звал: «Господин Стратис», он отвечал: «Ну скажешь тоже! Какой я „господин"? Грешный, грешный Стратис — зови меня так». Все говорили о нём: «Ну поглядите только, до чего смиренный человек!» И вот однажды он проспал утром и не встал вовремя на службу. Кто-то пошёл его будить и начал стучать в дверь: «Стратис, что же ты всё спишь? Уже шестопсалмие прочитали! Ты, что, не пойдёшь на службу?» А «грешный Стратис» как стал кричать в ответ: «Да у меня благочестия больше, чем у тебя, и ты будешь мне указывать, чтобы я шёл в церковь?» Кричал он как сумасшедший... Даже схватил

---

[4] *Исаак Сирин, прп.* Слова подвижнические. Слово 53. С. 288.

ключ от двери — здоровенный, как от амбарного замка, — и замахнулся на человека, потому что было задето его самолюбие. Люди, которые слышали, как он кричал, потеряли дар речи, ведь все считали его очень смиренным и брали с него пример. Да, опозорился Стратис по полной программе... Видишь, что делается? Сам себя называл грешным, но едва задели его самолюбие, просто озверел!

А другой человек в Эпи́ре сделал в церкви небольшой ремонт. Сам он говорил, что ничего особого не сделал, так, подмазал кое-где. Но когда я ему сказал: «Ладно тебе говорить „подмазал"! Кое-что всё-таки сделал», то он разозлился не на шутку! «Можно подумать, что ты бы сделал лучше!.. — стал он размахивать руками. — Я-то получше знаю, что значить строить, я не какой-то там плотник, как ты. Да мой отец, между прочим, сам брал подряды!»

Самому себя легко смирять, но это не значит, что у человека есть настоящее смирение.

— Геронда, а как распознать настоящее, подлинное смирение?

— Когда другой тебя унижает и ты это принимаешь, вот тогда у тебя подлинное смирение, потому что подлинное смирение — это смирение на деле, а не на словах. Однажды святой Косма Этоли́йский[5] спросил людей, которые собрались вокруг него: «В ком из вас нет гордости?» — «Во мне», — ответил один человек. «Подойди-ка сюда, ты, в котором нет гордости, — говорит святой Косма. — Отрежь-ка один ус и ступай на площадь». — «Э-э, это я не могу сделать», — отвечает тот. «Значит, у тебя нет

---

[5] *Равноапо́стольный Косма́ Этоли́йский* (1714–1779) — греческий святой, пламенный проповедник, просветитель, увенчавший своё служение мученическим венцом.

смирения», — говорит ему святой[6]. Святой Косма этим хотел сказать, что необходимо деятельное смирение.

— Вот и я, геронда, когда меня задевают, отвечаю резко.

— Не имеешь смирения, поэтому и отвечаешь. Посмотри, какое было смирение у аввы Моисея! Когда его рукоположили во священника, архиепископ захотел его испытать и сказал клирикам: «Когда войдёт авва Моисей в алтарь, гоните его вон и идите за ним, чтобы услышать, что станет он говорить». Едва авва Моисей вошёл в алтарь, его стали гнать: «Ступай вон, эфиоп!» — «По правде с тобою сделано, чернокожий эфиоп, — сказал себе авва Моисей, — ты не человек, зачем же ходишь с людьми?»[7] Он не обиделся, не разгневался.

— А может человек не иметь смирения, но быть кротким и не отвечать, когда его оскорбляют?

— Смиренный человек кроток. Но не всякий кроткий смирен. Бывает и кротость без смирения: человек может внешне казаться кротким, а внутри быть исполнен гордости, считать всех вокруг людьми ненормальными и ничего не стоящими. Помните историю про монаха, которого отцы никогда не видели разгневанным? Он никогда даже не отвечал на резкие слова в свой адрес. Однажды его спросили: «Брат, какой помысел ты имеешь в сердце твоём, что никакие оскорбления и обиды не нарушают твоего долготерпения?» — «Мне ли обращать внимание на них? — отвечал брат. — Это лающие псы»[8]. То есть брат всех презирал.

---

[6] См. *Равноапостольный Косма Этолийский* Слова. М.: Святая Гора, 2009. С. 81.

[7] См. Достопамятные сказания о подвижничестве святых и блаженных отцов. Об авве Моисее, п. 4.

[8] См. *Авва Дорофей*. Поучения, послания, вопросы, ответы. М., 1991. С. 96–97.

Испрашивая у Бога смирения, мы должны принимать унижения

— Геронда, а что конкретно мне поможет в стяжании смирения?

— Ну а сама-то ты, наверное, уже придумала способ, как тебе стяжать смирение? Наверное, он такой: сестра тебе — слово, а ты ей — десять? Тебя пальцем тронули, а ты сразу кричишь, что кожу дерут? Нет, благословенная душа, уж если тебе даётся возможность смиряться, то смиряйся до конца!

Твоё лекарство в том, чтобы вести себя просто, смиренно, как ведёт себя земля: принимать в себя и дождь, и град, и мусор, и плевки — если хочешь освободиться от своих страстей. Унижения от других помогают человеку быстро освободиться от своего ветхого «я» — если он их, конечно, принимает.

— А мне, геронда, нужно много смирения.

— Так пойди и накупи его побольше! Есть ведь много людей, которые продают смирение, даже отдают даром, лишь бы кто-нибудь взял.

— Кто они, геронда?

— Это люди, которые, не имея доброго духовного расположения, поступают с нами грубо и своим поведением нас унижают. Смирение нельзя ведь купить у бакалейщика, как продукты. Когда мы просим: «Боже, дай мне смирения», это не значит, что Бог возьмёт совок и начнёт каждому отсыпать: «Так, килограмм смирения тебе, полкило — тебе». Нет, Бог попустит, чтобы появился грубый человек и поступил бы с нами сурово, или же Бог отнимет от кого-то Свою благодать и этот человек станет нас оскорблять. Это будет для нас испытанием, и если хотим стяжать смирение, то будем в этот момент особенно усердно трудиться. Но мы не думаем о том, что это Бог попустил, чтобы наш брат сделался злым ради нашей пользы, и гневаемся на брата. Хотя мы просим у Бога смирения, но не пользуемся благоприятными возможностями, которые Он нам предоставляет для смирения, возмущаемся и негодуем. По-хорошему, мы должны быть признательны тому человеку, который нас смиряет, потому что он самый наш большой благодетель. Кто в молитве просит у Бога смирения, но не принимает человека, которого ему посылает Бог для смирения, тот не знает, чего просит.

Когда я жил в монастыре Стомион, то в Конице служил один священник, который очень меня любил, ещё с того времени, когда я был мирянином. Как-то в воскресенье я спустился в Коницу на Литургию. В церкви было много народа. Я, как обычно, зашёл в алтарь и, входя, помолился: «Боже мой, возьми всех этих людей в рай, а мне, если хочешь, дай там хоть один маленький уголок». Когда подошло время причащения, священник, который обычно причащал меня в алтаре, вдруг повернулся в мою сторону и громко сказал: «Выйди из алтаря! Будешь причащаться с народом, последним, потому что ты недостоин!» Я вышел из алтаря, не говоря ни слова. Встал на клирос и стал читать молитвы ко Святому Причащению. Подходя последним к Чаше, я говорил про себя: «Бог просветил священника, и он открыл мне, кто я на самом деле. Господи Иисусе Христе, помилуй меня, скотину». Едва я причастился, почувствовал внутри великую сладость. Когда Божественная Литургия закончилась, священник подошёл ко мне в сокрушении и начал говорить: «Прости меня, не знаю, как это случилось. Ведь я никогда не ставил впереди тебя ни своих детей, ни матушку, ни себя самого. И как это со мной произошло?» Он кланялся мне до земли, просил прощения, пытался целовать мне руки. «Батюшка дорогой, — ответил я, — не переживай. Ты ничуть не виноват, виноват я сам. Ты стал орудием в руках Божиих, чтобы меня испытать». Священник не мог понять, о чём я ему говорю, и мне кажется, я его так и не убедил. Причиной же происшедшего была та моя молитовка, которую я произнёс, входя в алтарь.

И вы, когда видите, что какая-нибудь сестра выходит из себя и грубо с вами разговаривает, знайте, что в большинстве случаев причина тому — ваши молитвы. Так как вы просите у Бога смирения, любви, других добродетелей, то Бог отнимает ненадолго Свою благодать от сестры, и та смиряет вас и огорчает. Таким образом вам предоставляется возможность сдать экзамен на смирение и на любовь. Если смиритесь, полу́чите пользу. Что касается сестры, то она получит сугубую благодать: во-первых, за то, что Бог отнимал у неё благодать на время вашего экзамена, и во-вторых — потому что она смиряется, видя своё прегрешение, и просит прощения у Бога. Так что и вы возделываете смирение, и она становится лучше.

«Умаляй себя во всём»

— Геронда, когда я согрешаю и вижу, что другие могли бы меня предостеречь от этого, то предъявляю к ним претензии.

— Что касается твоего исправления, то тут требования надо предъявлять только к тебе самой. А ты ведёшь себя как маленький ребёнок, у которого одни требования.

— Геронда, когда же я наконец стану взрослой? Когда пойму, что у меня есть обязанности, а не права?

— Когда умалишься, станешь маленькой! То есть ты вырастешь, когда взрастишь смирение и любовь.

— Авва Исаак пишет: «Умаляй себя во всём пред всеми людьми»[9]. Как этого достичь?

---

[9] *Исаак Сирин, прп.* Слова подвижнические. Слово 57. С. 366.

— Смиренным расположением. Когда в семье или в монастыре есть дух соперничества в стремлении к духовному совершенству, когда один смиряется перед другим, то каждому от этого польза, как в древней Церкви, где исповедь была публичной, от чего все получали пользу. Кто смиряется, получает от Бога благодать и потом помогает другим. Смиренное расположение никогда не уязвляет другого, потому что у смиренного человека всегда есть любовь.

— Что может мне помочь почувствовать себя ниже всех сестёр?

— Чтобы чувствовать себя ниже всех сестёр, думай о том, как много дарований дал тебе Бог — только вот ты их не удвоила. Говори себе: «Я только в деревянный талант[10] клепать научилась, а данные мне от Бога таланты так пока и не смогла удвоить»[11].

Когда человек видит себя ниже всех, в самом низу... вот тут он и возносится на Небо!.. А мы? Сравниваем себя с другими и делаем вывод, что стои́м выше их. «Я лучше этого, — говорим, — и лучше того... Уж я-то совсем не то, что он...» Как только в нас поселяется помысел, что другой человек ниже нас, мы закрываем себя для помощи Божией.

— Геронда, когда я признаю добродетель другого, в этом есть смирение?

— Конечно, если ты с любовью и почтением относишься к человеку, стяжавшему ту или иную добродетель, это значит, что у тебя есть смирение и ты действительно любишь добродетель. Укажу тебе и другой признак духовного преуспеяния: что-то хорошее, что есть в тебе,

---

[10] *Би́ло*, или *тала́нт* (греч. τάλαντο), — изготовленная из звонких пород дерева доска особой формы, в которую бьют деревянным молоточком перед началом богослужения, выбивая характерный ритм.
[11] См. Мф. 25:14-30.

ты не считаешь важным, а в ближнем — всегда ценишь, и даже наималейшее добродеание твоего ближнего считаешь гораздо выше своих стараний. Тогда на тебя сходит обильная благодать Божия. Именно тот выше других, кто считает других выше себя, — потому что на нём почивает благодать Божия.

Нет людей без недостатков, но нет людей и без добродетелей. Какие-то добрые качества люди наследовали от своих родителей, другие стяжали подвигом; в одном человеке добродетелей на десять процентов, в другом на тридцать, в третьем на шестьдесят, в ином на целых девяносто. Следовательно, от каждого человека можно научиться чему-то хорошему, получить пользу самому и помочь другим. В этом и состоит православный дух. Я и от малых детей получаю пользу, хоть и не показываю этого, чтобы они не возгордились и не повредили себе.

«Ниже всей твари»

— Какое самое высокое делание для монаха, геронда?

— Разве ты не помнишь, что ответил авва Сисой тому монаху, который сказал ему, что его ум всегда с Богом? «Не это важное дело, важно видеть себя ниже всякой твари»[12].

— Но как можно, геронда, чувствовать себя «ниже всякой твари»?

— Однажды я пытался понять, какому бы животному себя уподобить, и подумал, что навозному жуку. Но когда я повнимательнее рассмотрел, чем он занимается, то понял, что я хуже него. Знаешь, что делает навозный жук? Находя на дороге навоз, он его разбивает на кусоч-

---

[12] См. Достопамятные сказания о подвижничестве святых и блаженных отцов. Об авве Сисое, п. 11.

ки, делает из этих кусочков шарики и скатывает их на обочину. Так он очищает дорогу. Видя, что он делает, я сказал себе: «Нет, ты хуже даже навозного жука, потому что он, мелкое насекомое, очищает от навоза дорогу, а ты, человек, сотворённый Богом, своими грехами собираешь навоз в своей душе — *храме Божием*[13]». Человек, думая о благодеяниях Божиих и видя, что он их недостоин, всё больше себя считает заслуживающим наказания, видит себя хуже всех людей, хуже животных, даже хуже самого диавола. Он говорит сам себе: «Диавол один раз согрешил помыслом, а я согрешаю каждый день и помыслом, и чувствами. Значит, я хуже него».

— Геронда, а не опасно ли считать себя хуже диавола?

— Опасно только для того человека, у которого нет духовной отваги и который легко приходит в отчаяние. Такой человек должен говорить диаволу: «Каким бы я ни был, всё равно я лучше тебя. Христос меня не оставит, я надеюсь, что Он меня спасёт». А имеющий духовную отвагу может сказать так: «Диавол хорошо делает свою работу, а хорошо ли я делаю свою?»

---

[13] См. 1 Кор. 3:16, 2 Кор. 6:16.

ГЛАВА ТРЕТЬЯ
О ТОМ, ЧТО СМИРЕНИЕ — ВЕЛИКАЯ СИЛА ДУХОВНОЙ ЖИЗНИ

Где есть смирение, там нет места диаволу

— Геронда, в книге «Отцы-святогорцы» Вы пишете, что бесы избили старца Евло́гия[1]. Как же Бог попустил такое?

— Ну а как вы думаете: кто на самом деле кого избил?

— Бесы — старца Евлогия.

— А вот как раз наоборот! Вот представь, например, что Бог попустил одному человеку побить другого, а побитый принял всё со смирением. И в конечном итоге оказывается, что изувеченным остался тот, кто дерзнул поднять руку на брата. Скажи, чего больше всего боится диавол?

— Смирения, геронда.

— А я-то думал, что он больше боится гордости, потому что, глядя на чужую гордыню, диавол чувствует... комплекс неполноценности! «Гордый он, гордый я, неужто он „гордее меня"?» Ну конечно, это шутка: действительно, диавол боится смирения, оно ему наносит такие увечья! Там, где есть смирение, диавол не может пребывать.

---

[1] См. *Старец Паисий Святогорец*. Отцы-святогорцы и святогорские истории. С. 40.

Смирением человек просвещается и никогда не претыкается на своём духовном пути, преодолевает все препятствия, которые ему ставит искушение. Помните святого Антония, который видел сети врага, распростёртые по всей земле? «Кто же может их избегнуть?» — воскликнул он. И тут же услышал голос, говоривший ему: «Смиренномудрие»[2].

На Синае я жил в келье святой Епистими́и, там была маленькая церковь и совсем небольшая комната. Выше шёл склон горы, а ниже — стена и обрыв высотой четыре или пять метров. Там у меня стоял чурбан, на котором я готовил заготовки для резных иконок. Однажды я строгал свои дощечки, творя молитву, и тут услышал голос: «Можно отсюда спрыгнуть. Останешься цел и невредим». Оборачиваюсь и вижу чёрную тень с большой головой. «Тангалашка», — думаю. Ладно, не обращаю внимания. А он на том же месте, не уходит! «Можно спрыгнуть. Останешься невредим», — говорит. Делаю вид, что не слышу. Минут пятнадцать он талдычил одно и то же. Тут я ему говорю: «Хорошо, если ты настаиваешь, я брошу вниз камень». — «Вот это ответ! Прекрасный ответ! — воскликнул он, изображая восторг. — Так мне даже Христос не отвечал![3] Твой ответ лучше Его!» Тут уж я вышел из себя. «Христос, — говорю ему, — Бог, а я чучело гороховое, сижу тут и на тебя таращусь. Ну-ка, пошёл отсюда!» Этого было достаточно. Он сразу исчез.

Когда есть смирение, диавол не может победить душу. Смиренный не падает, потому что ходит низко. Вот что случилось со старцем Аввакумом, когда он подвизался

---

[2] См. Достопамятные сказания о подвижничестве святых и блаженных отцов. Об авве Антонии, п. 7.

[3] Имеется в виду ответ Иисуса Христа: *Да не иску́сиши Го́спода Бо́га Твоего́*, который Он дал диаволу, когда тот предложил Ему ввергнуться вниз с крыла храма Соломона (см. Мф. 4:7). — *Прим. греч. изд.*

в пустыне Виглы! Однажды, когда он сидел на скале и молился по чёткам, ему явился диавол в образе *а́нгела све́тла*[4] и говорит: «Аввакум, меня послал Бог, чтобы я взял тебя в рай, потому что ты уже стал ангелом. Полетели!» — «У тебя-то есть крылья, — отвечает старец, — а я как полечу?» А тот «ангел» ему говорит: «И у тебя тоже есть крылья, но ты их не видишь». Тогда старец Аввакум перекрестился и молвил: «Матерь Божия, кто я такой, чтобы летать?» Мгновенно этот «ангел» превратился в страшного чёрного козла с мерзкими крыльями, как у летучей мыши, и исчез[5].

Видите, как с помощью смирения мы можем распознать диавольские ловушки?

Где глубокое смирение, там и духовное преуспеяние

— Геронда, почему один человек может измениться за месяц, а другой подвизается годы и не преуспевает?

— А вы как сами считаете? Почему так происходит?

— Помысел мне говорит, что если человек смиряется и призывает милость Божию, то Бог ему помогает и тот преуспевает.

— Так и есть. Необходимо смирение. Где глубокое смирение, там и духовное преуспеяние.

Нашедшие путь смиренномудрия преуспевают в духовной жизни быстро, без труда и сбоев. Мы ещё не поняли, что такое смирение, а это великая сила! От него зависит всё преуспеяние. Чем глубже человек смиряется, тем бо́льшую благодать приобретает от Бога, и тем

---

[4] См. 2 Кор. 11:14.
[5] См. *Старец Паисий Святогорец*. Отцы-святогорцы и святогорские истории. С. 104, 108.

сильней преуспевает. Сколько силы в смирении, а люди ею не пользуются!

— А для человека смиренного духовный подвиг легче?

— Конечно. Смиренного чуть подтолкнёшь — и он уже летит вперёд. Как бильярдный шар: бьёшь по нему с одной стороны, он катится, бьёшь с другой, тоже катится; он круглый — потому и катится с лёгкостью.

— Геронда, может ли такое случиться, что человек ради стяжания смирения будет всё время себя уничижать, а в конце концов впадёт в отчаяние?

— Нет, потому что настоящее смирение приносит надежду, а не отчаяние. Отчаяние — порождение эгоизма, это эгоист надеется на себя, а смиренный — на милость Божию. В сокрушении смирения постепенно возрастает духовный человек. Вся жизнь человека становится великим и любочестным подвигом, он всегда идёт вперёд с великой надеждой на Бога, но разочарованный в себе, в хорошем смысле — то есть разочарованный в своём «я».

— А может ли надеяться на милость Божию человек, который не находится в добром духовном устроении?

— А откуда он может знать, что он в добром духовном устроении? Человек только одно может знать — что ещё не имеет верного духовного устроения. Даже если имеет, то сам этого не видит, а видит только свою греховность. Тот, кто подвизается ради духовного преуспеяния, никогда не видит своих успехов, он видит только собственные падения.

Смиренные хранят своё духовное богатство в сокровищнице у Бога

— Геронда, мне не нравится быть незаметной. Может, поэтому я чувствую внутри пустоту?

— Да, юродивой из тебя точно не получится!.. Чтобы быть юродивой, нужно иметь большое смирение. Знаешь что, если ты хочешь полюбить безвестность, то почитай житие преподобной Исидо́ры⁶. Увидишь, какие она имела драгоценности-добродетели. И ты выбрось свою бижутерию, свои добродетели-побрякушки, а впредь собирай духовные украшения из чистого золота, прячь их в своём сердце и как следует запирай, чтобы их не похитил тангалашка.

У юродивых Христа ради нет внутри никакой пустоты, в них — полнота божественной любви, эта любовь переливается через край. Юродивые — это великие святые. Они говорят вроде бы несуразицу, но на самом деле это подлинные наставления, очень глубокие и мудрые. У них бездна смирения, себя они вообще ни во что ни ставят, поэтому и сподобляются откровения Божиих тайн и великих дарований.

— Геронда, почему некоторые жители Фа́рас⁷, несмотря на то что видели от преподобного Арсения многочисленные чудеса, не признавали его святым и смущались?

— Святым нередко приходилось больше сил тратить на то, чтобы скрыть своё духовное богатство, чем на то, чтобы его стяжать. И преподобный Арсений тоже прятал свои добродетели под покровом наносной грубости. Неудивительно, что люди внешние видели только

---

⁶ *Преподобная Исидо́ра* жила в Тавенни́йском монастыре, основанном преподобным Пахо́мием в начале IV века. Она сама себя смиряла и уничижала, юродствовала Христа ради, всегда ходила босой. На голове носила не куколь, а простую тряпку. Несмотря на то что все её оскорбляли и били, она никогда не роптала. Святость её жизни была открыта в видении великому подвижнику Питири́му. Он посетил монастырь и показал сёстрам, что Исидора, которую они ни во что не ставили, на самом деле велика в добродетелях и заслуживает быть их духовной матерью. Память преподобной Исидоры совершается 10 (23) мая. См. *Палладий, еп. Еленопольский.* Лавсаик, или Повествование о жизни святых и блаженных отцов. О Питириме. М.: Издательство Московского подворья Свято-Троицкой Сергиевой Лавры, 2003. С. 137–140.

⁷ *Фа́расы* — село в Малой Азии (современная Турция), родина преподобного Паисия Святогорца и преподобного Арсения Каппадокийского.

внешнее — эту наносную резкость и придуманные странности — и, не видя под ними настоящего святого Арсения, смущались. Чтобы избежать почитания, преподобный никогда не хотел делать явными свои добродетели и для этого внешне изображал их противоположность. Конечно, некоторые всё же понимали, какое богатство таил в себе святой.

Смиренные и незаметные воины Христовы умнее всех в мире, потому что им удаётся хранить своё духовное богатство в сокровищнице у Бога. Поэтому мы должны радоваться, если живём незаметно: в таком случае мы узрим лице Божие в будущей жизни — и в этой будем постоянно ощущать Его присутствие.

ЧАСТЬ ВТОРАЯ

ЛЮБОВЬ ДУХОВНАЯ

«Духовный человек отдаёт свою любовь в первую очередь Богу, затем людям, а оставшийся преизбыток любви — животным и всему творению».

ГЛАВА ПЕРВАЯ
О НЕИСЧЕРПАЕМОЙ ЛЮБВИ БОЖИЕЙ И О НАШЕЙ ЛЮБВИ К НЕМУ

Бомбардировка Божественной любви

Геронда, иногда я очень сильно чувствую любовь Божию и страдаю, когда вижу собственную неблагодарность.

— Желаю, чтобы ты оказалась достойной многочисленных благодеяний Божиих. *Ми́лость Твоя́, Го́споди, поженѐт¹ мя вся дни живота́ моего́²*, — говорил святой псалмопевец Давид. И ты так говори, потому что и тебя милость Божия сопровождает. Хорошо, что ты это видишь, благодаришь и прославляешь Бога.

Когда человек познаёт Божественную любовь, он оказывается в самом эпицентре бомбардировки Божественной любви. Термин «бомбардировка» вам кажется неуместным по отношению к любви Божией? Но для того чтобы разрушить толстую гранитную стену, окружающую наше сердце, требуются бомбы с мощнейшей взрывчаткой — с Божественной любовью. Её неудержимая и пламенная сила сокрушает гранит, стена рассыпается в прах, сердце человека освобождается и становится отзывчивым, а человек начинает радоваться даже самому

---

¹ *Поженѐт (ц.-сл.) — будет сопровождать.*
² *Прокимен во вторник вечера. Ср. Пс. 22:6.*

малому благодеянию Божию. Такой человек ощущает себя перед Богом в бесконечном долгу и всё время чувствует умиление, потому что, помня всё время о своём долге, видит, как Бог ему посылает благословения, одно больше другого, и в конце концов любочестная душа истаивает от любви Божией.

— Геронда, почему Бог нас так сильно любит?

— Потому что мы Его дети. Что тут ещё скажешь?

— А если человек подвизается, но всё время претыкается на одном и том же, этим он сердит и разочаровывает Бога?

— Ты думаешь, будто Богу так важны наши успехи? Нет. Мы просто Его дети, и Он всех нас в равной мере любит. Как-то раз я встретил одного отца. Один его ребёнок был немного глуповат, то и дело вытирал рукавом сопли. Но отец и его прижимал к себе, и целовал, и ласково поглаживал, как и остальных. Так же и Бог, как Благой Отец, любит не только красивых детей, но и духовно слабых. И переживает, и заботится о них даже больше, чем о здоровых.

Никто не может постичь, как Бог любит человека! Его любовь не сравнима ни с чем! Она не имеет границ! Она так велика, что если человек почувствует хоть малую её толику, его сердце не выдержит, рассыпется, как глиняный сосуд.

Бог часто благоволит, чтобы Его любовь в изобилии изливалась на творение, и тогда наша душа согревается, мы видим, насколько сладка Божественная любовь, насколько она велика. Она так велика, что мы не выдерживаем и просим: «Хватит, Боже мой! Умерь Свою любовь, потому что я не могу её выдержать». Так Бог нам показывает, что со Своей стороны Он готов даровать нам Свою любовь в изобилии, но не делает этого лишь потому, что ёмкость нашего аккумулятора маленькая. Необходимо нарастить её, чтобы мы могли вмещать больше Божественной любви: ведь ток любви Божией подаётся нам из расчёта ёмкости нашего духовного аккумулятора.

— Геронда, а как нарастить ёмкость наших батареек?

— Чем чище мы сделаем своё сердце, тем лучше нарастим его ёмкость и тем больше сможем вместить Божественной любви — любви безграничной, невместимой, неисчерпаемой.

Правильное распределение любви

— Геронда, может ли моя любовь к какому-нибудь святому ослабить мою любовь к Богу?

— Нет. Ведь когда человек сильно почитает какого-нибудь святого и питает к нему большую любовь, то за этим скрывается и большая любовь к Триединому Богу и Божией Матери.

Кто почитает святых, несомненно, ещё больше почитает Божию Матерь. Так же как и тот, кто почитает Пресвятую Богородицу, естественно, почитает ещё больше Пресвятую Троицу. Если ты связан тесными узами с кем-нибудь из святых и испытываешь к нему большое чувство признательности, то, бывает, даже готов пожертвовать собой ради этого святого. Но если ты жертвуешь собой ради святого, разве это не означает, что ты жертвуешь собой ради Бога?

Любовь ко Христу, к Божией Матери, ко святым — великое дело. Эта любовь не сравнима ни с какой другой. Это прочная любовь, которая не остаётся без ответа.

— Геронда, а возможно ли любить Бога, но не любить людей?

— Невозможно, потому что если ты любишь Бога, то не можешь не любить образ Божий — человека. Любовь к Богу приносит с собой любовь к ближнему: тот, кто близок к Богу, близок и ко всем людям, как святые. Но и за чистой любовью к ближнему скрывается бо́льшая любовь к Богу. Когда человек отдаст своё сердце Богу, то он всё начинает любить, не только людей, но и птиц, и деревья, и даже змей. Тогда он не только благоговейно поклоняется Богу и святым, но и образу Божию, людям. Всякое создание, большое или маленькое, драгоценное или простое, камушки и щепки, он благоговейно берёт и лобызает как благословение от своего Создателя, как мы целуем подарок, большой или маленький, полученный в благословение от уважаемого нами человека.

Восхождение на Небо

— Геронда, как человек достигает Бога?

— Чтобы быть с Богом, надо восходить к Нему на высоту, а Бог приклоняется, сходит до́лу и пребывает вместе с человеком. Тут есть два пути. Первый путь — это искреннее покаяние. Его избирают большие грешники. Когда они осознаю́т своё страшное падение и глубоко смиряются, то Бог ради их великого смирения проявляет к ним большую любовь и возводит их на Небо. *Великая радость бывает на Небесах об одном человеке кающемся*[3], — говорится в Евангелии. Тогда, конечно, и сами грешники испытывают великую любовь к Богу, потому что Он простил им огромный долг. Второй путь таков: когда человек сохраняется чистым от смертных грехов, то он должен благодарить Благого Бога за то, что Тот с детских лет оберегает его и не попускает, чтобы осквернилось чистое одеяние души. Так и тебя если бы Христос не хранил, как птенца, у Себя под крылом, возможно, ты была бы сегодня самой большой грешницей в мире.

---

[3] См. Лк. 15:7.

Потому день и ночь прославляй Благого Бога за этот Его великий дар и проливай перед Ним слёзы радости и благодарности — по сравнению со слезами покаяния они имеют равную, а может, и бо́льшую силу. Человек, плачущий такими слезами, возносится на Небеса, приступает к Богу и славословит Его непрестанно, как ангелы. И хотя он ходит по земле, он живёт словно на Небе. Его жизнь становится сплошным славословием, даже самую смерть он ожидает со славословием, потому что знает, что тогда будет с Богом постоянно — именно к этому он и стремится. Тогда в нём рождается самое великое из славословий: «Сла́ва Тебе́, Показа́вшему нам свет!..»[4]

Отдадим свою любовь Христу

— Геронда, как мне трудиться, чтобы возлюбить Бога?

— Чтобы возлюбить Бога, надо начать с жертвенности. Когда человек не берёт себя в расчёт, когда он приносит себя в жертву, то всё идёт должным образом: он любит своего ближнего, он любит Бога. Люди, которые говорят, что любят Бога, но не жертвуют собой ради ближнего, *возлюби́ша Бо́га усты́ свои́ми, и язы́ком свои́м солга́ша Ему́*[5].

— Геронда, а как возрастает любовь к Богу?

— Пусть ваш ум будет в Боге постоянно. Размышляйте о Боге. Творите молитву, разговаривайте с Ним. Когда человек занимается таким деланием, то вначале он слабо ощущает любовь Божию, но чем дальше, тем всё сильнее и сильнее чувствует её. Его ум уже постоянно пребывает в Боге, его не занимает ничто земное и суетное. В его

---

[4] Этими словами начинается славословие, которое читается или поётся на каждой утрене.

[5] См. Пс. 77:36.

сердце возрастает любовь к Богу и наполняет его, человек не хочет размышлять ни о чём, кроме Бога. Его не волнует ничто мирское, он постоянно думает о Небесном Отце. Посмотри на учёных и изобретателей: они ведь и думать ни о чём не могут, кроме науки и изобретений! Так почему же мы, христиане, настолько же не поглощены Христом?

— Геронда, так чего же нам недостаёт, чтобы мы с такой же ревностью искали Христа?

— Всё у нас есть: и голова на плечах есть, и возрастом тоже не дети. Препятствие — это мы сами, наше «я». Если мы не откажемся от себя, то как в нас вселится Христос? Если же мы откажемся от себя и наш ветхий человек — этот недобросовестный квартиросъёмщик — оставит своё жилище, то в сердце на освободившемся месте поселится новый человек, человек Нового Завета. Наш храм, всё наше существо наполнится любовью, потому что в нас будет обитать Христос, Который есть Любовь. И когда это произойдёт, сердце человека превратится в колокол, который всё время благовестит так сильно, что от его гула дрожат стены — грудная клетка и рёбра, которые, как стены в доме, обмазаны глиной, ставшей по Божию повелению плотью. И даже если ты окажешься в пустыне, где нет храма, то храмом будет твоё тело, а колоколом — сердце.

Когда человек отдал своё сердце Богу, тогда и ум его охвачен любовью Божией, и сердце его трепещет от радости. В голове — лёгкость и свобода, тело — словно пёрышко… А когда любовь к Богу становится больше, чем может вместить человеческое сердце, тогда удары в колокол сердца слышны и окружающим, поскольку этому состоянию сопричастно и тело.

Такое маленькое сердце, а может так сильно любить! И если настолько может быть велика любовь человека к

Богу, то какова же тогда любовь Бога к человеку?! Я имею в виду не природу, а силу любви, потому что и мы любим Бога любовью Божественной, если любим Его духовно.

Какое великое безрассудство совершают люди, которые не хотят отдать свою любовь Христу, а расточают её на земные, пустые и суетные вещи! Даже если бы мы жили тысячу лет и имели бы тысячу сердец, то и этого бы нам не хватило, чтобы воздать Христу за Его великую к нам любовь, которую Он нам явил и продолжает являть, прощая нас, терпя и очищая наши смрадные души Своей Божественной Кровью.

Огнь любви Божией

— Геронда, почему у меня к Богу нет такой же любви, как к человеку? Ведь если я кого-то люблю, то хочу быть с ним всё время вместе.

— Это приходит постепенно в результате подвига. А иначе людей охватил бы пожар, и они, как пламенем, горели бы любовью Божией. Вокруг была бы стужа, а они бы ощущали огонь и бежали куда-нибудь в горы. Помню, один солдат во время войны оставил свою часть и убежал в горы. В его сердце разгорелась такая любовь, что он не мог её сдержать, ему необходимо было уйти и молиться. Он буквально забыл обо всём. Набрёл на одну пещеру, вошёл в неё и стал горячо молиться! Когда другие солдаты пошли на задание, они нашли его и стали кричать: «Дезертир!» Потом его вызвал на допрос командир части. «Ну и как это называется?» — строго спросил он солдата. «Я весь горел, господин командир, я горел любовью ко Христу!.. Знаете ли Вы, что значит „гореть"?» — «А я что, по-твоему, не горю?» — спрашивает командир. «Да я же весь горю, господин командир, понимаете Вы или нет?» — повторял солдат, как бы недоумевая: «Если ты и вправду горишь любовью ко Христу, что ж тогда тут рассиживаешься? Беги молиться!» Бог помог этому солдату, и он избежал трибунала. Тут и в мирное время, если солдат убежит из части, ему грозит трибунал, а что уж говорить о войне![6]

— Геронда, когда человек находится в таком состоянии, то он чувствует тепло во всём теле?

— Да. Но сильнее всего в области груди. Когда возгорится духовная любовь, то полыхает огнём вся грудь, вся грудная клетка превращается в пламя. Человек горит сильным сладостным огнём любви Божией, парит, любит истинной, материнской любовью.

Этот внутренний огонь, который зажигает Сам Христос Своей любовью, согревает тело сильнее вещественного огня. Он имеет силу сжигать любой мусор, любой злой помысел, который подбрасывает тангалашка, как и любую похоть и любое неподобное зрелище. Тогда душа ощущает божественное наслаждение, которое несравнимо ни с каким другим наслаждением!

Как жаль, что этот огонь ещё не вошёл в вас! Если он вспыхнет и разгорится в вашем сердце, то вас не будут прельщать никакие суетные вещи. Желаю, чтобы Бог спалил Своей любовью ваши сердца!

Божественное рачение

— Геронда, божественное рачение — это любовь к Богу?

— Божественное рачение выше, чем любовь к Богу. Божественное рачение — это безумие. Цепочка такая: лю-

---

[6] Преподобный Паисий, который сам всегда был законопослушен, приводит пример недисциплинированного солдата для того, чтобы мы поняли: когда огонь Божественной любви разгорится в человеке, тогда не только сердце, но и ум охватывается любовью к Богу, и человек начинает делать вещи, которые трудно понять и объяснить. — *Прим. греч. изд.*

бовь — рачение — безумие. Обратная ей: зависть — ненависть — убийство. От великой любви к Богу, соединённой с жертвой, сладостно воскипает сердце, и из него, словно пар, неудержимо вырывается божественное рачение и соединяется с Богом.

Божественное рачение размягчает твёрдые кости, которые делаются настолько мягкими, что человек не может устоять на ногах и валится на землю! Он становится похож на свечку в жарком месте: она не может стоять прямо, наклоняется то в одну сторону, то в другую, её поправляешь, а она снова наклоняется и снова падает, потому что вокруг жарко, невыносимо жарко… Когда человек находится в таком состоянии, а ему нужно куда-то идти или что-то делать, он изнемогает, ему приходится бороться, он старается выйти из этого состояния…

— А человек, охваченный божественным рачением, чувствует боль?

— Если боль невыносима, то она стихает и делается терпимой, если слабая — исчезает. Погляди: человек, когда влюбляется, приходят в такое состояние, что даже уснуть не может. Один монах рассказывал мне: «Геронда, мой брат по уши влюбился в цыганку, да так влюбился, что даже спать перестал. Сидит и повторяет как заведённый: „Параскевушка моя! Параскевушка моя!" Наколдовали ему, что ли? Загадка просто! Я столько лет монах, но не люблю Божию Матерь так, как мой брат — цыганку! Увы, нет в моём сердце такого взыграния!»

К сожалению, есть духовные лица, которых смущает понятие «Божественный эрос»[7]. Они не понимают, что

---

[7] Слово «эрос» (греч. ἔρως), о котором тут говорит преподобный Паисий, часто употребляется в богослужебных и святоотеческих текстах на греческом языке. На церковнославянский оно переводится как «раче́ние» или «любо́вь».

это такое, и хотят убрать это слово из Миней и Октоиха лишь потому, что оно их смущает, вызывая ассоциации с плотской любовью. И наоборот, миряне, которые знают, что такое любовь между мужчиной и женщиной, когда им говоришь о Божественном эросе, сразу отвечают: «Кажется, мы понимаем, о чём ты говоришь. Мы знаем о прекрасной любви, а это должно быть что-то несравнимо высшее». Со многими из ребят, которые испытали состояние влюблённости, я быстро нахожу общий язык, когда начинаю им говорить о Божественном эросе. «Вы когда-нибудь от большой любви падали без сил на землю? Вы когда-нибудь чувствовали, что не можете пошевелиться, не можете ничего делать?» Они узнаю́т своё состояние, и мы с ними начинаем говорить на одном языке. «Если нас, — удивляются они, — в такое состояние приводит любовь к девушкам, то куда же тогда возводит любовь небесная?!»

Божественное безумие

— Геронда, как можно сойти с ума от любви Божией?
— Побольше водись с сумасшедшими, чтобы они заразили тебя своим духовным безумием! Надеюсь увидеть тебя сумасшедшей по Богу! Аминь.

И у меня есть небольшой опыт духовного безумия, происходящего от божественного рачения. Тогда человек приходит в состояние священной рассеянности и не хочет думать ни о чём, кроме Бога, кроме святого, духовного и небесного. Находясь в состоянии божественной любви, он горит сладостно изнутри, изливает себя внешне в безумии, но в границах священного благочестия, прославляя, как ангел, день и ночь своего Бога и Создателя.

— Это называется исступлением?

— Да, тогда человек находится вне себя, в хорошем смысле. «Ужасни́ся боя́йся не́бо!»[8] — вот такое его состояние.

Священное безумие поставляет человека вне земного притяжения, возносит его к престолу Божию, и человек начинает ощущать себя как щенок, восторженно и почтительно лижущий ноги хозяина.

Божественное опьянение

— Геронда, я боюсь, что не спасусь.
— Не бойся, пойдём наверх вместе. Только скажи матушке игуменье, пусть даст нам две большие пластиковые бутылки в дорогу. Не перепутай: пластиковые, а не стеклянные, а то стеклянные бьются легко. Наполним их водой, и пока дойдём до Неба, всё и выпьем — ведь подъём на Небо отнимает немало сил! Нет, не всё выпьем — оставим воды на донышке на три пальца, и попросим Христа, чтобы Он остатки этой воды благословил и превратил их в вино. Потом выпьем этого вина и духовно опьянеем рядом со Христом.
— Геронда, что это за вода такая?
— Вода — это любовь ко Христу и к братьям.
— А как мы опьянеем?
— Станем пьяными Духом Святым. Опьянённые Святым Духом всё время радуются нежной любви Бога, своего Отца.

Если человек духовно пьянеет от небесного вина, то он становится негодным для мира, его не волнует ничто земное, он *всё вменяет в уме́ты, сор*[9] и готов претерпе-

---

[8] Ирмос восьмой песни канона Великой Субботы. Славянскому слову «ужасни́ся» в греческом соответствует ἔκστηθι — «приди в изумление, исступление».

[9] См. Флп. 3:8.

вать страдания, как святые мученики. Человека, который выпил много вина и опьянел, уже ничего не волнует. «Дед Афанасий, твоя хижина горит!» — кричали люди одному старику, у которого загорелся дом. «Ну и пусть себе горит!» — бормотал он и отмахивался рукой, потому что уже напился и ему было всё равно.

Но другое пьянство — небесное, оно благословенно. Только при этом небесный пьяница всё время должен быть там — возле бездонной бочки с небесным вином. Итак, желаю вам найти этот заветный райский кран, пить из него божественное вино и никогда не трезветь. Аминь!

ГЛАВА ВТОРАЯ
О ЛЮБВИ К БЛИЖНЕМУ

Любовь и смирение — две добродетели-сестры

— Геронда, как я спасусь, когда у меня столько страстей?

— Любовью и смирением. Как только разовьются любовь и смирение, так сразу гордость и злоба зачахнут и начнут отмирать. Таким образом постепенно все страсти отомрут, и придут сами собой все прочие добродетели. Поэтому все свои силы направь на приобретение любви и смирения. Истинная любовь неразрывно связана со смирением, как две сестры-близняшки, которые друг друга очень сильно любят. Любовь неотделима от смирения. В любви ты находишь смирение и в смирении находишь любовь.

Для меня основание духовной жизни — любовь и смирение. Где есть любовь, там обитает Христос — Любовь, и где есть смирение, оно словно силой удерживает в человеке благодать Божию. Тогда повсюду царствует Бог, и земля превращается в рай. А где любви и смирения нет, там обитает тангалашка — враг, и люди вместе с ним уже здесь живут словно в аду, день ото дня ухудшая свою посмертную участь.

Самый лёгкий путь к спасению — это любовь и смирение. Если у нас их не будет, то нам придётся дать Богу ответ на Страшном Суде. Эти две добродетели преклоняют Бога на милость и возводят Его создания на Небеса. По этим отличительным признакам — по смирению и любви — святые ангелы определяют чад Божиих, с любовью берут их, без страха проводят через воздушные мытарства и возводят к нежно любящему Отцу — Богу.

Истинная любовь драгоценна

— По моему мнению, любовь бывает трёх видов: плотская любовь, которая полна духовных микробов; мирская любовь — кажущаяся, внешняя, лицемерная, неглубокая; и духовная любовь — истинная, чистая и драгоценная. Эта любовь бессмертна, она пребывает «во ве́ки веко́в».

— Как я могу понять, геронда, есть ли у меня истинная любовь?

— Чтобы это понять, испытай себя: любишь ли ты одинаково всех людей? Считаешь ли, что все лучше тебя?

— Геронда, моя любовь к Богу и ближнему охладилась.

— Посей тот небольшой остаток любви, что у тебя есть. Пусть она даст ростки, вырастет, принесёт плод любви, который ты и соберёшь. Потом ты посеешь уже больше любви и соберёшь ещё больше, так постепенно заполнится твой амбар, и тебе уже некуда будет её складывать, ведь чем больше любви сеешь, тем больше её вырастает. Допустим, у земледельца есть небольшой пакетик зёрен, и он их сеет. После жатвы он наполняет собранными зёрнами уже большой пакет. Если он затем посеет весь пакет, то урожаем наполнит целый мешок. И снова, если он высеет мешок зёрен, то потом заполнит урожаем целый амбар. Но если он будет держать зёрна в пакетике и не посеет их, то в них заведутся черви и испортят их.

Он должен бросить семена в землю, чтобы они проросли, заколосились и дали плод.

То же самое происходит и с любовью: чтобы любовь возрастала, нужно её отдавать. Человек, который не отдаёт даже ту толику любви, что имеет, словно зажал в руке горсть семян и отказывается их посеять. Такой человек — лукавый раб, который скрыл свой талант[1].

В зависимости от того, сколько любви ты отдашь, столько и получишь. Не дашь любви — не получишь любви. Погляди: мать постоянно отдаёт свою любовь детям, но и сама постоянно принимает ответную любовь от детей, и так её любовь непрестанно растёт. Но когда мы требуем, чтобы любили только нас, хотим только получать от других и, делая какое-нибудь доброе дело, думаем о воздаянии, тогда у нас не дорогая, а дешёвая любовь. Тогда мы становимся чужими Богу и не получаем любви ни от Бога, ни от других людей.

Те, у кого мирская любовь, тягаются друг с другом, кто ухватит себе побольше любви. Но те, у кого духовная, драгоценная любовь, спорят друг с другом, кто отдаст другому больше любви. Они любят, не думая о том, любят их другие или не любят, и даже не ищут, чтобы другие их любили. Они хотят постоянно отдавать своё и себя и не требуют от других, чтобы они отдавали им своё или себя. Таких людей любят все, но больше всего Бог, Который считает их Своими родными.

Любовь без воздаяния! Она не в том, чтобы, совершая добрые дела, ожидать за это какие-то благословения. Надо взращивать благородную, дорогую любовь, такую, какой любит Бог, а не дешёвую мирскую любовь, которая исполнена всех человеческих немощей.

---

[1] См. Мф. 25:25.

— Геронда, мне трудно отдавать свою любовь туда, где её не оценят.

— У тебя нет настоящей любви, поэтому тебе и трудно. У кого любовь настоящая, того не волнует, оценят его любовь или нет. Жертву, которую он совершает ради ближнего по чистой любви, он даже не помнит.

— Как мне научиться забывать то добро, которое я сделала?

— Выбрось его в море… И забудешь о нём. Но и зло, которое тебе делают, тоже нужно забывать. Так ты, сама того не замечая, соберёшь себе духовное богатство.

Надо удалять своё «я» из любви

— Геронда, какова мера любви?

— *Да лю́бите друг дру́га, я́коже Аз возлюби́х вы*[2] — этими словами Христос учит, что мы должны всегда жертвовать собой ради других, как и Он принёс Себя в жертву за нас.

— Геронда, а может ли в жертве присутствовать своеволие?

— Да, может. Помню давний случай, я тогда был ещё мирянином. Один из жителей Коницы после пасхальной службы шёл и говорил каждому встречному: «Пойду в монастырь на горе, к Божией Матери, зажгу лампадки». Но по тому, как он это говорил, было видно, что в человеке сидит гордость и своеволие… Пошёл он ночью в монастырь зажигать лампадки, два часа дороги туда, два часа обратно. А дорога — жуть! И церковь заброшенная, всё валяется, где уж тут найти фитильки и поплавки для лампад! Получилось, что весь его труд был напрасным.

---

[2] См. Ин. 13:34.

А ведь, наверное, если бы кто-то ему сказал после службы: «Дома не забудь лампадку зажечь!» — может быть, он бы и не зажёг по гордости! Если бы он на самом деле хотел принести жертву Богу, то должен был бы пойти в монастырь зажигать лампадки просто, без шума.

— Значит, человек способен жертвовать собой и по гордости?

— И такое бывает. Как говорит апостол Павел, человек может пожертвовать даже своей жизнью, а любви при этом не иметь[3].

— А такая жертва имеет ценность?

— Вспомни, что чуть выше говорит апостол Павел: *Любве́ же а́ще не и́мам, ничто́же есмь*[4]. Чтобы жертва была угодна Богу, она должна быть свободна от человеческой корысти, гордости и прочей скверны. Когда человек смиренно жертвует собой, то это означает, что у него есть любовь, и этим он преклоняет к себе Бога. Говоря о любви, я имею в виду настоящую, подлинную любовь, в которой есть благородство. Ведь человек может быть уверенным в своём помысле и думать, что имеет любовь, потому что, например, всё раздаёт другим, — однако на самом деле у него нет любви, потому что в его любви присутствует его «я» и он стремится достичь своей личной выгоды.

Чтобы наша любовь была подлинной, мы должны её очистить, удалить из неё своё «я». А когда каждый удаляет «я» из своей любви, тогда один человек живёт в другом человеке и все люди объединены единой любовью Христовой. А во Христе разрешаются все проблемы, потому что ни одно препятствие перед любовью Христовой не может устоять.

---

[3] См. 1 Кор. 13:3.
[4] См. 1 Кор. 13:2.

Всеобъемлющая материнская любовь

— Геронда, как человек может принять весь мир в своё сердце?

— Как обнять весь мир, если руки коротки?.. Чтобы человек смог вместить весь мир, он должен расширить своё сердце.

— Как это сделать, геронда?

— Любовью. Но просто любви недостаточно. Нужна материнская любовь. Мать любит своих детей больше, чем саму себя, и всегда находит для них оправдания. Если человек приобретёт такую любовь, то он станет любить не только тех, кто его любит, но и тех, кто делает ему плохо, и обвинять во всём лишь одного себя. Если человека, имеющего такую любовь, даже и обворуют, он будет чувствовать угрызения совести, когда вора поймают и посадят в тюрьму: «Из-за меня человек попал в тюрьму, — будет огорчаться он. — Если бы я нашёл способ дать ему деньги, в которых он нуждался, то он бы сейчас не был в темнице».

Материнская любовь всё покрывает и всё сглаживает. Если ребёнок что-то поломает или сделает что-то нехорошее, мать его сразу прощает, потому что это её чадо. Точно так же, если ты любишь своего ближнего материнской любовью, то оправдываешь все его слабости и не видишь его прегрешений, а если и видишь, то сразу прощаешь. Тогда твоё сердце переполняется любовью, потому что ты делаешься подражателем Христа, Который всех нас терпит.

— Геронда, я ко всему подхожу как-то узко. Может, у меня нет сердца?

— Это у тебя-то нет сердца? Да знаешь ли ты, какое у тебя сердце? Но ты позволяешь своему узколобию зажимать твоё сердце, а потом мучаешься. У кого на сердце просторно, тот всё может пережить, а у кого сердце воробьиное, тот из-за одного замечания, одной мелкой неприятности впадает в уныние, не может этого вынести.

— Почему?

— Потому что ненадолго хватает его батарейки.

— Что мне сделать, чтобы увеличить заряд моей батарейки?

— Оправдывай несобранность и недостатки других. Ко всему относись духовно, с верой и доверием к Богу. Думай о том, что ты в руках Божиих, и если что-то происходит не так, как тебе хотелось, принимай это с благодарностью.

— И моё сердце тогда расширится, станет более вместительным?

— Чтобы твоё сердце стало шире, нужно что-то из него убрать: избавиться от самолюбия. Если плющ самолюбия и узости мысли, который тебя душит, засохнет, то твоё духовное древо станет развиваться свободно. Желаю, чтобы твоё сердце в скором времени освободилось совершенно, разрослось и расширилось. Аминь.

Знаете, что я сейчас в себе ощущаю? Такую материнскую любовь к людям, такую мягкость и нежность, каких у меня не было раньше[5]. Во мне умещается весь мир. Я хочу обнять всех людей, хочу им помочь, потому что любовь не может оставаться спрятанной в сердце. Как у матери, которая потеряла грудного ребёнка, молоко течёт из груди, так и любовь ищет выхода.

---

[5] В 1981 году старец Паисий сказал: «Человеку возможно всегда иметь в себе огонь Божественной любви. У меня была постоянно эта небесная сладость. Я весь горел, и мои кости становились как горящие свечи. Когда мне нужно было что-нибудь делать или куда-то идти, я принуждал себя, чтобы выйти из этого состояния. Много раз от этой небесной сладости я падал на землю. Теперь это превратилось в боль за мир. Я болею за мир, и день за днём эта боль растёт. Я в буквальном смысле изнемогаю». — *Прим. греч. изд.*

Сердце никогда не стареет

— Геронда, авва Памво говорит: «Если имеешь сердце, можешь спастись»[6]. Что он имеет в виду, говоря «если имеешь сердце»?

— Тут много разных смыслов. Во-первых, «если имеешь сердце» может значить «если любишь Бога». Во-вторых, «если имеешь сердце» может значить «если ты чуткий, а не бесчувственный». В-третьих, «если имеешь сердце» может значить «если ты добр». В-четвёртых, «если имеешь сердце» может означать «если у тебя есть терпимость к другим». В-пятых, «если имеешь сердце» может означать «если у тебя есть мужество». Когда мы говорим «сердце», то имеем в виду не кусок плоти, а расположение к жертвенности, благородную любовь.

Великое дело — сила сердца! Сердце похоже на аккумулятор, который постоянно подзаряжается. Оно не устаёт и не стареет, его сила не исчерпывается никогда. Но над сердцем надо работать. Ведь и у меня есть сердце, и у тебя есть сердце, но какой в нём прок, если мы над ним не работаем? Если человек не работает над своим сердцем, он может быть великаном, но при этом совсем не иметь дерзновения. А другой, маленький и тщедушный, делая всё с сердцем, никогда не устаёт. Вот и среди вас есть одна слабая сестра, но так как она в каждое дело вкладывает сердце, то не чувствует усталости. Ищет не того, чтобы увильнуть от работы, а того, как бы помочь другому. Каждое дело она делает с любовью лишь по той причине, что болеет за него, а не потому, что ждёт, когда её заметят и похвалят. У неё нет самолюбия, человекоугодия,

---

[6] Древний патерик, или Тематическое собрание изречений-апофтегм отцев-пустынников, п. 89. Святая Гора Афон, 2009. С. 36.

она живёт незаметно, потому и получает Божественную благодать и принимает помощь от Бога.

Бывает, что человек по природе немощен или уже состарился, и его тело не может выносить большой нагрузки. Однако если он научился работать над сердцем, то его сердце понуждает тело к работе. Он словно старый автомобиль с ржавым корпусом, но с мощным исправным мотором, который несёт эту машину вперёд. А другой человек и молод, и силён, но если он не работает над своим сердцем, то похож на новую машину со слабеньким моторчиком, которая и с места-то двигается еле-еле. Любое, даже самое лёгкое дело такому человеку кажется невыполнимым. Иногда случается, что какой-нибудь пожилой посетитель забывает у меня в келье зонтик или сумку и я прошу кого-нибудь из молодых: «Давай-ка, парень, сбегай, догони дедушку». Стоит мне только это сказать, начинаются охи-вздохи: «Отче, а может, дедушка сам вернётся?» — «Ну что же ты размяк, как кисель, давай, сделай доброе дело!..» — прошу я снова. А он опять охает и вздыхает. Да он от одного слова «сбегай» уже устал, куда уж там бежать ногами!

Если человек не работает над сердцем, то он становится даже не животным, а статуей, истуканом. Сердце его ни к чему не пригодно.

Соработничество ума и сердца

— Геронда, иногда я умом понимаю, что нужно возлюбить другого, но любви внутри не чувствую.

— Потихоньку это понимание из ума перейдёт и в сердце, и ты почувствуешь любовь. Для того чтобы возлюбить другого человека, должно заработать и сердце тоже, один ум тут не справится. Максимум, чего может достичь ум, так это подвести тебя к такому решению: «Я должна потерпеть этого человека», или «Я должна держать себя в руках, чтобы не сказать или не сделать ему чего-то плохого», или каким-то другим помыслом ты постараешься удержать себя в рамках. Но это значит, что ты ближнего своего ещё не любишь. Смотришь на него, как на неродного, не видишь в нём брата — а о брате ты бы переживала, и сердце бы твоё за него трепетало.

— Геронда, но если между умом и сердцем существует дистанция, то могу ли я логическим рассуждением сделать так, чтобы сердце последовало за умом?

— И какое же расстояние между сердцем и умом? И почему между ними вообще должно быть какое-то расстояние?

— Потому, геронда, что хотя умом я мыслю правильно, но сердце не может за ним последовать, потому что оно в плену страстей.

— Да, диагноз ты ставить умеешь... Но одной диагностики недостаточно, нужно позаботиться о лечении. Всю духовную работу делают ум вместе с сердцем. Ум — передатчик, а сердце — приёмник. На какую частоту человек настроит передатчик, на той же работает и приёмник. Если ум работает по-мирски, то посылает сердцу мирские сообщения. Если он работает духовно, то сердце умиляется и духовно болезнует. Как ты можешь, например, объедаться, если знаешь, что в другом месте люди умирают от голода или что бедуины едят верблюжий навоз?[7]

— Геронда, я заметила, что люблю не сердцем, а умом. Как заставить сердце работать?

— Разве ты не знаешь? Сейчас врачи, чтобы заставить сердце работать, разрезают грудную клетку и вставляют внутрь... батарейку. И мы должны сделать так, чтобы ум разрезал сердце, завёл его и заставил работать.

---

[7] Речь идёт о 60-х годах XX века. — *Прим. греч. изд.*

— Как это может произойти, геронда?

— Я думаю, что это происходит тремя способами. Либо человек чувствует благодарность за благодеяния Божии, так что тает от благодарности и прославляет Бога. Либо он ощущает тяжесть своих грехов и с болью просит у Бога прощения. Либо он ставит себя на место человека, находящегося в трудном положении, и тогда, естественно, начинает ему сострадать.

— Геронда, я веду себя непосредственно — так, как чувствую. Это хорошо?

— Смотри: когда в сердце есть чистая и совершенная любовь к Богу, тогда каждое непринуждённое движение сердца чисто. Но когда в сердце нет чистой любви, тогда нужно свою непосредственность ограничивать, потому что тогда в свободных движениях сердца полно мирской отравы.

— Что мне сделать, чтобы ограничить свою непосредственность?

— Ты разве никогда за руль не садилась? Садилась? Где в машине педаль тормоза? Так скажи мне теперь, дорогой мой человек без тормозов, что тебе нужно сделать?

— Мне нужно установить на сердце тормоза?

— Да, в твоём случае ум должен притормаживать сердце, потому что когда сердце бежит впереди ума, то работает вхолостую. Тебе Бог дал много ума и большое сердце, но ты не пользуешься умом для того, чтобы притормаживать сердце, и потому оно у тебя работает вхолостую. Всякий раз прежде чем что-то сделать — подумай, вот так и работай над сердцем, которое тебе дал Бог: просто и с любочестием.

«От скудости своей…»

— Геронда, апостол Павел говорит: *Доброхо́тна бо да́теля лю́бит Бог*[8]. А мне приходится себя принуждать, чтобы что-то дать или сделать какое-нибудь доброе дело…

— Мы чада Божии, и наш долг — делать добро, потому что Бог есть весь любовь. Помнишь вдовицу, которая приняла у себя пророка Илию?[9] Язычница — но какую имела любовь! Когда пророк пришёл и попросил у неё хлеба, она сказала: «У нас есть немного масла и муки, мы съедим их с моими детьми и умрём». Она не сказала: «Нам нечего тебе дать». И когда пророк, чтобы испытать её произволение, попросил её сделать хлеб сначала для него, а потом для себя и детей, то бедняжка сразу согласилась[10]. Если бы в ней не было любви, у неё стали бы рождаться разные помыслы. «Мало ему, — думала бы она, — что у нас почти нет еды, я ведь ему об этом сказала! Он хочет, чтобы я сначала испекла хлеб для него!» В её поступке проявилось благое расположение — нам в пример. Мы читаем Священное Писание, столько всего в нём находим, а как применяем его на деле?

Помню, как на Синае детки бедуинов, хотя совсем ничего не знали о Евангелии, всегда делили поровну между собой мои небольшие подарки, даже если я давал им совсем чуть-чуть. Всем доставалось понемногу. А если кому-то не хватало, то каждый уделял ему от своей части.

Всё это пусть будет для вас примером. Рассматривайте себя, чтобы понять, где вы находитесь, продвигаетесь ли в своей духовной жизни. Если человек внимательно

---

[8] 2 Кор. 9:7.
[9] Пророк Илия из-за засухи пришёл на поток Хораф. Когда высох и этот поток, Бог послал его в Сарепту Сидонскую, чтобы его питала одна вдовица (см. 3 Цар. 17:1-24). — *Прим. греч. изд.*
[10] См. 3 Цар. 17:12-13.

подвизается, то извлекает для себя пользу не только из примера святых и подвижников, но из жизни обычных людей. Смотрит и спрашивает себя: «А есть ли и во мне это хорошее качество? С чем я приду на Суд?» Ведь каждый из нас осудит сам себя, глядя на тех, кто в тех же обстоятельствах жил намного лучше, чем мы.

Ценно то, что мы уделяем другому *от своей скудости*[11], идёт ли речь о духовной помощи или о материальной. Допустим, у меня есть три подушки. Если я отдам другому подушку, которой не пользуюсь, то в этом нет ничего ценного. Но если я отдам ему свою единственную подушку, вот тогда это ценно, поскольку здесь присутствует жертвенность. Поэтому Христос и сказал о вдове: *Вдови́ца сия́ убо́гая мно́жае всех вве́рже*[12].

Брось свои старые счёты в огонь любви

— Геронда, мне нелегко прощать других.

— Ты что же, не хочешь, чтобы Христос тебя простил?

— Хочу, геронда, как можно этого не хотеть?

— Тогда почему ты сама не прощаешь других? Подумай хорошенько, ведь этим ты сильно огорчаешь Христа. Он простил тебе долг в десять тысяч талантов, а ты не хочешь простить другому сто динариев[13]. Говори в своём помысле так: «Как так получается, что безгрешный Христос постоянно прощает и меня, и ещё миллиарды других людей, а я не прощаю одну-единственную сестру?»

Однажды ко мне в келью пришёл юноша, который поссорился с человеком и отказывался с ним мириться, хотя тот просил у него прощения. Этот юноша говорит мне:

---

[11] См. Лк. 21:4.
[12] См. Лк. 21:3.
[13] См. Мф. 18:23-35. Талант — слиток серебра весом 26 кг, динарий — серебряная монета весом 4,35 г. — *Прим. греч. изд.*

«Помолись, геронда, чтобы Бог меня простил». — «Буду молиться, — отвечаю я, — чтобы Бог тебя не простил». Он опять меня просит: «Я хочу, геронда, чтобы Бог меня простил». — «Если ты, дорогой, не простишь других, — отвечаю я, — тогда как же Бог тебя простит?»

Правосудие Божие — это любовь и долготерпение. Оно не имеет ничего общего с человеческой справедливостью. Эту Божественную справедливость нам и нужно стяжать. Однажды ночью в келью отца Тихона пришёл один мирянин, чтобы ограбить его. Он долго мучил старца и душил его верёвкой, но наконец понял, что у того нет денег, и собрался уходить. Когда был уже на пороге, отец Тихон сказал ему: «Бог простит, чадо моё». Потом этот злодей пошёл грабить келью другого старца, но там его поймала полиция. Он сам признался, что ходил грабить и келью отца Тихона. Полицейский послал жандарма, чтобы он привёл отца Тихона на допрос, но тот отказывался идти. «Я, чадо моё, — говорил старец жандарму, — простил вора от всего сердца». Но жандарм не обращал никакого внимания на его слова. «Давай, отец, пойдём быстрее, — говорил он. — Что мне до твоих „прости" да „благослови"!» В конце концов, когда старец уже стал плакать словно маленький ребёнок, начальник полиции его пожалел и отпустил. Когда старец вспоминал этот случай, поведение полицейских никак не укладывалось в его голове: «Чадо моё, — недоумевал он, — у этих мирских свой устав, нет у них ни „благослови", ни „Бог простит"!»

— Геронда, что такое памятозлобие? Это когда помнишь зло, которое тебе причинили, или же когда злишься на того, кто его сделал?

— Если ты помнишь зло и огорчаешься, что у твоего обидчика всё идёт хорошо, или радуешься, что у него всё плохо, — тогда это памятозлобие. Но если, несмотря на зло, которое тебе причинил другой, ты радуешься его успехам, — тогда это не памятозлобие. Вот так ты можешь проверять себя.

Всякое зло, которое мне делают, я забываю. Бросаю старые счёты в огонь любви, они и сгорают. Во время гражданской войны 1944 года к нам в деревню пришли ополченцы. Было очень холодно. Я подумал: «У них, наверное, нет еды, так они и останутся голодными. Отнесу-ка я им немного хлеба». Когда я им принёс хлеба, они сочли меня подозрительным и задержали. Я даже и не думал о том, что эти ополченцы охотятся за моими братьями, которые скрывались в горах. Что сказал Христос? *Любите своих врагов и делайте добро тем, кто вас ненавидит*[14].

Любовь с состраданием

— Геронда, как же Вам трудно приходится в Вашей келье на Афоне! Приходят душевнобольные, наркоманы…

— Вот тут-то и становится понятно, есть ли в нас настоящая любовь. В лице нашего брата мы видим Христа. Ведь делая что-то для брата, мы делаем то же самое Самому Христу. *Понéже сотворúсте единому сих брáтий Моúх мéнших*, — сказал Христос, — *Мне сотворúсте*[15].

Однажды ко мне в келью пришёл отец с бесноватым сыном-юношей. Почти одновременно с ними пришёл и мой знакомый. Я отвёл отца юноши в сторону, чтобы с ним немного поговорить, так как причиной беснования мальчика был он. Бедный парень! Здоровый, а из носа текли сопли… Увидев это, мой знакомый подошёл к нему, вытащил из кармана платок, вытер парню нос, а потом платок положил обратно себе в карман. Потом снял с себя золотой нательный крест и надел его юноше на шею. Но

---

[14] См. Мф. 5:44.
[15] Мф. 25:40.

не это меня поразило, а то с какой любовью он вытирал ему нос — и видели бы вы того юношу, в каком он был состоянии! Этот человек сострадал ему как брату. Если бы он не видел в нём брата, разве поступил бы так? Если ты любишь другого человека как брата, то можешь своим платком вытереть ему нос, а потом положишь платок обратно в свой карман! Но если такого чувства нет, то другой человек для тебя — чужеродное тело, потому тебя передёргивает от любого его прикосновения, и стоит ему случайно брызнуть на тебя слюной, ты тут же сломя голову побежишь умываться.

Так как нам Благой Бог дал обильные дарования и не попустил, чтобы мы страдали, то мы должны сострадать своему ближнему, который страдает. Например, видим инвалида. Если подумаем так: «Если бы я был инвалидом и не мог бы ходить, как бы я себя чувствовал?» — то ощутим к нему сострадание. Или, если кто-то попавший в трудное положение попросит у нас помощи, мы сразу должны подумать так: «Если бы я был на его месте, разве я бы не хотел, чтобы мне помогли?» В этом будет наше к нему сострадание. Но если в человеке есть подлинная любовь с состраданием к ближнему, то даже когда он сам находится в беде, то забывает своё собственное горе и болезнует о других. Если кто-то рассказывает мне о своей боли, я перестаю ощущать мою собственную, даже если бы я сидел на гвоздях или ходил бы босиком по битому стеклу.

— Святой Марк Подвижник пишет: «Одна страсть препятствует нам творить по силе добро — нерадение. Страсть эта врачуется молитвой и милостыней»[16]. Почему он в этом случае говорит о милостыне?

---

[16] См. *Марк Подвижник, прп.* Нравственно-подвижнические слова. Слово первое. О законе духовном, 200 глав, п. 64. Свято-Троицкая Сергиева Лавра, 2009. С. 16.

— Потому что милостыня и доброта умягчают сердце. Милостыня действует на сердце, как масло на ржавый замок. Жестокое сердце умягчается, когда человек смотрит на страдания других, становится более восприимчивым и смиренным. Бог не создал человека жестоким и немилосердным, но люди не взращивают в себе милосердие, данное им Богом, не сострадают ближнему и от нерадения постепенно становятся жестокосердыми.

— А как умягчить сердце?

— Чтобы умягчить своё сердце, нужно ставить себя на место не только других людей, но и животных, и даже змей. Подумаем, например, так: «Хорошо было бы мне, если бы я был змеёй? Выползаю я, например, на солнышко погреться, а ко мне бежит мужик с палкой и бьёт меня по голове? Нет, мне было бы совсем не хорошо». Если будем так думать, то станем жалеть и любить даже змей. Если человек не научится ставить себя на место других — людей, и даже животных и насекомых, — то он не сможет по-настоящему стать человеком.

В сострадании скрыта любовь, которая сильнее, чем обычная любовь. Если ты сострадаешь другому, то начинаешь любить его сильнее. Любовь с состраданием такова, что, например, ты крепко обнимаешь бесноватого брата — и бес выходит из него. Потому что крепкая любовь, духовная любовь, в которой есть сострадание, утешает создания Божии святым утешением, потопляет полки демонов, освобождает душу, врачует её раны бальзамом любви Христовой, обильно изливаемой на неё.

Человек духовный — весь одно большое сострадание. Изнемогает, сострадая другим, молится, утешает. И, хотя он берёт на себя чужие страдания, всегда полон радости, так как Христос отнимает от него боль и утешает духовно.

Любовь извещает

— Геронда, как я могу показать любовь?

— Показать любовь? Я этого не понимаю. Показывать любовь — это как-то не по-настоящему, здесь видно лицемерие и притворство. Если в нас живёт любовь, то любовь сама выдаёт нас окружающим — это дело другое. Ведь настоящая любовь сама извещает о себе другого человека — без показывания. Любовь выслушивает с состраданием чужую боль. Любовь простирает свой сострадательный взгляд и подсказывает доброе слово, нужное человеку в тяжёлую минуту. Любовь разделяет чужое горе, помогает брату в трудностях. Любовь терпит грубое слово. Всё это полезнее многих слов и внешних изъявлений.

Когда ты внутренне сострадаешь другому человеку, Бог извещает его о твоём расположении, о твоей любви, и он чувствует её без показных проявлений. Ведь так же и злоба: даже если она внешне не выражается, но притаилась внутри, то другой человек её всё равно чувствует. И диавол, когда является в образе *ангела све́тла*[17], приносит смущение, тогда как настоящий ангел приносит невыразимую тихую радость.

— Геронда, а что мешает мне понимать, что меня кто-то любит?

— Может быть, ты не взрастила любовь в себе самой? Человек, который любит сам, понимает, что любят его, и тот, кого он любит, тоже получает извещение.

Человек понимает, любишь ли ты его по-настоящему или притворяешься, потому что любовь летит к нему, как телеграмма. Если, например, мы придём в сиротский приют, дети сразу поймут, с каким расположением мы пришли. Как-то ко мне в келью пришли несколько человек,

---

[17] См. 2 Кор. 11:14.

которые хотели организовать детский приют. «Главное, — сказал я им, — переживать за этих детей, как за своих собственных, и даже больше, чем за своих. Если этого не будет, то лучше ничего и не начинать». Тогда один врач, человек очень благочестивый, сказал: «Ты прав, геронда. Когда мы пришли первый раз в детский дом, дети сразу поняли, с чем пришёл каждый. „Вот этот дяденька, — говорят, — сам не знает, зачем к нам зашёл, второму просто скучно — вот он и пришёл с нами пообщаться, а вот только этот, третий, по-настоящему нас любит"». Видите, каким образом любовь извещает о себе других?

Любовь упраздняет расстояния

— Геронда, как люди духовно общаются друг с другом на расстоянии?

— Передают друг другу сообщения по рации или с помощью азбуки Морзе!..

— Как это, геронда?

— Чтобы люди могли друг с другом духовно общаться, они должны работать на одной частоте. Этого никак не могут понять люди учёные. Помнишь случай, о котором говорится в книге «Отцы-святогорцы»[18]? Как-то раз монах собрался посетить подвижника, жившего на Капсале, и стал размышлять, что ему отнести в благословение. Он добыл две рыбины и стал их чистить, намереваясь взять с собой. Между тем подвижник получил извещение от Бога о визите брата и задумался: «Чем я буду угощать брата, когда он придёт?» В то время, когда брат чистил рыбу, неожиданно прилетел ворон, схватил одну из рыбин и отнёс её подвижнику на Капсалу — а пешком туда

---

[18] См. *Старец Паисий Святогорец*. Отцы-святогорцы и святогорские истории. С. 8.

идти пять с половиной часов. Понимаете? Один человек думал о том, как порадовать другого, а ворон стал между ними посредником!

Когда человек имеет Любовь — Христа, — то даже если он немой, он найдёт общий язык с миллиардами разных людей, с людьми любого возраста — ведь у каждого возраста есть свой язык общения. Посади рядом двух людей, которые не любят друг друга, и скажи им сидеть молча, и посади других двух, имеющих взаимную любовь, и им скажи то же самое. Как будут чувствовать себя те и другие? И первые молчат, и вторые молчат. Однако вторые, хотя и молчат, общаются, потому что между ними есть связь. А первые не могут общаться, потому что они изолированы один от другого. Когда нет любви, два человека, сидящие рядом, могут пребывать очень далеко друг от друга.

— Геронда, мне жаль, что пришёл день, когда Вы опять должны нас покинуть и уехать далеко.

— В духовной жизни не существует «далеко» и «близко». Любовь Христова не зависит от расстояний, потому что Христос Своей любовью упраздняет всякие расстояния. Когда человек близок ко Христу, то далеко ли, близко ли находится, он всегда чувствует себя рядом с теми, с кем связан братскими узами Христовой любви.

Благодарение Богу, что я имею такого рода любовь, духовную, ангельскую, которой расстояния упраздняются. В этой жизни я общаюсь с вами издалека, а перейдя в ту жизнь, окажусь ещё дальше; впрочем, то расстояние будет совсем маленьким, ведь нас объединяет Любовь — Христос.

ГЛАВА ТРЕТЬЯ
О ЛЮБВИ КО ВСЕЙ ТВАРИ

*Связь человека с животными
до и после грехопадения*

— Геронда, пожелайте мне что-нибудь на Рождество.

— Желаю, чтобы ты была рядом со Христом и Божией Матерью, как та овечка, что стоит рядом с яслями. Как же ей там хорошо! И ей, и бычку, и ослику, которые согревают своим теплом Христа, лежащего в яслях… *Позна́ вол стяжа́вшаго и́, и осёл я́сли господи́на своего*[1], — говорит пророк Исаия. Это значит: *вол знает хозяина своего, и осёл — ясли господина своего.* Они узнали, Кто лежал в яслях, и согревали Его своим дыханием! Животные узнали своего Создателя! А какая честь выпала ослику, который вёз Христа в Египет! Как бы мне хотелось быть на его месте! Властители ездили в украшенных золотом колесницах, а на нём поехал Христос!

В раю животные ощущали благоухание благодати и признавали Адама своим хозяином[2]. Но после грехопадения человека они тоже лишились рая, хотя сами не были виноваты. Теперь они уже не узнавали в Адаме своего хозяина, но бросались на него, желая растерзать, словно говорили: «Ты плохой, ты больше над нами не господин».

---

[1] Ис. 1:3.
[2] См. Быт. 1:28.

Теперь, когда человек через соблюдение заповедей Божиих вновь приближается к Богу, он вновь облекается в Божественную благодать и возвращается к состоянию, в котором был до грехопадения. В таком случае животные снова признают его своим хозяином, он без страха ходит посреди диких зверей, да они уж и не дикие, ведь хозяин их снова приручил.

Животные чувствуют любовь человека

— Авва Исаак говорит: «Сердце милующее — это возгорение сердца у человека о всём творении…»[3]

— Да, так и есть, милующее сердце — это «возгорение сердца» и о животных, и даже о демонах. Духовный человек отдаёт свою любовь в первую очередь Богу, затем людям, а оставшийся преизбыток любви — животным и всему творению. Эта божественная любовь извещает животных. Они чувствуют, какой человек их любит и сострадает им, и без боязни приближаются к нему. Даже дикие животные могут отличить любящего человека от охотника, который хочет их убить. От охотника они прячутся, а к человеку, который их любит, приближаются. Раньше я думал, что это не относится к змеям, потому что змея — единственное животное, которое люди не любят. Однако позднее я убедился, что и змеи чувствуют любовь человека и могут стать его друзьями. Если человек поставит себя на место змеи и станет ей сострадать, змея сразу это понимает и приближается к человеку как друг. Она словно говорит: «Слава Богу, вот и у меня наконец-то появился друг!»

— Может быть, это проявление инстинкта?

---

[3] См. *Исаак Сирин, прп.* Слова подвижнические. Слово 48. С. 253.

— Не только человеку, но и животным Бог дал то, что им необходимо, Он дал им особое чутьё. После грехопадения человек лишился сверхъестественного дара, но у него остались ум и способность рассуждения. Например, люди видят платаны и понимают, что где-то здесь есть вода, копают и находят. А животные узнают об этом по-другому, у них как будто есть какой-то радар. Когда верблюд в пустыне сильно жаждет, он сам бежит к месту, где есть вода, а погонщик лишь следует за ним. Верблюд словно улавливает какой-то сигнал.

Животные просят помощи у человека

Человек для животных — это как Бог для человека. Как мы просим помощи у Бога, так они просят помощи у человека.

На Афоне я слышал о старце Феофилакте из скита святого Василия, который дружил с дикими животными. Они чувствовали его любовь и в случае нужды шли к нему в келью. Как-то раз косуля, которая сломала ногу, пришла под окна его кельи и стала жалобно блеять. Старец вышел из кельи и увидел, что она протягивает ему сломанную ножку, словно показывая, где болит. Он вынес ей немного сухарей подкрепиться, взял две досочки и крепко примотал их к покалеченной ноге. Потом старец сказал косуле: «Теперь иди с миром, а через неделю приходи, я посмотрю». Этот блаженный старец разговаривал с животным, как врач с больным человеком, потому что сам он стал человеком Божиим![4]

---

[4] См. *Старец Паисий Святогорец.* Отцы-святогорцы и святогорские истории. С. 155.

— Геронда, меня удивляет, как преподобный Герасим[5] не испугался льва, который пришёл к нему, чтобы тот вынул у него из лапы колючку.

— Ведь он же был святой, да и животные никогда не причинят человеку вреда, когда находятся в тяжёлом положении. Однажды[6] мимо моей кельи рабочие везли на мулах дрова. Вдруг один мул повалился, а сверху его прижало вьючное седло со всеми дровами. Я забыл про свою грыжу, про то, что мне даже ходить было тяжело. Побежал и стал снимать с мула дрова. Пытаюсь приподнять седло — не получается. Стеганул мулашку, потянул за узду и освободил животное. Тут один отец, который был поблизости, закричал: «Аккуратнее, геронда, у Вас же грыжа! Как бы Вам плохо не стало». И только тут я вспомнил, что у меня грыжа. «Ладно, — говорю я ему, — у меня есть грыжа, а у тебя её нет. Только ты почему-то не побежал на помощь, так?» — «Я испугался, как бы мул меня не лягнул», — оправдывался он. «Знаешь, брат, животное, даже волк, когда попадает в тяжёлое положение, просит о помощи и не может навредить человеку».

Когда животные страдают от голода или от жажды, они опять же прибегают к помощи человека, потому что человек — их хозяин. Помню, как-то раз летом в келье Честного Креста[7] эфа[8] сползла с крыши на землю, свернулась передо мной кольцом, высоко задрала голову, высунула свой язык и стала шипеть. Она страдала от жажды — было очень жарко — и угрожала мне. Она требовала воды, словно я обязан был снабжать её водой. «Да, — говорю я ей, — такой манерой поведения ты других не особо к себе

---

[5] Память преподобного Герасима Иорданского совершается 4 (17) марта.
[6] В 1987 году. — *Прим. греч. изд.*
[7] Преподобный Паисий жил в келье Честного Креста на Капсале с 1968 по 1979 год. — *Прим. греч. изд.*
[8] *Эфа́* — змея из семейства гадюковых с очень сильным ядом.

располагаешь!» Потом я налил ей воды, и она напилась. А шакалы меня прямо умиляют, потому что они, когда хотят есть, плачут, словно маленькие дети. С котятами же у меня сейчас в келье[9] просто беда. Они поняли, что каждый раз, когда звонит колокольчик, я выхожу во двор к паломникам и иногда выношу кое-какую еду котятам. Так они теперь, когда хотят есть, дёргают за верёвку — колокольчик звонит, я выхожу, вижу, что это не посетители меня зовут, а котята, — и кормлю их. Как же Бог всё премудро устроил!

— Геронда, к Вам в келью приходят животные?

— Отчего ж им не приходить? Приходят, конечно. Шакалы, кабаны... Иногда прибегает маленькая лисичка. Кошки уходят, лисичка прибегает. Кабанов летом не видно, потому что они боятся охотников, только змей видно — их люди сами боятся.

Прилетают птицы стаями — и большие, и маленькие. Я даю им размоченные сухари, и они едят. Кокосовую стружку от лукума я особо храню для птиц, которые приносят весну. Эти бедные птички поют уже по-весеннему, когда ещё снег лежит. Одним словом, утешают. Знаете, как они любят кокосовую стружку!

— Геронда, а на Синае были животные?

— На Синае, так как там пустыня, больше было диких животных, а ещё и птиц: куропаток, перепелов — тех птиц, которых ели евреи в пустыне[10]. А ещё там были красивые мыши, похожие на черепашек, без хвоста, у которых на спине щетина была плотная, как щётка! Я всех их кормил: куропаток, перепелов, мышей... Раскладывал им отдельно еду на разных каменных плитах, чтобы они не ссорились. А то бывало, что птичка только

---

[9] Речь идёт о келье Панагуда. — *Прим. греч. изд.*
[10] См. Исх. 16:13, Числ. 11:31-32.

начинает клевать — вдруг откуда-то прибегает мышь, и птичка улетает голодная.

Куда бы я ни пошёл, птицы следовали за мной. Когда я забирался на скалы и начинал петь, они собирались, и я им бросал немного риса. Если мне хотелось безмолвия и одиночества, то приходилось воздерживаться от того, чтобы петь вслух — иначе птицы тут же слетались! Помню, однажды у меня схватило поясницу, мне пришлось несколько дней лежать, не вставая. Так одна птичка залетела ко мне прямо в келью и села на грудь. Сидела, смотрела мне в лицо и щебетала несколько часов подряд, очень красиво. Вот было здорово!..

Будем брать с животных пример

— Что это за гул, геронда?

— Пчелиный рой поселился у меня за окном[11], и теперь пчёлы так активно работают, что мне приходится терпеть по вечерам этот гул! Пойдёмте, я вам покажу свою пасеку. Смотрите, как у пчёл всё продуманно, хотя у них нет ни архитектора, ни подрядчика! Желаю и вам трудиться правильно, духовно, создать духовный улей, дающий духовный мёд, чтобы приходили миряне, ели и услаждались духовно.

— Геронда, что означает сказанное псалмопевцем: *Человéки и скоты́ спасéши, Гóсподи*[12]?

— Это означает, что Бог помогает и животным тоже. Сколько есть святых покровителей животных! А самим животным — что им приходится терпеть, бедным! Мы и

---

[11] В июне 1993 года преподобный жил в исихастирии, и одно из окон его кельи было всегда закрыто ставнями и занавешено. Неожиданно пчелиный рой поселился и построил гнездо в том окне между стеклом и ставнями. — *Прим. греч. изд.*

[12] Пс. 35:7.

неделю не смогли бы понести того послушания, какое они несут, служа человеку. Если их накормят — хорошо, а если нет, остаются голодными. Если не делают того, что хочет хозяин, их бьют. А как трудятся без всякого вознаграждения! Мы за одно «Господи, помилуй» можем получить рай. Разве этого мало? Так что животные превзошли нас и в нестяжании, и в терпении, и в послушании.

Наблюдайте за жизнью животных и насекомых, это полезно. Я смотрю, как усердно и любочестно трудятся муравьи без всякого надсмотрщика. Ни в одном человеке нет такой тактичности, какая есть в муравьях. Молодые муравьи тащат в муравейник мелкие палочки и много других бесполезных вещей, потому что ещё не знают, что нужно, а что нет. Взрослые муравьи им не препятствуют, но потом сами выносят всё это из муравейника. Со временем молодые начинают смотреть, что́ в муравейник несут взрослые муравьи, и учатся. Если бы мы были на их месте, то говорили бы так: «Эй ты, иди сюда, что за хлам ты сюда тащишь? Ну-ка, выбрось живо!»

Бог сотворил животных, чтобы они служили человеку, но и чтобы человек брал с них пример. Человек, если он действительно человек, из всего извлекает пользу.

О́лет — птица любочестная

— С последним письмом вы прислали мне икону, где изображён Адам с животными в раю[13]. Вот я и подумал послать вам со своей стороны рисунок одной птицы[14], моего самого близкого друга, потому что, если бы я вам послал рисунок змеи, думаю, вы бы испугались. Я назвал её О́лет,

---

[13] Речь идёт о переписке с сёстрами исихастирия весной 1975 года. — *Прим. греч. изд.*

[14] Эта птица — зарянка. — *Прим. греч. изд.*

что по-арабски значит «малыш». Олет живёт на холме в пятистах метрах от моей кельи[15]. Ежедневно в полдень я несу ему гостинцы и угощения. Когда я даю ему еду, он берёт чуть-чуть и улетает. Я кричу, чтобы он вернулся, и он вскоре возвращается, тихо подлетает и прячется у меня за пазухой. Когда я ухожу, он провожает меня на расстояние примерно ста метров, и я, чтобы он не летел за мной дальше и не уставал, бросаю ему крошки, чтобы отвлечь, а сам быстро иду вперёд, пока он не потеряет меня из виду.

В последнее время Олет оставил строгую аскезу и ищет вольготной жизни. Не ест ни дроблёный рис, ни размоченные в воде сухари, только червячков, причём хочет, чтобы я подносил ему их на «тарелке» — на ладони, — садится на неё и ест. Экий прогресс!

В эти дни я наслаждаюсь обществом Олета. Кто-нибудь может спросить: «Почему ты делаешь Олету исключение? Почему к другим птицам не относишься так же, как к нему?» Отвечаю: когда я зову Олета, он прилетает вместе с другими птицами, своими друзьями; другие сразу набрасываются на еду, а Олет прилетает по послушанию и по любви. Даже когда он голоден, может долгое время просидеть вместе со мной, потом я сам напоминаю ему про еду. Сейчас установилась хорошая погода, и у Олета много еды: букашек, козявок, но он всё равно прилетает, когда я его зову, хотя он и сыт, — прилетает по послушанию. Как же не радоваться этой усердной любочестной птице больше, чем другим?

Часто от большой любви мне хочется крепко сжать Олета в ладонях, но боюсь, как бы мне не уподобиться той глупой обезьяне, которая столь крепко прижимала к себе своих детёнышей, что в конце концов задушила их

---

[15] Речь идёт о келье Честного Креста. — *Прим. греч. изд.*

насмерть. Потому я сдерживаю своё сердце, смотрю на Олета и радуюсь издалека, чтобы ему не навредить[16].

Однажды я задержался, и, когда пришёл на холм, Олета уже не было, так как в тот день дул сильный ветер. Я оставил еду в обычном месте и ушёл. На следующий день я пошёл к Олету очень рано, потому что переживал, не съел ли его ястреб. Олет, когда увидел оставленную ему с вечера еду, «искусился помыслом», полетел по направлению к моей келье и стал ждать меня на половине пути. Увидев меня, он от радости словно сошёл с ума. Я стал его кормить, но ему больше было нужно моё общество, чем еда. Я удивляюсь его воздержанию, любви и благодарности. Молитесь, чтобы мне быть подражателем его добродетелей.

Думаю, что я вас не разочаровал, сказал всё без утайки, не спросив разрешения Олета. Надеюсь, он не огорчится, хотя и так никто, кроме вас, об этом не узнает… Большой поклон вам от Олета и от меня.

У меня в келье не только птицы, но и все животные, приходящие туда, — шакалы, зайцы, ласки, черепахи, ящерицы, змеи — насыщаются от преизлияния моей любви, насыщаюсь и я, когда насыщаются они, и все мы вместе, *зве́рие и вси ско́ти, га́ди и пти́цы перна́ты*[17], «хва́лим, благослови́м, поклоня́емся Го́сподеви»[18].

---

[16] Любовь преподобного Паисия к животным не была болезненной привязанностью, но выражением «милующего сердца», любовь которого изливалась на всю тварь. — *Прим. греч. изд.*

[17] См. Пс. 148:10.

[18] Последний стих восьмой песни канона на утрене.

ЧАСТЬ ТРЕТЬЯ

О БЛАГОРОДСТВЕ И ЛЮБОЧЕСТИИ

«Где есть благородство, там тишина и незаметность, там почивает Христос и пребывает благословение Божие».

ГЛАВА ПЕРВАЯ
О ТОМ, ЧТО В БЛАГОРОДСТВЕ СОКРЫТО ВЕЛИЧИЕ БОЖИЕ

Что такое благородство

— Геронда, на что нам обратить особое внимание в Великий пост?

— На благородство, на духовное благородство.

— Разве Великий пост — это не время преимущественно покаяния?

— Благородство и ещё раз благородство! Оно необходимо, чтобы начать работать со Христом на одной волне, — без этого преуспеяние невозможно. Если бы вы знали, что даёт благородство, вы бы день и ночь старались его изловить, забыли бы про еду и сон. Вглядевшись в духовное благородство, увидите сокрытое в нём величие Божие!

— Геронда, но как наиболее точно определить понятие «благородство»?

— Благородство духовное — это святой аристократизм, духовное величие, решимость пойти на жертву. Благородная душа требовательна только к себе, а не к другим. Она жертвует собой ради ближнего, не ища никакой награды. Забывает о том, что́ отдала, но помнит каждую малость, которую приняла от других. Она обладает любочестием, смирением и простотой, бескорыстием и честностью…

Да что там говорить — она обладает всем. В том числе и величайшей радостью, и божественным ликованием.

Духовное благородство несёт благодать Божию, оно есть — если можно так выразиться — свойство, присущее Самому Богу. Где есть благородство, там тишина и незаметность, там почивает Христос и пребывает благословение Божие.

Духовное благородство — это духовная справедливость

— Геронда, а духовное благородство выше духовной справедливости?

— Духовное благородство включает в себя духовную справедливость, и в духовной справедливости присутствует духовное благородство. Или лучше сказать так: благородство — это и есть духовная справедливость. Поэтому для духовно благородного человека нет закона: *пра́веднику зако́н не лежи́т*[1]. Такой человек предпочитает быть убитым, чем убить самому.

— Геронда, когда меня просят что-то сделать, я сразу начинаю думать, что у меня много другой работы, и начинаю отнекиваться.

— Если человек приобретёт святой аристократизм, то всё это преодолеет и станет действовать, исходя не из законов здравого смысла, а по вдохновению благородства. Вы, хоть и понимаете, что благородство и здравый смысл — разные по природе, но пока что стараетесь устроить всё в соответствии с человеческой логикой, мирскими законами. Неужто вы забыли про законы духовные? Разве я не говорил, что чем духовно выше человек, тем меньше у него прав в этой жизни, что духовный человек только даёт и никогда не требует сам?

---

[1] См. 1 Тим. 1:9.

— Но тогда почему в Евангелии говорится: *Всяк бо прося́й прие́млет, и ищя́й обрета́ет*[2]?

— Это про другое. Одно дело, когда человек просит чего-то у Бога для себя самого, ради собственного удобства, и совсем другое — когда просит по любви к ближнему. Если, к примеру, мать просит у Бога, чтобы её ребёнок поправился от болезни или чтобы в семье было всё хорошо, то она просит этого не для себя, а ради блага своего дома. Вот и хананеянка, о которой говорится в Евангелии[3], ничего не просила для себя. Она бежала за Христом и просила, чтобы Он помог её бесноватой дочери. Тогда апостолы приступили ко Христу и сказали Ему: «Сделай, что просит эта женщина, чтобы она не бежала за нами вслед и не кричала». Он же им ответил: *Я послан только к погибшим овцам дома Израилева*. Но хананеянка продолжала кричать и просить о помощи. Тогда Христос обернулся и сказал ей: *Нехорошо взять хлеб у детей и бросить псам*. А она Ему ответила так: *Да, это правда, Господи, но и псы едят крохи, которые падают со стола их господ*. И тогда Христос ей сказал: *За это твоё слово дочь твоя выздоровела*. Видите, какова была её вера? Какое смирение, какое благородство, какой духовный аристократизм! Будь она самолюбивой гордячкой, бросила бы Христу в ответ: «Не ожидала я от Тебя, что сравнишь меня с собакой! Разочаровал Ты меня!» И ушла бы от Него раздражённая. При этом помысел бы её успокаивал, что она поступила очень правильно, справедливо. Могла бы даже говорить сама себе так: «Не понимаю, с какой стати столько народу сидит и слушает Его…»

— Геронда, ей помогла её вера?

---

[2] Мф. 7:8, Лк. 11:10
[3] См. Мф. 15:21-28, Мк. 7:24-30.

— Её благородство помогло ей обрести такую веру. Она была свободна от всякого самомнения, не имела никаких претензий. Она имела добрый помысел: «Раз так сказал Бог о народе Израильском, значит, так и есть, Бог знает, что говорит. А мы принадлежим другому народу».

Как приобретается благородство

— Как мне стяжать благородство, геронда?

— Веди себя смиренно, с чистым любочестием. Всегда приноси себя в жертву. Развивай в себе духовную чуткость. Мирно принимай досаждения от других и радуйся, что досаждают тебе, а не ты. Бывают ведь люди, которые создают неудобства окружающим, но не могут стерпеть ни одного на это замечания. Бывают и такие, от которых нет никаких проблем, но и помощи от них не допросишься. Третьи говорят так: «Я очень чуткий, не могу стерпеть грубого слова», однако сами другим говорят резкости. Что это за чуткость такая? Настоящая чуткость полна благородства.

— Если у человека есть недостатки, но он борется за стяжание благородства, он получит пользу?

— Благородство изгонит недостатки.

— Геронда, а духовная свобода — это свобода от страстей?

— Духовная свобода — это святой аристократизм, благородство, о приобретении которого я вам говорю. Чтобы человек был благородным, в нём не должно быть мелочности и прочих низменных страстей. В мелочности и скупости Бога нет, потому что Бог по природе благ.

— Геронда, а чтобы полюбить страдания, тоже нужно работать над благородством?

— Эх, вы до сих пор так и не поняли, что значит благородство!.. В благородстве есть отвага, оно заставляет сердце работать. Чтобы понять, что такое благородство, посмотрите на Христа. Что Христос взял для Себя? Ничего. Он всё отдал. Он принёс и продолжает приносить Себя в жертву за всех нас. Даёт нам Свою любовь, берёт на Себя наши грехи. А мы, наоборот, хотим получать любовь. Посмотрите, как поступают хорошие родители. Они постоянно жертвуют собой ради детей, несмотря на то что дети иногда их даже бьют. Зная о том, что их ждёт, родители всё равно жертвуют собой ради них. То же делают и животные, и птицы. Ласточка заботится о своих птенцах, но и птенцы, когда подрастут, станут заботиться о своих птенцах. Так устроила благородная любовь Божия.

Благородство сродняет человека с Богом

— Геронда, как человек сродняется с Богом?

— Главное, чтобы человек стяжал духовное благородство. Тогда он делается родным Богу.

— А может быть так, что сестра в келье долго и усердно молится, а потом не имеет сил участвовать в общей работе?

— Молитва — за чужой счёт? То есть пусть другой трудится, а я буду в келье поклоны класть и книжки читать? Но это не духовный подход, тем более для молодых иноков. Молодые должны думать о том, как помочь старшим. Куда это годится: молодой монах будет якобы келейное правило выполнять, а старый — делать всю работу, выбиваясь из последних сил? Где же здесь жертвенность? Где благородство? Я буду читать духовные книги, творить молитвы — а трудятся пусть другие? Это же абсурдно! Многие люди так и не уяснили ещё суть духовной жизни. Не познали ещё вкуса благородства, думают лишь о себе.

Трудностями проверяется человек. Помню, когда я жил в общежительном монастыре[4], мне велели лежать в келье, не вставая, потому что у меня было постоянное кровотечение. Вдруг я увидел в окно, как один старец, привратник, пытается топором расколоть пень на дрова для печки. У этого старца были проблемы с кишечником, постоянные кровотечения, он совершенно ослаб. Представьте, он спал в обуви, потому что у него не хватало сил её снимать. Я вскочил, побежал к нему, схватил топор, пару раз ударил по пню, расколол его, а потом у меня ртом пошла кровь. Понимаешь? Я даже не подумал, в каком сам нахожусь состоянии, не брал себя в расчёт.

Духовное благородство!.. Ничто так не радует Бога, как оно! Оно — приёмник Божественной благодати. Как всё на самом деле просто и как мы сами всё усложняем! Духовное благородство требуется во всём. Если человек этого не поймёт, он может в неделю отстаивать по три всенощных бдения, трижды в месяц по три дня подряд совсем ничего не есть и не пить, молиться часами, хранить телесное целомудрие — и всё это будет бесполезно. Не говорю, что всё это не нужно, но главное, чтобы человек позаботился стяжать то, что важнее всего — духовное благородство, которое есть целомудрие души. Для того чтобы в человеке смог обитать Бог, необходимо, чтобы в душе не было ни корысти, ни своеволия, ни эгоизма, ни человекоугодия, ничего тому подобного. Если этих страстей нет, значит, душа человека стала целомудренной, и, даже не предстоя на молитве, он сроднятся с Богом, соединяется с Ним.

Только благородство настраивает нашу рацию на частоту Бога и даёт возможность с Ним общаться, а иначе

---

[4] Преподобный Паисий подвизался в монастыре Эсфигмен с 1953 по 1955 год. — *Прим. греч. изд.*

мы ловим не Божию частоту, а волны какой-то чуждой станции. Вдобавок постарайтесь сменить ваши антенны на правильные. Бывают антенны вертикальные, бывают горизонтальные. Вертикальная гордо стоит сама по себе и плохо ловит, быстро теряя сигнал. А горизонтальная смиренно растягивается, поэтому имеет больший радиус действия и улавливает даже слабые волны. Так и тот, кто стоит сам по себе, кто не освободился от своего «я», в том нет благородства, а потому нет и благодати Божией, не имеет он и Божественного просвещения.

Человек либо приобретёт благородство, либо навсегда застрянет в жалком убожестве

— Геронда, я завидую, ссорюсь с людьми и вообще веду себя неподобающе.

— Тебе не хватает святоотеческого духовного благородства, поэтому ты так себя и ведёшь. Старайся стяжать духовное благородство, чтобы приобрести вместе с ним и благородные манеры. А ну-ка скажи мне, что за помыслы бурлили в твоей голове, когда ты не получила от меня, в отличие от прочих сестёр, в подарок маленькую иконку? А когда в другой раз получила большую? Ну-ка представь мне духовный отчёт, а я посмотрю, правильно ли я сделал, решив соорудить для тебя из дерева маленькую копию Святой Горы и послать тебе её с Афона. Я уже начал её делать с монастырями, скалами, тропинками и дорожками… Размером примерно сантиметров двадцать. Она была наполовину готова, да вот ребята у меня её выпросили. Просили упорно в благословение, пришлось отдать.

— Наверное, это были очень хорошие ребята…

— Если б они были хорошие, то имели бы побольше благородства и не требовали бы с такой настойчивостью! Я им сказал: «Дайте я её сначала закончу, не буду же я вам отдавать полуготовой!» Они ни в какую, стоят на своём: «Нет, отдай нам как есть! Зачем тебе мучиться, доделывать?» Понимаешь? Решили облегчить мне жизнь! Что за народ! Представьте себе, один человек у меня даже попросил в благословение глаз.

— Что, правда, геронда?

— Правда-правда. Глаз — в благословение! Молодой человек лет тридцати потерял зрение и готовился к операции. Его привезли ко мне в келью. Мне так было его жаль, что я ему сказал: «Пожалуйста, не переживай, если вдруг операция будет безуспешной, я тебе отдам свой глаз. Мне для жизни хватит одного». Скоро он опять приехал, радующийся тому, что операция прошла удачно и оба глаза теперь хорошо видели. Заходит в келью и начинает дерзить: «Я за твоим глазом, ведь ты обещал мне его отдать в благословение!» — «Да, но ведь ты же видишь!» — «Да, но ты же обещал! Что, слабо́?» Мне тут стало его снова до боли жалко, но в этот раз — потому что я не увидел в нём даже следа благородства. Но это другая боль…

— Геронда, я за собой заметила: когда ожидаю, что мой труд оценят по достоинству, то работаю охотнее.

— Ты про дурочку-Спириду́лочку помнишь? Так вот её ты мне сейчас и напоминаешь. Кузнец решил над ней посмеяться и позвал её раздувать мехи, пообещав новое платьице. Она с утра до вечера, обливаясь по́том, качала мехи, а кузнец ухмылялся и приговаривал: «Качай, Спириду́ла, качай, думай про новое платьице!» Понимаешь? Если не приобретёшь благородства, будешь надрываться, как Спиридула, ради того, чтобы чуть-чуть покрасоваться. Человек либо приобретёт благородство, либо навсегда застрянет в жалком убожестве.

— Геронда, у меня есть помысел, что Вы обо мне меньше заботитесь, чем об остальных сёстрах.

— Разве я мало тебе помогал? Разве мало ты от меня получала духовной помощи с Афона и здесь, в обители? А сейчас у тебя ни гроша, и ты напоминаешь впавшую в отчаяние нищенку: всё, что было, растеряла. Чем я могу тебе помочь? Буду молиться, чтобы ты скорее обогатилась во Христе, оставила свой чердак с паутиной и стала принцессой Христовой.

Я прихожу в умиление, встречая духовно благородного человека. Он сразу входит в моё сердце, безо всяких разговоров на пороге, и поселяется там как истинный брат в общежительном монастыре. Мы теперь ни на секунду не расстаёмся и радостью обнимаем друг друга, какое бы расстояние нас ни разделяло.

ГЛАВА ВТОРАЯ
О ТОМ, ЧТО ЛЮБОЧЕСТИЕ — ЭТО ЛЮБОВЬ, ИСПОЛНЕННАЯ ОГРОМНОЙ-ПРЕОГРОМНОЙ БЛАГОДАРНОСТИ

Любочестен тот, у кого благородная душа

— Геронда, что такое любочестие?

— Давай-ка посмотрим в словаре… Слова «любочестие» нет ни в каком другом языке, кроме греческого. Такой уж мы, греки, народ: хотя у нас есть кое-какие недостатки, но мы получили от Бога два дара: любочестие и отвагу. Что ни случись, всё нам праздник.

Давайте процитирую вам, что написано о любочестии в моём карманном словарике. Любочестие — это благоговейная квинтэссенция доброты и любовь, исполненная огромной-преогромной благодарности, в которой нет ничего, кроме доброты и смирения. Это чистая любовь смиренного человека, который совершенно не ищет своего ни в каком деле. Сердце любочестного человека исполнено духовной чуткости, восприимчивости и благодарности к Богу и к Его образам — нашим собратьям.

Любочестные люди внутренне истаивают от благодарности к Богу и проявляют её как дети Божии — всеми духовными способами, на которые способны. Поскольку они обитают на Небе в пространстве славословия, то они с радостью принимают и испытания. Они прославляют

Бога за тяготы столь же искренне, как и за благодеяния, и постоянно принимают благословение Божие.

У любочестного — благородная душа. Люди с благородной душой мучаются и глубоко переживают, стараясь отплатить даже за малейшее добро, которое им сотворили, — и что бы они ни сделали в благодарность, всё считают недостаточным, никогда не забывая оказанных им благодеяний.

— Геронда, а настоящая любовь к благодетелю — это признак любочестия?

— Нет, в любви только к благодетелю нет ничего особенного. К сожалению, сегодня даже этого нет, редко можно встретить благодарного человека. А какое раньше было у людей любочестие! Мои родители рассказывали мне, что один австрийский предприниматель, который жил в Адане́[1], спас моего отца от турок. Потом он разорился и считал для себя оскорблением дальше оставаться в Адане, но и в Австрию не хотел возвращаться. Тогда мой отец, который никогда не забывал, что этот человек спас ему жизнь, принял его в свой дом в Фарасах и упокоил его в старости.

— У любочестия, геронда, есть предел?

— Нет, никакого предела у любочестия нет. Это непрекращающееся великое сумасшествие… Духовное сумасшествие!

— Геронда, для любочестия требуется рассуждение?

— Любочестие имеет в себе и рассуждение, и восприимчивость, и благородство… В нём есть все добродетели… Любочестный человек не наивный дурачок, он понимает, когда с ним поступили несправедливо. Но при этом в нём живёт Христос, поскольку несправедливее всех поступили именно с Ним.

---

[1] *Адана́* — крупный город в Турции, в 100 км от Фарас.

Христос радуется нашему любочестному подвигу

— Геронда, дайте мне несколько наставлений о том, как мне подвизаться.

— Мужество, отвага и любочестие! Работай Христу с любочестием. В душе, имеющей доброе расположение, подвижнический дух и любочестие, Христос работает тихо и незаметно.

— Геронда, почему меня не наполняет молитва, хотя я и стараюсь неукоснительно исполнять все свои монашеские обязанности?

— Ну а как она тебя может наполнить? От твоей неукоснительности? У тебя сбились настройки, подкрути их немножко. Посмотри, насколько в духовной жизни ты руководствуешься логикой, а насколько — сердцем, в какой мере тобою движет европейская обязательность, а в какой — православное любочестие. За тем, что мы называем «неукоснительность», «старательность», «обязательность», иногда скрывается наш эгоизм, и он нас окрадывает. Часто мы хотим казаться внешне безупречными, чтобы другие думали, что у нас всё в порядке. Однако при этом внутренняя духовная жизнь приходит в полный беспорядок. Во всём надо действовать с любочестием, потому что именно на этой частоте работают Христос, Божия Матерь и святые... Без любочестия не приходит Божественная благодать.

— Геронда, выматывает ли человека постоянное духовное напряжение?

— Оно выматывает, если к нему примешивается эгоизм, потому что тогда человек давит на себя, насилует. Но если им движет любочестие, тогда подвиг совершается сердцем и не утомляет, любочестие его услаждает. Как мне представляется, ты чувствуешь некоторое затруднение в подвиге, потому что говоришь себе: «Я должна неукоснительно делать то-то и то-то». Так незаметно для тебя дисциплина открывает вход эгоизму: «Буду стараться стать святой». Однако подвизаться надо не для того, чтобы стать святой, а чтобы порадовать Христа. Если ты стараешься порадовать Христа, то подвиг твой будет лёгок и ты будешь ощущать в себе Божественное утешение. Сейчас твой подвиг сухой и жёсткий, нет в нём утешения. Христос — нежный Отец, а не деспот, и радуется нашему любочестному подвигу.

Человек, который подвизается духовно и с любочестием, ощущает внутреннее ликование, потому что Бог подаёт ему духовное наслаждение. Понятное дело, отнюдь не покой с наслаждением являются целью подвига любочестного человека. И даже если Бог не впустит его в рай, он не станет из-за этого переживать. Он никогда не ставил перед собой цели подвизаться для того, чтобы избежать адских мук, оказаться в раю и хорошо проводить там время. Нет, он избегает греха по любочестию и думает: «Если я попаду в ад, этим я очень огорчу своего Благодетеля, Христа». И даже если Христос ему скажет, что в раю снова придётся проливать пот и кровь, он всё равно согласится туда пойти ради Христа.

Самолюбие — это враг любочестия

— Геронда, человек, обладающий любочестием, всегда ли отличается самоотречением?

— Если его любочестие чисто, то в нём есть и самоотречение. Чем больше своего «я» человек убирает из своей любви, тем больше любочестия он приобретает. Там, где есть самолюбие, нет любочестия, потому что самолюбие — это враг любочестия.

— Геронда, я вот, если это необходимо, работаю по двенадцать-тринадцать часов в день!.. Работаю я усердно и любочестно, однако если меня просят сделать то, что не было мной запланировано, начинаю возмущаться…

— Только не говори, что это называется любочестием. Тот, у кого есть любочестие, не перечит, когда его просят о помощи, и не рассказывает другим, сколько часов он работает. В монастыре, где я жил, тот, кто работал больше других, старался это скрыть. Какой-нибудь брат набирал два мешка маслин, а говорил, что собрал всего лишь одну корзинку, зато такой-то брат, мол, набрал несколько мешков. Вот это — любовь. А у вас стоит только спросить: «Кто это собрал столько маслин?» — как сестра сразу вскакивает со своего места и кричит: «Я!» Уж лучше бы она их не собирала. Если вы пришли в монастырь, чтобы собирать похвалы, то только зря тратите время.

— Когда я вижу, что мы перегружены работой, то начинаю метаться и впадаю в панику.

— Будь я на твоём месте, то принуждал бы себя сделать работу не только за себя, но и за другую сестру. Когда я учился на плотника, хозяин взял себе в помощники меня и ещё одного юношу. Последний был постарше меня и гораздо упитанней, однако трудиться не любил. Хозяин давал нам работу, а тот сидел сложа руки и приговаривал: «Что? Я буду работать, а все денежки пойдут мастеру?» — «Послушай-ка, — пытался я его убедить, — если хочешь овладеть плотницким ремеслом, делай, что говорит тебе мастер!» Но все мои уговоры были бесполезны, и мне приходилось работать и за себя и за него. «По крайней мере, — говорил я, — если уж сидишь без дела, хоть посиди здесь, на верстаке — прижми своим весом доски, пока я их буду пилить. Тогда тиски мне не потребуются, и так время сэкономим». А ведь я мог бы сказать себе: «Я свою работу сделал, остальное меня не волнует». Потом пришёл бы хозяин и стал бы ругать моего товарища: «Ну и где твоя работа? Посмотри на него, он слабее тебя, а сделал вон сколько!» Думаете, мне было бы приятно слушать, как другого ругают? Да и какой человеку прок в том, что его хвалят, а другого ругают? В конце концов мой напарник только себе сделал хуже: плотницкому ремеслу он так и не выучился, и зарабатывать себе на хлеб пришлось не рубанком, а киркой и лопатой. В каких бы обстоятельствах ни оказался любочестный человек, всё ему пойдёт на пользу, ведь всякое дело он совершает с любочестием. А человек, который не взращивает в себе любочестия, данного ему Богом, трудится, но так и остаётся неудачником.

В Конице мы частенько видели пару волов или пару лошадей, впряжённых вместе в телегу. В паре одно животное могло быть любочестным, а второе — ленивым, и тогда любочестное старалось изо всех сил и тянуло за собой ленивое. В конце концов то животное, в котором не было любочестия, попадало под топор мясника. Знаете, как жалко мне было смотреть на одного вола! Мы запрягали вместе трёх волов, и один из них, не очень уж и сильный, так старался, так работал. Тянул за собой и других двух. От напряжения он, бедный, весь обливался по́том. А если Христос укажет потом нам на такое животное и спросит: «Смотрите, он тянул за собой двух других, а что сделали вы?» — что мы ответим? Эй, сони, начинайте уже поскорее спасаться всерьёз! Духовная жизнь — это геройство, и у вас для этого столько возможностей!

У любочестных людей утончённая совесть, и Бог им помогает

— Геронда, человек, в котором есть любочестие, сам это понимает?

— Любочестный человек более-менее понимает, каков он есть на самом деле, об этом его извещают внутренний покой и мир. Но даже имея любочестие, человек не хвалится, не говорит: «Ах, какой я любочестный!» Он всегда старается жить ещё более любочестно.

Человек любочестный искренен. Он не считается с собой, он прост, у него есть смирение. Всё это и ему самому приносит мир, и для других становится явным, потому что без слов он умеет общаться с другими людьми, понимать их. Если, например, тебе плохо, а ты, не желая его огорчать, говоришь: «У меня всё отлично», он всё равно поймёт, что тебе нехорошо, и постарается тебя не утруждать. А другой человек, хотя и видит, что ты устал и тебе нехорошо, станет тебя теребить: «О, геронда, ты сегодня выглядишь лучше, чем в прошлый раз, вижу, что ты совсем здоров!» — лишь потому, что ему заняться нечем и хочется поболтать. И ладно бы ещё тема для разговора была серьёзной… А человек любочестный, наоборот, даже если ему очень нужно получить какой-то серьёзный совет, скажет лишь: «Геронда, не буду тебя затруднять, только благослови меня». Такого человека я долго от себя не отпускаю, и у меня от умиления наворачиваются слёзы. «Пойду, геронда, я вижу, что ты устал», — говорит он. Неужели такому человеку Бог не поможет?

Есть люди, которые, будучи движимы любочестием, сразу понимают, что будет полезно и радостно получить другому. Это происходит потому, что они постоянно думают о других, а не о себе. Некоторые люди, хотя и не знают меня, чувствуют, что́ мне нужно, и присылают посылки, в которых есть именно то, что мне в этот момент необходимо. Глядя на такую посылку, можно понять весь внутренний мир человека. Их душевной тонкостью и чуткостью благоухает каждая из присланных ими вещей.

— Геронда, иногда к вам удаётся пробиться людям довольно наглым и настырным.

— Да, иногда удаётся… Только вот пользу получают не они, а люди любочестные, которые по своей скромности не хотят меня беспокоить. Вот в прошлый раз приходил сюда один отец семейства. Мы до этого беседовали с ним наедине, потом он приезжал ко мне уже вместе с женой с детьми. Прошло три дня, и он приехал снова. В тот момент я беседовал с кем-то, а за дверью ждала одна девушка, которая специально прилетела из Афин, чтобы обсудить со мной один волновавший её вопрос. «Вы не позволите мне поговорить со старцем — всего-навсего пять минут?» — попросил он, и девушка пропустила его вперёд. Потом ей пришлось ждать полтора часа, пока не вышел этот господин, «заглянувший на секундочку». Когда он вышел, ей уже надо было спешить в аэропорт, и она сказала мне только: «Благословите меня, геронда, я приехала из Афин, чтобы посоветоваться с Вами по одному вопросу, но теперь уже не успеваю. Я отпросилась с работы, и мне пора ехать в аэропорт, чтобы успеть на самолёт». О, неужто я забуду такую дивную душу?! В конечном итоге только человек, поступающий благородно, получает помощь от Бога.

— Геронда, когда любочестный человек живёт рядом с теми, у кого тяжёлый характер, разве он не страдает?

— Наша цель как раз в том и состоит, чтобы показать своё любочестие в общении с людьми непростыми. Ведь и в Евангелии говорится: *Если любите любящих вас, какая вам за то благодарность?*[2]

Любочестные и чуткие люди добровольно терпят несправедливость. Они либо по своей любви сами уступают людям, либо мирно принимают, когда их обходят хитростью и лукавством. Сами они никогда не стремятся добиться справедливости в этой суетной жизни. Люди любочестные в этой жизни не только расплачиваются по всем долгам, но и получают Божественную помощь. А в жизни вечной они будут иметь великое воздаяние.

---

[2] Лк. 6:32.

ЧАСТЬ ЧЕТВЁРТАЯ

ЧАДА ЛЮБВИ И СМИРЕНИЯ

«Только возле Христа человек обретает подлинную, чистую радость, потому что только Христос даёт истинную радость и утешение».

ГЛАВА ПЕРВАЯ
О ПРОСТОТЕ И ЧИСТОТЕ

Простота — первое чадо смирения

Первое чадо смирения — это простота. Когда в человеке есть простота, тогда есть и любовь, и жертвенность, и любочестие, и благоговение. Человек простой отличается чистотой души. И Богу он доверяет просто, не задавая Ему вопросов. Простота была состоянием Адама до грехопадения, когда он на всё смотрел целомудренно и чисто, поскольку вместо одежды он был облечён благодатию Божией.

— Геронда, когда говорят: «Где просто, там ангелов со́ сто», то имеют в виду, что в простоте есть Божественная благодать?

— Ну конечно!.. Простой и бесхитростный человек, обладая смирением, получает благодать от Бога, Который по природе прост и благ.

— Геронда, а может человек вести себя просто, но при этом быть гордым?

— Так не бывает. В человеке, имеющем настоящую простоту, нет гордости.

— А может ли, геронда, кто-то внешне копировать некоторые поступки простого человека, не имея при этом действительной простоты?

— Ещё как может!.. Притворяясь простым, он будет добиваться своего! В показной простоте человека, притворяющегося, чтобы чего-то добиться, таится самое грубое, самое пошлое лукавство. Так выглядит старый дед, который пытается напялить на себя детские колготочки, чтобы другие исполняли все его прихоти и бегали вокруг него с погремушками, будто он маленький ребёнок! По-настоящему простой человек обладает прямотой и рассуждением.

Простота и бесцеремонность — совсем разные вещи

— Геронда, иногда мне кажется, что я поступаю просто, а сёстры говорят, что я веду себя не просто, а бесцеремонно и наглова́то!.. Где граница между простотой и бесцеремонностью?

— Одно дело — простота, другое — бесцеремонность, которая питает эгоизм человека. «Глянь-ка, — радуется наглец, — как я поставил его на место!» Такое поведение приносит человеку удовлетворение в мирском смысле, но настоящего покоя ему не приносит. А вот простота дарует человеку духовный покой и приносит в его сердце некое ощущение нежной лёгкости.

— Геронда, мне говорят, что я веду себя легкомысленно, но я всё же думаю, что веду себя по-простому.

— Смотри: «по-простому» не значит «глупо». А ты путаешь простоту с глупостью: несёшь что ни попадя и воображаешь, будто ведёшь себя по-простому. В тебе действительно есть немного простоты от природы, но вот рассудительности тебе не хватает… По уму-то ведь ты не девочка, что же ведёшь себя, как дитя малое?.. К счастью, сёстры хорошо тебя знают и не смущаются таким твоим поведением.

— Геронда, а может ли человек быть на самом деле простым, однако своим поведением обижать других?

— Если человек по-настоящему прост, то даже если его слова или поступки могли бы показаться кому-то грубоватыми или обидными, на него никто не обидится, потому что в простом человеке обитает благодать Божия и его поведение никого не оскорбляет. А вот если ты беседуешь с человеком, у которого есть мирская галантность, но нет простоты, то его манера может не просто оскорблять, а просто наизнанку тебя выворачивать.

«Будьте как дети»

— Геронда, так что же такое естественная простота?

— Естественная простота — это простота, которая есть у маленького ребёнка. Когда малыш шалит, его ругают, и он начинает реветь. Но стоит дать ему игрушечную машинку, как он тут же забывает всё плохое. Он не начинает копаться в себе, задаваться вопросами, почему сначала его ругали, а потом дали машинку. Ведь у ребёнка в первую очередь работает сердце, тогда как у взрослого — рассудок.

— Геронда, но есть ведь не только дети, но и взрослые люди, простые от природы. Такая простота — добродетель?

— Да, добродетель, но простота от природы, как и любое другое доброе качество, полученное нами при рождении, нуждается в очищении. Человек, простой от природы, незлобив и добр, однако и детские хитрости и лукавства в нём тоже есть. Он может, к примеру, не желать зла ближнему, но если ему предложат выбрать себе одну из двух вещей: ту, что получше, или ту, что похуже, то себе он возьмёт получше, а плохую оставит другому. Такой человек подобен золотому самородку, в котором помимо золота есть и немного примесей. Чтобы получить чистое золото, надо этот самородок переплавить в горниле, то есть сердце человека, простого от природы, должно очиститься от всякого лукавства, корысти и тому подобных нечистот. Тогда он придёт в состояние совершенной простоты.

В истинной любви Христовой, в этом состоянии простоты и чистоты развивается та благая детскость, стяжания которой ждёт от нас Христос. *Будьте как дети*[1], — говорит Он. Но в наше время чем больше в людях мирских «хороших манер», тем меньше в них простоты, подлинной радости и сердечных улыбок.

Вспоминаю старца Пахомия из Иверского скита[2]. Какая бы печаль тебя ни одолевала, достаточно было на него взглянуть, и всякое огорчение таяло само собой. Ты шёл к нему, чтобы выговориться, рассказать о своих многочисленных проблемах, а увидев его, сразу обо всём забывал, всё плохое тут же куда-то улетучивалось. А знаете, какие у него были щёки румяные? И смеялся он как ребёнок! Возрастом — старец, а радостный, как счастливый карапуз. Как бы тяжело ему ни было, всегда излучал радость — всё ему праздник! Ни грамоты он не знал, ни петь не умел, только и мог спеть, что «Христос воскресе» на Пасху. Когда он по праздникам приходил в соборный храм скита, то ни на минуту не присаживался в стасидию, даже на долгих всенощных всегда стоял и творил молитву Иисусову. Старец отличался подвижническим духом и великим любочестием. Его спрашивали: «Отец Пахомий, что там сейчас на службе?» — «Псалтирь, Псалтирь чита-

---

[1] См. Мф. 18:3.
[2] См. *Старец Паисий Святогорец*. Отцы-святогорцы и святогорские истории. С. 10-11.

ют отцы», — отвечал он. Он всё богослужение называл Псалтирью.

Это был очень простой и очень благодатный старец. Он освободился от страстей, был как незлобивое дитя. А вот если человек с раннего возраста не избавится от детского эгоизма, от детской гордости и упрямства и навсегда останется в младенческом состоянии, тогда и в старости у него будут капризы, как у маленького ребёнка. Поэтому апостол Павел и говорит: *Не де́ти быва́йте умы́, но зло́бою младе́нствуйте*[3].

У простого человека только добрые помыслы

— Простой человек незлобив и бесхитростен. Плохое и безобразное он преобразует в хорошее. У него всегда добрые помыслы о других. Нет, он не наивный дурачок, просто он не сомневается, что другие думают так же просто, как и он.

— Геронда, можете привести нам пример такого человека?

— Разве я вам не рассказывал об отце Харалампии, который когда-то жил в монастыре Кутлумуш[4]? Он был библиотекарем, но потом его отстранили от этой должности, так как он никогда не закрывал двери библиотеки на ключ. «Зачем вам все эти замки да ключи? — недоумевал он. — Пусть люди спокойно заходят в и читают книги». Старец обладал такой простотой и чистотой души, что ему даже не приходила в голову мысль, что бывают люди, которые могут книги украсть.

---

[3] 1 Кор. 14:20.
[4] См. *Старец Паисий Святогорец*. Отцы-святогорцы и святогорские истории. С. 8.

У простого человека обо всех только добрые помыслы, и поэтому он каждого видит добрым. Помню ещё одного старца, отца Феоктиста из монастыря Дионисиат[5]. Какая же у него была простота! Как-то он остался ночевать ещё с одним монахом в монастырском доме в Кариес[6]. Среди ночи кто-то постучал в дверь, и отец Феоктист побежал открывать. «Брось, не открывай, — сказал ему монах, — поздно уже, пора отдыхать». — «Откуда ты знаешь, отче, кто там за дверью? Может быть, в дверь стучится Христос? Давай откроем». И пошёл открывать. Видите, у простого человека всегда добрый помысел, и от других от ждёт всегда только доброго.

Простота восстанавливает силы человека

— Геронда, я думаю, что простота — это когда человек поступает так, как подсказывает его внутреннее чувство. Это так?

— Зависит от того, где именно живёт человек. Чтобы действовать просто, человек должен оказаться в подходящей атмосфере. В миру, особенно в наши дни, нужно вести себя очень осторожно. Но если человек не ведёт себя просто внутри монашеского братства или среди своих домашних, то оправдания этому нет. Как же это утомляет, когда нет простоты и доверия в отношениях между людьми!.. Надо человеку указать на его ошибки, но приходится начинать издалека, сочинять пролог, эпилог, давать толкования своим же словам… Так жизнь превращается в муку и сплошное мытарство. А когда в отношениях есть простота, можно сказать человеку «посиди маленько» — и

---

[5] См. о нём: *Новый Афонский патерик*. Т. 2. М.: Орфограф, 2015. С. 231.
[6] *Кариес* — небольшой монашеский городок на Святой Афонской Горе, в котором сосредоточены административные структуры, расположены магазины и почта.

он садится и сидит. Или «иди, сейчас ты мне не нужен» — он просто уйдёт, и у тебя не будет боязни, что он понял тебя неправильно и обиделся. Простота восстанавливает силы человека, а её отсутствие — отнимает последние.

— Геронда, а что значит выражение святого Исаака: «Приобрети свободу в жизни своей, чтобы освободиться от бури»[7]?

— Стяжи простоту в общении с людьми, чтобы тебя не обуревали помыслы и в голове твоей не возникала путаница. Когда человек в простоте высказывает то, что он чувствует, тогда и сам себя чувствует свободно, и другим оказывает пользу.

Однажды меня из Салоник в Афины на машине вёз один мой знакомый, с нами был ещё один человек. Поскольку я тяжело переношу поездки на автомобиле, водитель открыл окно. Стало прохладно. «Вам не холодно?» — спросил я остальных. «Нет, нет», — ответили они. Но через некоторое время я заметил, что другой пассажир ёжится от холода и застёгивает пиджак. Тогда я сказал: «Если не хотите, чтобы кто-нибудь из вас заболел, то говорите прямо: „Нам холодно". А я тоже скажу вам, если вдруг почувствую себя плохо». Так мы продолжали путь, и никто из нас не ощущал стеснения. Но если бы я чувствовал себя плохо, но молчал, или другой бы мёрз и тоже молчал, то кто-нибудь из нас точно приехал бы в Афины больным. Так и вы общайтесь друг с другом просто, без обиняков. Иначе будете всё время волноваться и переживать, не обидели ли другого и не огорчили его невзначай, совсем потеряете покой и станете вести себя неестественно.

— Геронда, на виду у других я не могу сделать даже самой простой вещи. Это застенчивость или гордость?

---

[7] *Исаак Сирин, прп.* Слова подвижнические. Слово 56. С. 338.

— Иногда Бог даёт человеку чрезмерную застенчивость как тормоз — чтобы с ним не случилось чего-то плохого. Ведь кто знает, если бы у человека не было этой застенчивости, насколько он мог бы удалиться от правильного пути! Тебе же нужно быть немного внимательнее и вверять себя во всём воле Божией. Не стоит зажиматься и мучить себя, потому что в этом есть некая доля эгоизма. Посмотри на меня, ведь я общаюсь с вами естественно, без всякого надрыва. Иногда с вами я веду себя как дедушка, иногда — как отец, иногда — как старший брат, а иногда — словно ребёнок. Ведь так?

— Геронда, а я всё время переживаю и думаю, как другие воспримут мои слова, и боюсь, что меня не так поймут, что на меня обидятся, расстроятся…

— Ты зацикливаешься, потому что в тебе нет простоты. Чтобы духовно преуспеть, постарайся стяжать простоту сердца. В простоте принимай замечания, которые тебе делают, и старайся исправиться, прося помощи Божией. К примеру, тебе могут сказать, что в какой-то ситуации ты вела себя неразумно. Что же, в другой раз в похожей ситуации подумай про себя: «Ага, в тот раз мне сказали, что я поступила глупо, значит, сейчас надо постараться вести себя чуточку мудрее». Поступая так, ты будешь мало-помалу набираться опыта, исправляться, продвигаться вперёд и духовно преуспевать. Если будешь так в простоте работать над собой, то и ближний твой будет получать извещение, и Бог будет ведать о том, почему ты поступила так, а не иначе. Да и сама ты тоже будешь получать Божественное извещение и пребывать с мирной душой.

Простота, соединённая с любочестным подвигом и доверием Богу, приносит внутренний мир и радость, и душа исполняется упованием и утешением.

Святая простота
открывает человеку тайны Божии

— Геронда, чтение святых отцов и книжное знание помогают человеку познать Бога?

— Послушай, что я тебе скажу: если человек будет трудиться духовно и придёт в доброе духовное устроение, то некоторые вещи он станет видеть очень чётко и без книжного знания — посредством одного лишь Божественного просвещения. Он будет видеть их даже яснее, чем те, кто прочитал горы книг. Благодаря своей внутренней чистоте такой человек ясно прозревает и вдаль, и вглубь, потому что он покинул мирскую орбиту и вышел на орбиту духовную, в сакральное пространство. Стяжавшие внутреннюю простоту и чистоту даже на сверхъестественные вещи смотрят очень просто — как на естественные. Ведь в Боге всё просто. Сам Он прост и явил это нам, земным, в Своём Сыне, в Его святой простоте. Богу ведь не требуется больше сил на сверхъестественное и меньше на естественное: для всего у Него одна сила.

— Геронда, Вы хотите сказать, что человек, и не читая много духовных книг, может познать тайны Божии?

— Если в нём есть святая простота, то он может не только познать тайны Божии, но и пережить их на опыте. Помните рассказ об очень простом монахе, который удостоился трапезничать вместе со Христом? До того, как стать монахом, он был пастухом, и в жизни его интересовал только один вопрос: как спастись. Как-то через те края проходил пустынник, который сказал ему: «Если хочешь спастись, иди прямым путём». Тот понял эти слова буквально, пошёл по дороге и три дня шёл, никуда не сворачивая, пока не пришёл к воротам монастыря. Игумен, видя рвение пастуха ко спасению, сразу постриг его в монахи и поставил прислуживать в церкви. Однажды он убирался в храме, а игумен, проходя мимо, дал ему некоторые советы относительно работы. Монах, выслушав наставления, спросил настоятеля, указывая на Распятие: «Отче, а кто это там, наверху? Я столько дней здесь живу, а он ни разу не спустился вниз, чтобы поесть или выпить воды». Игумен удивился его простоте и сказал: «Это я его наказал за то, что он плохо делал свою работу». Монах выслушал его и не сказал ни слова. Вечером он взял из трапезной свою порцию еды и заперся в храме. Подошёл к Распятию и с состраданием сказал: «Спускайся, брат, поедим вместе». И тогда Христос сошёл вниз с Распятия, разделил трапезу с простым монахом и пообещал ему, что возьмёт его в дом Своего Отца, где тот будет вечно радоваться. И действительно, спустя несколько дней этот простой монах мирно отошёл ко Господу. Видите, чего удостоился совершенно безграмотный человек за свою великую простоту и чистоту!

Чтобы благодать Божия почивала на человеке, в нём должна быть искренность и чистота. Бог отдаёт Себя людям, освятившим свою простоту. Когда горячей вере и благоговению предшествуют простота и чистота, человек становится соучастником божественных, сверхъестественных событий, даже и не зная никаких наук. Потому что тогда он оказывает гостеприимство Святой Троице, Которая обитает в нём. С помощью Божественного просвещения он легко находит ключи к божественным смыслам и объясняет действия Духа Божия очень просто и естественно, без интеллектуальных головоломок.

Очистив наше лукавое сердце, *из которого исходит всё злое*[8], мы сделаемся чистыми и смиренными сосудами Божественной благодати, и тогда в нас будет почивать Пресвятая Троица.

---

[8] См. Мф. 15:18-19, Мк. 7:21-23.

Я буду молиться о вас, а вы молитесь обо мне, пусть Христос и Пресвятая Богородица помогут очищению наших сердец, да узрим Бога. *Блаже́ни чи́стии се́рдцем, я́ко ти́и Бо́га у́зрят*[9]. Аминь.

---

[9] Мф. 5:8.

ГЛАВА ВТОРАЯ
О ВЕРЕ И УПОВАНИИ НА БОГА

Всё зло сегодня рождается от неверия

— Геронда, мне кажется, что у некоторых людей, не верующих в Бога, есть страстное желание развлекаться, путешествовать, они хотят увидеть весь мир...

— Когда человек не верит в иную жизнь, то он желает посмотреть мир, насладиться в этой жизни тем, другим, третьим... Только вот что он получает в конечном итоге? В нём постоянно зияет какая-то пустота. Но если он уверует в Бога, *познает Бога и сам будет познан Богом*[1], то чувство пустоты пропадёт.

— Геронда, а если бы люди всерьёз задумались о том, что эта жизнь мимолётна, неужели они бы не изменились?

— Смотря кто. Если, к примеру, неверующие точно будут знать, что скоро наступит конец света, то они будут с жадностью предаваться злу и греху, чтобы побольше успеть. А верующие и богобоязненные, наоборот, будут ещё сильнее стараться удержать себя от всяких страстей. «Какой смысл тратить время на пустое? — скажут они. —

---

[1] См. 1 Кор. 13:12. Преподобный Антоний Великий об этом говорит так: «Знает Бога и знаем бывает от Бога тот человек, который старается быть всегда неотлучным от Бога». Добротолюбие. Том I. Наставления святого Антония Великого, 1.164. М.: Издательство Сретенского монастыря, 2010. С. 86.

Лучше позаботимся о душе, постараемся жить более духовно, успеем сотворить ещё хоть кому-то милость».

Всё зло сегодня рождается от неверия. Раньше люди верили в Бога. Даже у самых безразличных в душе жила вера, хотя люди могли быть очень простыми и почти ничего не понимать из того, что слышали в церкви. Некоторые не знали даже, что Евангелий всего четыре, и думали, что их двенадцать, но зато какую они имели веру, какое благоговение! А какое мужество было у девушек-медсестёр! Сколько из них ушли на войну добровольцами! Какие у них были вера и жертвенность, как они помогали людям! А что творится сегодня? Кто-то мне рассказал, как один больной читал «Верую», а медсестра, услышав, набросилась на него с кулаками — думала, что он хочет её сглазить! Символ веры — и то не знают! До чего же мы докатились! Спрашиваешь молодых: «Во что ты веришь?» — «Не знаю, — говорит, — я пока не решил». — «Но хоть родители твои кто по вере?» — «Не знаю, я их не спрашивал». Даже не потрудился узнать, какой веры его отец и мать! Если у человека такое безразличие, чем ему можно помочь?

— Геронда, а ведь в странах, где был тоталитарный режим, положение ещё хуже.

— Да, но сколько мучеников среди тех, кто сохранил свою веру при коммунизме! Один русский эмигрант, живя на чужбине, наконец побывал дома в России, и потом рассказывал: «Ко мне подошла одна бабушка, которая знала меня раньше, и спросила: „А правда, что ты прямо в этом пальто ездишь на Афон?" — „Правда, бабушка, правда, именно в этом и езжу", — ответил я. Тут у неё на глаза навернулись слёзы, она обняла пальто и стала, бедненькая, его целовать, чтобы получить благословение». Видишь: чем жёстче пытаются придавить веру, тем сильнее она становится. Вера — как пружина: чем сильнее её сожмёшь, тем мощнее она распрямится. Тому, кто сжимает пружину, в какой-то момент становится тяжело её удерживать, и она распрямляется со всей своей силой.

Когда вера колеблется

— Геронда, почему многие сначала верили в Бога, а потом потеряли веру?

— Если человек небрежно относится к вопросам веры и забыл про храм Божий, то постепенно он начинает забываться и может стать совершенно бесчувственным, дойти до того, что перестанет вообще во что-либо верить.

— А некоторые говорят, что их вера колеблется от того, что они видят, как страдают невинные люди.

— Даже если бы Бог Сам попалил их всех огнём, всё равно нельзя принимать такой помысел «слева». Надо думать, что всё, что бы ни делал Бог, Он делает по любви. Господь Сам знает, как Ему поступать. И если Он попустил случиться какому-то злу, это значит, что отсюда произойдёт ещё большее добро.

— Геронда, сейчас в школах есть учителя, которые пропагандируют атеизм, и даже верующие дети колеблются.

— Зачем колебаться? Святой великомученице Екатерине было всего девятнадцать лет, когда она заградила уста двум сотням философов той мудростью и знаниями, которые даровал ей Бог. Даже на Западе считают святую Екатерину покровительницей науки. В вопросе верности Православию и в вопросе верности Родине не может быть никаких уступок и соглашательства, человек должен быть непреклонен и твёрд.

— Геронда, раньше я молилась с верой, и Бог исполнял всё, что я просила. А теперь у меня нет такой веры. Чем это объяснить?

— Твоим мирским рационализмом. Мирская логика расшатывает веру. *А́ще и́мате ве́ру и не усомните́ся, вся,* *ели́ка а́ще воспро́сите в моли́тве ве́рующе, прии́мете*², — сказал Господь. Это фундамент. Духовная жизнь переводит нас в область чуда, а там один плюс два не всегда равняется трём. Один плюс два по законам Божественной математики может равняться и пяти тысячам, и одному миллиону!

Необходимы доброе расположение и любочестие. Ведь если у человека нет благого произволения, как он сможет хоть что-то понять? Посмотри: распятие Христово пророки описали в мельчайших деталях, вплоть до того, что станет с Его одеждами³ и что на деньги, полученные за предательство, купят землю горшечника для погребения странников⁴, — но евреи всё равно ничего не поняли. «Беззако́нный же Иу́да не восхоте́ разуме́ти»⁵.

Недоверие и маловерие

— Геронда, почему святой пророк Моисей за крохотную оплошность был лишён возможности войти в Землю обетованную⁶?

— Это была совсем не крохотная оплошность! Это было недоверие Богу. Бог провёл израильтян через Чермное море⁷, извёл им воду из скалы на Синае⁸, питал их манной⁹, явил им столько чудес, а они, когда опять остались без воды, стали роптать. И сам Моисей, когда Бог повелел ему ударить в скалу, чтобы пошла вода, засомневался

---

² Мф. 21:21-22.
³ См. Пс. 21:19 и Ин. 19:24.
⁴ См. Иер. 18:2, 39:9 и Мф. 27:7-9.
⁵ Триодь Постная. Утреня Великой Пятницы. Последование святых и спасительных Страстей Господа нашего Иисуса Христа. Третий антифон.
⁶ См. Числ. 20:1-13, Втор. 32:48-52.
⁷ См. Исх. 14:1-31.
⁸ См. Исх. 15:22-25, 17:1-7.
⁹ См. Исх. 16:1-36.

в Божественной силе. «Неужто из этого камня и вода потечёт?..» — сказал он[10]. За это Бог дал ему такую епитимию: «В наказание ты увидишь Землю обетованную только издалека»[11]. Если бы раньше Бог не извёл для народа чудесным образом воду из скалы, то у Моисея было бы хоть какое-то оправдание. Но после того чуда это его недоверие уже нельзя было оправдать. Поэтому Бог не позволил ему войти в Землю обетованную.

— Геронда, я считаю, что могу исправиться одними лишь собственными усилиями, и поэтому топчусь на месте…

— Да что ты там можешь сделать сама? Пока человек уцепился сам за своё «я», он препятствует тому, чтобы на него излилась милость Божия, топчется на месте, не продвигается вперёд. Если бы у тебя было немного веры, то твоя жизнь изменилась бы почти целиком. А если бы вдобавок к вере у тебя было бы ещё и немного смирения, то ты обрела бы благодать Божию. А пока что ты хромаешь и в вере, и в смирении — вот и топчешься на месте, как калека. Маловерием и несмиренностью ты словно вяжешь Бога по рукам и ногам, и Он не может тебе помочь, так как уважает твою свободу. Проси у Христа веры, как и апостолы просили: *Приложи́ нам ве́ру*[12], и возделывай смирение. Ведь даже если человек верит в Бога, но при этом в нём есть гордыня, то его вера остаётся бездейственной.

Вспомните сотника, о котором говорится в Евангелии. В нём не было гордого помысла, зато какая была вера! *Я недостоин*, — говорил он Христу, — *чтобы Ты вошёл в мой дом, но скажи только одно слово, и выздоровеет*

---

[10] См. Числ. 20:1-13.
[11] См. Втор. 32:48-52.
[12] См. Лк. 17:5.

мой раб. И не позволил Ему приблизиться к своему дому. Потому Христос сказал: *Даже в Израиле не нашёл Я такой веры*[13].

Верующий в Бога ничего не боится

— Геронда, старики говорили, что придёт время, когда у нас будет всё, что душа пожелает, только вот съедобной еды не останется. Сегодня люди сомневаются относительно большинства продуктов, не опасно ли их есть.

— Что тут поделаешь… Загадили и воздух, и землю, и воду — всё вокруг… Но вы не трусьте. Осеняйте свою пищу крестным знамением и не бойтесь. Я знаю людей, которые превращают свою жизнь в сплошную му́ку тем, что всего боятся — несмотря на то что они христиане, крещены, помазаны святым миром, причащаются, читают Евангелие, знают наизусть много духовных цитат. Неужели они не видят, какой силой обладает благодать Божия? *А́ще и что сме́ртно испие́те, не вреди́т вы*[14], — сказал Христос, и ещё: — *Се даю́ вам власть наступа́ти на змию́ и на скорпи́ю и на всю си́лу вра́жию, и ничесо́же вас вреди́т*[15].

Если в человеке пребывает благодать Божия, он ничего не боится. Поэтому будем всегда стремиться получить благодать Божию, совершая крестное знамение. Помните случай, о котором говорится в «Лавса́ике»? Один монах пошёл набрать воды из колодца и, увидев там а́спида[16], в ужасе убежал, так и не набрав воды. «Пропали мы, авва, — воскликнул он, прибежав к старцу, — у нас в колодце

---

[13] См. Мф. 8:5-10.
[14] См. Мк. 16:18.
[15] См. Лк. 10:19.
[16] *А́спиды* — большое семейство ядовитых змей, включающее почти 350 видов, в которое входят гадюки, эфы и кобры.

змея плавает!» — «Допустим, — ответил старец. — А если во всех колодцах будут ядовитые змеи, что ты станешь делать? Умрёшь от жажды?» Старец пошёл, перекрестил колодец, набрал воды и выпил, сказав: «Где крест, там ничего не может злоба сатаны»[17].

— Геронда, а я всё равно чего-то боюсь.

— Твой страх — это благословение Божие. Так промыслительно устраивает Бог для того, чтобы ты постоянно прибегала к Нему в молитве. Эта боязливость поможет тебе ухватиться за Бога. Смотри, ведь пока маленького шалопая не припугнёшь, он не может собраться, не может сконцентрироваться. Подвизайся с любочестием, с надеждой на Бога, и тогда ты не будешь ничего бояться. Разве мы не поём на великом повечерии: *Стра́ха же ва́шего не убои́мся, ниже́ смути́мся: я́ко с на́ми Бог*[18]?

«Предзре́х Го́спода пре́до мно́ю вы́ну»

— Геронда, какого рода был тот страх, который почувствовал пророк Даниил, когда увидел ангела Божия[19]?

— Пророк пришёл в великое духовное напряжение, его охватил трепет, священный трепет. Даниил пал ниц, чтобы поклониться ангелу, но тот поднял его и сказал: *Встань, Даниил, и не бойся, ибо Бог услышал твою молитву*[20].

Страх Божий — это глубокая почтительность, горячее благоговение, звенящее духовное напряжение, происходящее от великой любви к Богу. В присутствии высокого начальника мы испытываем внутреннее напряжение и

---

[17] *Палладий, еп. Еленопольский.* Лавсаик. О Дорофее. М.: Московское подворье Свято-Троицкой Сергиевой Лавры, 2003. С. 15.
[18] См. Ис. 8:12.
[19] См. Дан. 10:4-12.
[20] См. Дан. 10:11-12.

скованность — такое же чувство постоянно носит в себе человек, имеющий страх Божий: где бы он ни оказался, он повсюду чувствует присутствие Божие. Не сказано ли: «Предстоя́ще со стра́хом херуви́ми»[21]? Такое напряжение и страх заключают в себе мир и радость, они не мучают человека. *Рабо́тайте Го́сподеви со стра́хом и ра́дуйтеся Ему с тре́петом*[22], — призывает псалмопевец.

— Геронда, какая связь между чистой совестью и страхом Божиим?

— Если у человека нет страха Божия, то о какой совести можно вообще говорить? Если нет страха Божия, человек может легко попрать свою совесть, и тогда он перестаёт быть человеком.

— Геронда, если я благодарна какому-то человеку, то готова сделать для него всё, чего бы он ни попросил. Но я расстраиваюсь, что у меня нет такой же благодарности к Богу за Его благодеяния.

— Всё же в тебе есть благодарность Богу, но ей не хватает окрылённости. Ты испытываешь к людям бо́льшую благодарность, потому что видишь: они рядом с тобой. Теперь надо духовно поработать над собой, чтобы увидеть, что рядом с тобой Бог. Если ты будешь ощущать близкое присутствие Божие, то будешь чувствовать и великую благодарность к Нему. Сейчас ты читаешь молитву «Отче наш», но при этом ничего не чувствуешь. Но если бы ты на самом деле осознавала, что Бог — твой Отец, ты не смогла бы оставаться бесчувственной, произнося эти слова.

Человек должен жить с постоянным чувством присутствия Божия. Когда человек ощущает присутствие Бога, ангелов и святых, это не позволяет ему соскочить

---

[21] Ирмологий. Песни троичны, глас 6.
[22] Пс. 2:11.

с верного пути. *Предзре́х Го́спода пре́до мно́ю вы́ну, да не подви́жуся*²³, — говорит пророк Давид. Если мы совершаем какое-то дело с чувством, что Бог нас видит и наблюдает за нами, то можем быть уверены, что в итоге получится надёжно и прочно.

— Геронда, как рассудочную мысль о присутствии Бога превратить в сердечное чувство — так, чтобы познать Бога?

— Для этого нам надо очистить своё сердце. Когда сердце очистится, Бог придёт в него, и так мы Его познаем. Стало быть, начинать надо с любочестного подвига и любочестного отношения к делу. В результате всего этого и приходит сердечное чувство Бога.

Упование на Бога и доверие Ему — это самая лучшая страховка

— Геронда, я ещё ко всему подхожу по-человечески, а не духовно, и от этого чувствую беспокойство.

— Для тебя собственные планы имеют больший приоритет, чем планы Божии, и страдаешь ты именно из-за этого. А ведь доверившись Богу и смирившись перед Ним, можно решить все проблемы. Делай то, что в твоих силах, а далее вверяй себя Промыслу Божию и Его святой воле. Упование на Бога — это сильная, решительная вера. Для человека упование на Бога — это самая лучшая страховка.

Думаете, заполучить Бога в союзники — это пустяк? Помню, как перед уходом в армию я молился святой великомученице Варваре, прося её помощи. Я особо почитал эту святую, потому что с детства ходил молиться в храм, освящённый в её честь. «Пусть я подвергнусь на войне опасности, — просил я, — только бы мне никого не убить!» И вот посмотрите, как удивительно всё устроил

---

[23] См. Пс. 15:8.

Благой Бог! Тех, кто был образованнее меня, отправили на передовую простыми пехотинцами, а меня с моим начальным образованием взяли радистом. Сослуживцы говорили: «Да у тебя, видать, хорошие связи!» — «Да какие там связи? — отговаривался я. — У меня в армии никого из знакомых-то нет». — «Ладно, хватит врать. Выкладывай, кто у тебя из знакомых в Генеральном штабе!» Вот прицепились: «кто» да «кто», пришлось им так отвечать: «Христос у меня в Генштабе!..» За всю войну я так и не стрелял ни в кого ни разу.

— Геронда, за счёт чего душа становится более выносливой?

— За счёт надежды на Бога и доверия Ему. Они наделяют человека огромной силой. Нужно без остатка довериться Богу и на любое испытание смотреть как на дар, ниспосланный нам любовью Божией. Человек, всецело доверяющий Богу, радуется всему: будь он болен, голоден или несправедливо обижен. В общем, какая бы беда с ним ни приключилась, он всегда верит, что это всё попущено Богом, он всегда надеется на Бога и всегда пребывает в безопасности, находясь в надёжном пристанище упования на Бога.

Без правой веры не может быть истинной любви

— Геронда, Вы нам говорили, что сначала должна быть вера, а уже потом приходит любовь к Богу.

— Смотрите: чтобы возлюбить Бога, нужно в Него уверовать. Сила нашей любви к Богу соответствует глубине нашей веры. Хотя помысел мне говорит, что у любочестного человека любовь к Богу предшествует вере, а не наоборот. Просить у Бога сначала открыться тебе, чтобы ты смог в Него уверовать, а уверовав, возлюбить, — это как-то мелковато. Сначала — моя любочестная любовь к Богу, а уже потом — Его Божественное действие. И чем больше я вижу благодеяний Божиих, тем больше увеличивается моя вера и любовь к Богу, и тем сильнее я люблю людей, так как они — образ Божий, и всех животных и птиц, и всё творение, потому что оно создано Богом.

— Геронда, а может ли человек иметь любовь, не имея правой веры?

— Тебе может казаться, что ты имеешь любовь, а на самом деле её у тебя нет. Только в правом, православном вероучении можно обрести подлинную любовь. Как-то раз ко мне в келью пришли два католика: один — журналист, другой — секретарь из Ватикана. «Давайте перед беседой вместе прочитаем „Отче наш"», — предложили они. «Чтобы вместе прочитать „Отче наш", — ответил я, — нужно иметь согласие в вероучении, но между нами и вами *великая пропасть*[24]». — «Предположим, — говорит один из них. — Но неужели, по-Вашему, только православные спасутся? Ведь Бог пребывает со всеми людьми». — «Правильно, — отвечаю я ему, — со всеми. Только вот можешь ли ты мне мне ответить, сколько людей пребывает с Богом?» — «Так проявим же любовь», — говорят католики. «Сегодня все говорят о любви, мире и согласии, но пребывают в разладе с самими собой и с окружающими, поэтому изобретают всё более мощные бомбы», — ответил я им, и на этом беседа закончилась.

Многие из тех, кто говорит о мире и единении, сами не пребывают в единении с Богом, потому что не возлюбили Его и нет в них истинной любви. Истинная любовь — у того, кто имеет правую веру и живёт с Богом. Бог живописует Себя на лице такого человека, и люди, взирая на него, видят лик Самого Бога.

---

[24] См. Лк. 16:26.

Молитвенно желаю, чтобы Бог просветил всех людей, наших братьев по плоти — через Адама и Еву, чтобы они *пришли в разум истины*[25] и стали нашими братьями и по духу. Аминь.

---

[25] См. 1 Тим. 2:4.

ГЛАВА ТРЕТЬЯ
О СПАСИТЕЛЬНОМ ТЕРПЕНИИ

«Блаже́н муж, и́же претерпи́т искуше́ние»

— Геронда, что делать, если тебя постигло искушение или великое испытание?

— Что делать? Терпеть. Терпение — это самое сильное лекарство, которое лечит тяжкие беды, затянувшиеся на много лет. Большинство испытаний можно перенести только имея терпение. Великое терпение решает самые запутанные жизненные задачи и приводит к божественному итогу: сложную ситуацию, из которой ты не видел никакого выхода, Бог разрешает наилучшим образом.

Знайте, что Богу благоугодно, когда человек переносит испытания, терпя их безропотно и прославляя Его святое имя. *Блаже́н муж, и́же претерпи́т искуше́ние*[1], — говорит святой апостол Иаков. Поэтому будем молиться, чтобы Благой Бог дал нам терпение, и будем всё терпеть без ропота, со славословием.

Наша жизнь в этом мире — непрестанный подвиг, но у каждого — свой подвиг. Поразмыслите над тем, что́ пришлось испытать Христу во время Его земной жизни. Какие нападки Ему приходилось терпеть от евреев — а

---

[1] Иак. 1:12.

Он им ничего не отвечал! А каким терпением отличался апостол Павел! Хотя он имел извещение от Бога, что ему надлежит быть в Риме[2], он два года просидел в темнице, потому что правитель откладывал суд[3]. Вспомните и о том, что пришлось испытать святому Иоанну Богослову: за краткий ропот он пережил кораблекрушение посреди моря[4]. Видите, Бог попускает, что святые люди терпят искушения и за малые проступки. Так Он поступает для того, чтобы у нас перед глазами был добрый пример и мы научились встречать искушения с терпением, с молитвой и даже с радостью.

Чтобы терпеть другого человека, нужно его любить

— Геронда, как приобрести терпение?

— Фундамент для терпения — любовь. *Любы́ вся терпи́т*[5], — говорит апостол. Чтобы терпеть сочеловека, нужно его любить, сострадать ему. Если никакой боли за ближнего ты не чувствуешь, то тебе с ним тяжко.

— Геронда, допустимо ли сказать о том, что мне трудно на послушании, или лучше промолчать?

— Если по любви потерпишь и не станешь говорить, что тебе, мол, трудно, и тем самым не поставишь других в затруднительное положение, то сохранишь мир в своей душе. Эти тяготы принесут тебе благословение Божие.

---

[2] См. Деян. 23:11.
[3] См. Деян. 24:26–27.
[4] Житие святого апостола Иоанна Богослова повествует, что когда ему выпал жребий проповедовать Евангелие в суровой и языческой Малой Азии, он поддался малодушию и до слёз опечалился, однако тут же покаялся. Господь открыл святому, что его ждёт кораблекрушение и сорокадневное пребывание среди бури и волн, дабы апостол научился возлагать всё упование на Бога. См. Житие и хождение Иоанна Богослова. СПб., 1878. Л. 3–9.
[5] См. 1 Кор. 13:4–7.

Лучше пусть тебе будет трудно, чем сёстрам — трудно из-за тебя. Однажды я поздно вечером возвращался в келью с крестного хода из монастыря Кутлумуш, утомлённый и с сильными болями в пояснице. Подхожу к келье и вижу, что меня дожидается пожилой паломник лет восьмидесяти пяти, который надеялся у меня переночевать. Свой чемодан он оставил внизу, у мостика, потому что сам не мог его дотащить. Я ему объяснил, что ночевать у меня негде, взвалил на плечи его чемодан и отвёл в гостиницу, до которой нужно было подниматься по дороге примерно полчаса, и на всякие расходы дал ему ещё и пятьсот драхм. Пришлось немножко потерпеть, зато потом я чувствовал утешение, поскольку утешил ближнего, как мог.

— Геронда, когда сестра, с которой мы вместе работаем на послушании, ходит мрачная, я её жалею и терплю. В этом случае я поступаю с любовью?

— Ты ведь не знаешь — а вдруг причиной её подавленного состояния стала ты сама? Может быть, это ей приходится тебя терпеть? Если ты считаешь, что твоё духовное состояние лучше, чем у неё, и поэтому ты должна её терпеть, тогда сожаления заслуживаешь ты сама. Тот, кто по-настоящему любит и терпит, оправдывает другого и обвиняет только себя. «Боже мой, — говорит он, — это я виноват! Но ты не принимай меня в расчёт, отложи заботу обо мне на потом, главное — помоги другому». Вот такое отношение будет верным, в нём видно глубокое смирение, и в ответ человек получит обильную благодать Божию. Буду молиться, чтобы ты стала духовным скѝмном[6], похожим на тех бронзовых львов, которые лежат в основаниях церковных подсвечников: они не возмущаются, не слышат и не говорят, а просто несут на своих плечах великую тяжесть. Аминь.

---

[6] *Скѝмен* (ц.-сл.) — молодой лев.

Христос утвердил человеческое спасение на терпении

Небольшим терпением, которое человек проявит в трудный момент, он может стяжать Божественную благодать. Христос не дал нам другого пути ко спасению, кроме терпения. Человеческое спасение Он утвердил на терпении. Помните в точности, как Он сказал? *Претерпе́вый до конца́, той спасе́н бу́дет*[7]. Не сказал же Он, например: «Претерпевый до конца лета…» До конца лета, конечно, всякий готов потерпеть. А вот до самого конца жизни потерпеть?.. Будем внимательно следить за тем, чтобы не потерять терпения, дабы в конце не потерять свою душу. *В терпе́нии ва́шем стяжи́те ду́ши ва́ша*[8], — говорится в Евангелии.

Я слышал о терпении одной женщины, которая не только небесного воздаяния удостоилась, но и ещё в этой жизни была вознаграждена от Бога за терпение *стори́цею*[9]. Она была замужем за врачом, и у них было трое детей. Её муж врачом был очень хорошим, а человеком — не очень. К сожалению, он был одержим плотскими страстями, разрушал не только свою, но и чужие семьи. В свою клинику он брал на работу молодых девушек, которые интересовали его не только как медсёстры. Одна из таких медсестёр, словно клин, вошла между супругами и добилась того, что он выгнал законную жену с тремя детьми на улицу, а сама стала незаконно сожительствовать с врачом в его доме. Мать с тремя детьми вынуждена была вернуться в дом к своим родителям и работать, чтобы содержать себя и детей. Конечно, она много молилась и переносила всё с большим терпением. Незаконная жена

---

[7] См. Мф. 10:22, Мк. 13:13.
[8] Лк. 21:19.
[9] См. Мф. 19:29, Мк. 10:30.

родила врачу ещё троих детей. Но что тут произошло? Как только родился третий ребёнок, врач переключился на шестнадцатилетнюю девицу, тоже принятую им на работу, и выгнал из дома свою сожительницу с тремя детьми. Видите, как действуют духовные законы: так она заплатила сполна за свой нехороший поступок и испытала такую же боль, которую причинила законной жене. Вскоре врач заболел и лежал дома, прикованный к постели. Эта совсем молодая девица некоторое время оставалась рядом с ним (пока у него были деньги), но жизнь вела беспорядочную. Собирала в доме друзей на вечеринки, оправдываясь тем, что не может сама пойти гулять по клубам и барам, так как должна ухаживать за больным. Врач сильно её ревновал и постоянно страдал, видя её непутёвую жизнь. В конце концов, когда у него закончились деньги, она его бросила. Его законная супруга, узнав о тяжёлом положении своего бывшего мужа, пришла к нему на помощь. Она ухаживала за ним и вела хозяйство на собственные деньги и с помощью детей, которые к тому времени уже выросли и сами зарабатывали. Незаконная жена, которую врач когда-то тоже выгнал, не только не стала ему помогать, но даже слышать о нём не хотела. Только венчанная жена поддержала его в беде. В конце концов врач захотел исповедоваться и остаток жизни провёл в покаянии. Благой Бог, видя доброе старание этой верной супруги, то, как она столько лет терпела, жила чисто, усердно работала, а потом содержала мужа, который с ней так жестоко и низко поступил, — наградил её. Знаете, что произошло? В Америке умер богатый родственник её мужа, и они унаследовали от него большое состояние. В итоге всё это состояние досталось доброй жене и матери, и она смогла хорошо устроить детей в жизни, помочь многим бедным людям и сама прожила остаток дней в достатке. Хотя и раньше — в бедности —

всё равно была богатым человеком, потому что обладала душевным богатством. Ведь душевное богатство — это главное.

Зимой мы терпим в надежде, что придёт весна

— Геронда, я вижу, что духовно никак не продвигаюсь, и от этого расстраиваюсь.

— Вот посадил человек виноград. Виноград ещё не успел как следует корни пустить, а человек уже пришёл, собираясь срезáть грозди, давить вино, пить его, веселиться и праздновать. Так и ты — посадила одну лозу и хочешь сразу пить вино. Так не бывает. Нельзя сегодня посадить виноград, а завтра пить вино. Через год, может быть, тебе и удастся снять две-три грозди. Через два соберёшь корзинку винограда, а через пять будешь пить и вино. Если хочешь насладиться духовными плодами, подвизайся и терпеливо жди.

— Я, геронда, не привыкла ждать и потому очень легко теряю терпение.

— Нужно терпение и рассуждение. Нередко случается, что человек готов ждать час или два, пока еда приготовится, а потом не может потерпеть две минутки, пока она чуть остынет в его тарелке, сразу начинает глотать и обжигается… Когда я вернусь на Афон, вышлю тебе икону святой Терпéны[10]. Мне прислали три иконы: две — с ликами преподобных, и одну — мученицы Терпены. Преподобных я уже раздал в благословение, а святую Терпену пока оставил себе.

---

[10] Святая мученица Ипомóна (от греч. ὑπομονή — терпение) в некоторых славянских месяцесловах именуется Терпéной.

— Геронда, а Вы мне не привезли какое-нибудь «лекарственное растение»[11] с Афона?

— В это время в уделе Божией Матери нет «лекарственных трав»… Должна прийти весна. А чтобы пришла весна, нужно немножко потерпеть, пока пройдёт зима. Стало быть, для тебя сейчас терпение — это самое лекарственное из всех растений.

— Геронда, я чувствую, что в моём сердце духовная зима.

— Хочешь, чтобы там наступила весна, повеяло теплом, всё зацвело и начало приносить плоды — плоды добродетели? Тогда ты должна радоваться и зиме и лету, потому что и то и другое дано нам во благо. Мы терпеливо пережидаем духовную зиму, а терпение рождается от надежды на духовную весну. Потом, летом, мы поймём, какие блага даровала нам зима: она наполнила водоёмы водой и убила морозом все микробы.

Благой Бог всё премудро устроил ради нашего спасения и заботится о нас, как любящий Отец. От нас требуется лишь немного терпения.

---

[11] «Лекарственным растением» сестра называет слово духовного наставления, имея в виду письмо преподобного старца Паисия «Духовные лекарственные травы», которое он прислал в монастырь 13 января 1971 года. См. *Старец Паисий Святогорец*. Письма. Письмо третье. Свято-Троицкая Сергиева Лавра, 2001. С. 150–162.

ГЛАВА ЧЕТВЁРТАЯ
О ДУХОВНОЙ РАДОСТИ

Богородица принесла радость в мир

— Геронда, Вы можете нам спеть мегалина́рий[1], которое Вы написали в честь Божией Матери[2]?
— Давайте споём его вместе на третий глас. «Обрела́ еси́ мно́гую благода́ть у Бо́га, Ма́ти Влады́чня многоблагода́тная, вои́стину облагода́тствованная, я́ко Гаврии́л возопи́, о Цари́це а́нгелов, охраня́й рабы́ Твоя́». А теперь послушай и богословие: Богородица — одновременно и Дева и Матерь, и Раба и Царица, Царица всего мира. Может ли человеческий ум вместить эти истины? Благовещение — это событие сверхъестественное, оно выше разума. Пусть Божия Матерь даст тебе радость Благовещения, а архангел Гавриил тебя благословит на духовное преуспеяние. Аминь.

---

[1] *Мегалина́рии* — песнопения, исполняемые на молебном каноне сразу после «Достойно есть», например «Вы́шшую Небе́с и чи́стшую све́тлостей со́лнечных...». В греческой практике распространены намного шире, чем в русской.
[2] Преподобный Паисий написал этот мегалинарий и прислал его в монастырь ко дню ангела сестры по имени Панаги́я, чтобы она пела его в своей келье. — *Прим. греч. изд.*

— Геронда, в одном тропаре поётся: «Ра́дуйся, Е́вы ра́досте, и́бо о́ныя печа́ль Рождество́м Твои́м преста́, Чи́стая»[3].

— Каких бы похвальных слов ни сочинили люди в честь Божией Матери, не смогут выразить Её величия. Пресвятая Богородица Своим послушанием вновь открыла нам рай, который был заперт от нас преслушанием Евы. Ева разорвала связь, которая соединяла нас с Богом, и принесла в мир горе и боль[4]. Божия Матерь восстановила эту связь и принесла в мир райскую радость. Она соединила нас с Богом, ведь Христос — Богочеловек.

Архангел Гавриил принёс в мир радостную весть, что люди, благодаря Божией Матери, *обрели благодать у Бога*[5]. Радуется Всесвятая, потому что воплотилось Слово Божие и освободило нас от греха. Радуемся и мы, потому что Она нас выручила и избавила от позора. Поэтому мы поём на Рождество, что пустыня приносит Христу ясли, а мы, люди, — Матерь Его, Богородицу[6].

Где Христос — там истинная радость

— Геронда, иногда у меня не получается радоваться, и тогда я думаю: «Может быть, радость — это не для меня?»

— Ты что такое говоришь?! Как так радость не для тебя? А для кого? Для тангалашки? Собираешься ходить мрачной на радость тангалашке? Совсем, что ли, с ума сошла? Радость не для тангалашки, а для человека! Бог принёс не печаль, Он принёс только радость.

---

[3] Триодь Постная. Понедельник третьей седмицы. Второй канон на утрене, песнь первая, богородичен.
[4] См. Быт. 3:16.
[5] См. Лк. 1:30.
[6] См. Минея, 25 декабря. Четвёртая стихира на литии.

— Но тогда почему, геронда, я не всегда чувствую внутри радость?

— Как ты почувствуешь радость Божию, если твой ум не в Боге? Ты забываешь о Христе, твой ум постоянно занят работой, всякими моторами и генераторами, от этого твой собственный духовный двигатель глохнет. Переключи рычаг в положение «молитва Иисусова» или «тихое песнопение», тогда полетишь вперёд, выйдешь на орбиту и будешь вращаться возле Христа.

Только возле Христа человек обретает подлинную, чистую радость, потому что только Христос даёт истинную радость и утешение. Где Христос — там истинная радость и райское ликование. Те, кто пребывает вдали от Христа, не имеют истинной радости. Они могут быть в плену у своих грёз: «Вот я сделаю то-то и то-то, съезжу туда или сюда», им могут оказывать почести, они могут предаваться развлечениям и увеселениям, но это веселье никогда даст их душам ощущение полноты. Эта радость чувственная, она мирская, а такая радость не насыщает душу, в сердце всегда остаётся ощущение пустоты. Помнишь, как говорил Соломон? *Я построил дома, посадил виноградники, разбил сады, собрал золото, приобрёл всё, чего желало моё сердце, но в конце понял, что всё это — суета*[7].

Мирская радость даёт нечто кратковременное, то, что приятно здесь и сейчас, но она не может дать того, что приносит радость духовная. А вот духовная радость — это райская жизнь. Те, кто взошли на Крест и воскресли духовно, живут в пасхальной радости. «Па́сха, Госпо́дня Па́сха»[8]! А потом приходит Пятидесятница! А когда человек дойдёт до Пятидесятницы и на него сойдёт огненный

---

[7] См. Еккл. 2:4-11.
[8] Ирмос первой песни канона Святой Пасхи.

язык, Святой Дух, то человек уже входит в Царствие Небесное, а всё земное остаётся позади[9].

Духовная радость приходит в сердце, согретое внутренним деланием

— Геронда, расскажите нам о небесной радости.

— Небесная радость и небесные наслаждения, которые может испытать человек ещё в этой жизни, таковы, что человек задаётся вопросом, может ли в другой жизни быть что-то выше того, что он переживает здесь. Эту радость нельзя выразить словами, её можно только пережить.

— Как можно достичь такого состояния?

— Хочешь, чтобы радость тебя переполняла через край и ты не могла бы ни вместить её, ни языком выразить? Тогда обрати внимание на три вещи: веди себя просто, ни о ком не любопытствуй, твори молитву Иисусову. Если будешь так поступать, то придёт время, когда ты почувствуешь такую радость, что прибежишь ко мне со словами: «Дедуля, я сошла с ума! Может, я головой повредилась? Что это за чувство, которое меня охватило?» Такая у тебя будет сумасшедшая радость!

— Геронда, чтобы человек ощущал духовную радость, он должен находиться в добром устроении?

— А как ты сама считаешь, когда человек испытывает духовную радость? Когда у него внутри неустроенность и беспорядок? Нет, внутренняя радость приходит после того, как будет наведён внутри порядок, и, придя, окрыляет душу. Пока душа не согрета внутренним деланием,

---

[9] Эти слова преподобного Паисия выражают конечную цель духовного подвига всякого верующего, которая состоит в стяжании Святого Духа. Когда человек становится причастником боготворящей благодати Святого Духа, тогда он уже достигает состояния обо́жения, которое есть «бесконечное совершенство». — *Прим. греч. изд.*

она похожа на машину с промёрзшим двигателем, которую нужно заводить «с толкача». А внутреннее делание: бодрствование, внимание к помыслам, чтение духовных книг и молитва Иисусова — согревает душу, двигатель заводится, и машина бежит вперёд. Тогда человек перестаёт обращать внимание на внешнее и духовно продвигается семимильными шагами.

— И тогда, геронда, даже духовно неблагоприятная обстановка не вредит человеку?

— Нет, не вредит, потому что он обитает в другом мире, вне этой среды. И так как он живёт в ином мире, то мир этот уже не причиняет ему беспокойства. Люди вокруг него словно говорят на другом языке, которого человек не знает, поэтому и не понимает, что́ они говорят. И хорошо, что не понимает совсем ничего из этих разговоров — иначе его внимание отвлекалось бы на их слова. А теперь он полностью поглощён языком, который открылся для него и стал ему родным.

Так начинается духовное окрыление и воспарение. Знаете, что такое внутренняя окрылённость? Ну-ка, какой ангельский чин имеет крылья? Херувимы или серафимы? Кто из них, по свидетельству пророка Исаии, является *шестикры́лым*[10]?

— Серафимы, геронда.

— А знаете, что делают серафимы? Бьют крылами вместе, в такт. Сходным образом отбивает такт и сердце, сподобившееся внутреннего окрыления, — и жизнь превращается в торжество. Но вы ещё привязаны к себе, не освободились от своего «я», потому и в сердце есть ещё несвобода, и не может оно прийти в состояние радостного трепета. Эх, дорогие вы мои, чтобы нам об этой радости разговаривать, вам сперва надо её вкусить!

---

[10] См. Ис. 6:2.

*Божественная радость приходит,
когда ты отдаёшь себя другим*

— Геронда, всякий ли человек, который живёт по Богу, испытывает духовную радость?

— Конечно. Чтобы человек радовался по-настоящему, то есть духовно, он должен любить. А чтобы любить, он должен верить. Люди не верят — поэтому не любят, не жертвуют собой и не радуются. Если бы верили, то любили бы, жертвовали бы собой ради других и их бы наполняла радость. Самая сильная радость рождается из жертвенности.

— Я правильно понимаю: радуешься и любишь?

— Нет, неправильно. Правильно будет так: любишь и радуешься. Когда любовь умножается, тогда уже стремишься не к собственной радости, а к тому, чтобы радовались другие.

— Геронда, значит, радость рождается от чего-то, а любовь существует сама по себе?

— Так оно и есть. Любовь существует сама по себе, в то время как радость проистекает из любви. Когда отдаёшь любовь, тогда приходит радость. Человек дарит любовь и получает радость как некую награду. Вот смотрите: человеку дают какую-то вещь, он принимает подарок и радуется одной этой штучке, а другой человек отдаёт всё-всё, и его радость не штучная, а всеохватывающая. Радость, которую испытываешь, принимая дар, — это человеческая радость, а радость от того, что ты сам отдаёшь, — святая, божественная. Божественная радость приходит от самоотдачи.

Духовная радость — это дар Божий

— Геронда, как человек получает извещение о своём примирении с Богом?

— Внутренняя радость и Божественное утешение, которые человек ощущает, — вот извещение о том, что человек примирился с Богом.

— А может ли быть такое, что чувство примирения с Богом не сопровождается ни радостью, ни Божественным утешением?

— Нет, так не бывает. Какое-то утешение будет обязательно. Но бывает, что человек в какой-то момент испытывает сильное Божественное утешение, а потом его действие становится слабее — и человеку кажется, что оно совсем ушло.

— Геронда, почему иногда бывает так, что находишься в добром духовном состоянии и на сердце радостно, а потом вдруг эта радость теряется?

— Вот послал тебе Бог духовную радость — ты и радуешься. А вот отнял Он её — и ты взыскуешь её, прилагаешь подвиги к подвигам и быстрее возрастаешь духовно.

— Геронда, отчего мне сейчас так радостно? Может, у меня нет осознания своей греховности?

— Да нет же, благословенная душа! Это Бог хочет порадовать тебя и угощает шоколадкой. Пока ты ещё маленькая, Он будет угощать тебя шоколадками, а когда повзрослеешь духовно — райским вином! Знаешь, какое сладкое вино пьют в раю? Сказочное! Если Бог видит в человеке хоть чуть-чуть любочестия, хоть немножко благого произволения, то щедро подаёт Свою благодать, пьянит Своим вином уже в этой жизни. Когда человека посещает Божественная благодать, то с ним происходит такое духовное изменение и такое взыграние сердца, что в изумление пришёл бы даже самый опытный на свете кардиолог. Постарайся удерживать посетившую тебя радость как можно дольше.

— А должны ли мы просить у Бога, чтобы Он подавал нам духовную радость?

— Просить духовной радости — это как-то мелковато… Она приходит сама, когда для этого есть предпосылки. А если ты хочешь постоянно радоваться, то в таком желании есть самолюбие. Христос пришёл в мир, чтобы по любви принять Крест, — и был распят. А воскресение последовало уже после.

Чада Божии трудятся не ради небесной зарплаты и не с целью получить духовную радость в этой жизни. Детям ведь причитается не какая-то зарплата от Отца, им принадлежит всё Его богатство. Несколько иное дело — Божественные дары, которые Бог, как Благой Отец, раздаёт Сам, кому хочет, как в этой жизни, так и в будущей.

Духовная боль — это и есть духовная радость

— Геронда, как человек может удержать в себе радость?

— Если он ко всему относится духовно. Тогда даже болезни и испытания не отнимают у него радости.

— Разве человек не должен сначала избавиться от страстей для того, чтобы относиться к испытаниям духовно?

— Если человек и не избавился от страстей, то всё равно может чувствовать радость, когда его постигают испытания и огорчения. Если он будет думать, что эти огорчения — лекарство от страстей, тогда примет их с радостью, как больной принимает с радостью горькое лекарство в надежде, что оно его вылечит от болезни.

— Геронда, но как увязать между собой радость и боль?

— В духовной жизни есть такой парадокс: когда человек терпит какие-то страдания, малые или великие, ради любви Христовой, его сердце наполняется Божественным наслаждением. То же самое происходит, когда он соучаствует в Страстях Господа: чем сильнее он проникается мыслью о том, что Христос распялся за наши грехи, и чем больше болезнует, тем богаче вознаграждается

Божественным ликованием. Он терпит боль и ликует, снова терпит боль и снова ликует. Вдобавок чем сильнее его боль, тем большую радость он испытывает. Он ощущает, словно Христос его ласково гладит по голове и говорит: «Маленький ты Мой, не терзайся ты так из-за Меня».

Одна сестра говорила: «Я хочу не радоваться, а терзаться печалью о Христе. Христос распялся за меня — как же я могу радоваться? Зачем Христос мне даёт радость?» Она переживала духовные состояния, и чем больше душой сострадала Страстям Христовым и любочестно печалилась, тем больше радости подавал ей Христос. Она стала сумасшедшей — духовно сумасшедшей!

Распятие всегда предшествует воскресению и приводит к победе. Крест ведёт к славе. После того как Христос взошёл на Голгофу с Крестом и был распят, Он взошёл к Отцу. Распятый Христос услаждает горечь людей, а распятый человек подражает Богочеловеку Иисусу.

Благой Иисус вместе с грехами всего мира принял на Себя и все его горести, а нам оставил радость и ликование, которые ощущает тот, кто совлёкся своего ветхого человека. В таких людях уже живёт Христос, они ещё на земле ощущают, хоть и не в полной мере, райскую радость, по слову Евангелия: *Ца́рствие Бо́жие вну́трь вас есть*[11]. Благодарю Бога, что Он удостоил меня знать многих таких людей, и прошу Его о том, чтобы Он мне помог и я перестал бы Его огорчать. А достигну ли я райской радости — это уж как Он Сам соблаговолит.

Желаю вам всегда в этой жизни иметь духовную радость, а в другой, вечной жизни — радоваться непрестанно рядом со Христом. Аминь.

---

[11] Лк. 17:21.

ГЛАВА ПЯТАЯ
О ТОМ, ЧТО РАССУЖДЕНИЕ — ЭТО ВЕНЕЦ ДОБРОДЕТЕЛЕЙ

Наша рассудительность напрямую зависит от нашего духовного состояния

— Геронда, почему святые отцы говорят, что добродетель рассуждения «выше всех добродетелей»[1]?

— Рассуждение — не просто добродетель. Рассуждение — это корона, венец добродетелей. Наша рассудительность напрямую зависит от нашего духовного состояния и качества наших добродетелей. Если наши добродетели картонные, то такой же игрушечной будет и корона, их венчающая, то есть наше рассуждение. Если добродетели бронзовые, то корона тоже будет сделана из бронзы. Если же наши добродетели из золота, то и венец их, рассуждение, тоже будет золотым. А уж если наши добродетели украшены бриллиантами, ими же будет украшено и наше рассуждение.

— Геронда, так что же это такое — рассуждение?

— Рассуждение — это духовное зрение. А духовным зрением обладает тот, у кого ум очищен, и поэтому он

---

[1] «В добродетелях всегда надо упражняться с рассудительностью, которая выше всех добродетелей, как бы некая царица и добродетель добродетелей». *Ефрем Сирин, прп.* О добротелях и страстях // Добротолюбие. В 5 т. Т. 2. М.: Издательство Сретенского монастыря, 2010. С. 364.

имеет духовную зоркость и получает Божественное просвещение.

— Геронда, преподобный Иоанн Лествичник говорит: «Двумя очами мы видим телесное, а рассуждением видим духовное»[2].

— Так оно и есть. Ведь если наши глаза здоровы, то и видим мы хорошо. А если они слабы или больны, мы видим плохо. Острота нашего зрения зависит от здоровья глаз. То же самое происходит и в духовной жизни. От того, насколько мы здоровы духовно, зависит и наше духовное зрение, рассуждение.

— Геронда, как открываются душевные очи?

— Разве Христос не при помощи грязи отверз очи слепому?[3] Чтобы открылись очи нашей души, мы должны очистить себя от греховной грязи. Не сказано ли: «Ти́ну бо оттря́с очесе́ у́мнаго»[4]? Если мы не отречёмся своего «я» и не освободимся от своего ветхого человека, но в нас будут оставаться самолюбие, эгоизм и человекоугодие, то духовной зоркости у нас не будет.

Чем больше человек преуспевает в духовной жизни, тем лучше видят очи его души. Ум очищается, человек начинает яснее замечать как собственные недостатки, так и многочисленные благодеяния Божии, смиряется, внутренне сокрушается. К такому человеку, конечно же, приходит благодать Божия, Божественное просвещение, и он приобретает рассуждение. Он в каждом случае ясно видит, какова воля Божия, и не претыкается на своём духовном пути. Ведь рассуждение — это навигатор, который безопасно направляет душу, чтобы она не претыкалась ни направо, ни налево.

---

[2] Ср.: *Иоанн Лествичник, прп.* Лествица. Слово 26, п. 186.
[3] См. Ин. 9:6.
[4] Ирмос первой песни второго канона Пятидесятницы.

— Геронда, когда человек, будучи расположен по-доброму, начинает делать что-то хорошее, а потом уклоняется в крайность и причиняет вред себе или другим, это значит, что ему не хватает рассуждения?

— Начало-то может быть и хорошим... Но если мы невнимательны, то примешивается эгоизм и сбивает с нужного курса: мы привносим в дело своё «я», начинаем работать эгоистично, с пристрастием, а потом диавол вертит нами, как хочет. Поэтому старайтесь, чтобы жизнь ваша была в первую очередь внутренняя, сокровенная, будьте смиренными, трудитесь незаметно — ради того, чтобы получить Божественное просвещение. Внутренняя жизнь и смирение преодолевают человеческую мелочность и фанатизм, делают человека ревнителем в лучшем смысле этого слова.

— Геронда, мне трудно рассудить, как правильно поступать в том или ином случае.

— Тебе необходимо очиститься, чтобы появилась духовная зоркость. Читай «Лавсаик», «Луг духовный», «Историю боголюбцев»[5], авву Варсонофия... Читай эти книги применительно к себе, чтобы развить свой о́рган духовного чувства. Тогда ты сможешь отличать золото от меди и станешь настоящим мастером золотых духовных дел.

В каждой добродетели необходимо рассуждение

— Геронда, авва Исаак пишет: «Бог вменяет добродетель по рассудительности»[6].

— Так оно и есть. Для того чтобы какое-нибудь наше дело было угодно Богу, а добродетель была на самом деле добродетелью, нужно рассуждение. Рассуждение — это

---

[5] Блаженного Феодорита Кирского.
[6] См. *Исаак Сирин, прп.* Слова подвижнические. Слово 89. С. 502.

соль добродетелей. Поэтому Христос и говорит в Евангелии: *Вся́ка же́ртва со́лию осоли́тся*[7]. Взять, например, монашеский подвиг, аскезу — сколько здесь требуется рассудительности! Человек должен учитывать свои силы, своё духовное состояние, миллион других факторов. Если он перегнёт палку, то окажется неспособным вообще подвизаться, а это нанесёт ущерб всей его духовной жизни. Потому отцы и говорят: «Что сверх меры, то от диавола»[8]. Преподобный Паисий Великий, например, мог двадцать дней оставаться без пищи, поэтому для него не было бы крайностью регулярно по три дня оставаться без еды и воды. Но для человека, у которого подкашиваются ноги от слабости и который не может даже раз в год выдержать со всей строгостью первые три дня Великого поста, часто налагать на себя такие трёхдневные посты будет крайностью а крайность, как мы уже сказали, от диавола.

— Геронда, я понимаю, что в подвиге нужна рассудительность, но мне трудно понять, зачем она нужна в других добродетелях. Не могли бы Вы привести нам какой-нибудь пример?

— Что ж, возьмём для примера тебя. У тебя сердце материнское, но ведёшь ты себя… Не знаю даже, продолжать или нет?

— Продолжайте, геронда, продолжайте…

— Но ведёшь ты себя как злая мачеха!.. В тебе ведь столько жертвенности, столько самоотречения, столько доброты, но так не хватает рассудительности! Ты не обращаешь внимания, что за человек с тобой говорит, чего именно он хочет, ты не думаешь, как нужно себя вести именно с ним, а прёшь на него, как танк. Увы, человек

---

[7] См. Мк. 9:49.
[8] Ср.: Достопамятные сказания о подвижничестве святых и блаженных отцов. Об авве Пимене, п. 129.

не видит того, что у тебя в сердце, а замечает только твоё внешнее поведение и расстраивается.

— Так что же мне делать, геронда?

— Проси у Бога просвещения, чтобы ко всему относиться с рассуждением. Вооружись терпением и молитвой, и рассуждение потихоньку тоже приобретёшь.

Даже в любви требуется рассудительность

— Геронда, авва Пимен говорит: «Узнай, чего хочет брат, и доставь ему покой»[9]. Что именно имел в виду преподобный?

— Он имеет в виду, что нужно узнать, в чём нуждается ближний, и дать ему это с рассуждением. Потому что даже в любви требуется рассудительность. Если, например, человек подвержен чревоугодию, то не стоит каждый день накрывать ему ломящийся стол, потому что на пользу это ему не пойдёт. Вкусные блюда приготовь тому, у кого совсем нет аппетита. Или представь: у человека сахарный диабет, а ты предлагаешь ему вкусные пирожные. Это, по-твоему, любовь?

— Геронда, как человек может любить всех людей одинаково сильно, но при этом каждого любить с рассудительностью?

— Можно всех любить одинаково, но проявлять свою любовь к каждому особым, пригодным именно для него способом. Одного надо любить на расстоянии, потому что этого человека нельзя приближать, другого — наоборот, надо любить вблизи: это кому как полезно. С кем-то не нужно говорить совсем, с другим обмолвиться парой слов, с третьим нужно поговорить подольше.

---

[9] Ср.: Достопамятные сказания о подвижничестве святых и блаженных отцов. Об авве Пимене, п. 92.

— Геронда, а может ли моё обильное проявление любви повредить ближнему?

— Если в ближнем есть любочестие и ты проявишь к нему обильную любовь, то он изменится в лучшую сторону и постарается воздать тебе любовью. А вот если ты окажешь большу́ю любовь наглому, то он сделается ещё наглее, потому что обильная любовь любочестных делает любочестнее, а наглых наглее. Если ты видишь, что твоя любовь не приносит пользы, рассудительно будет умерить её проявление. Но и это ты тоже сделаешь по любви.

— Геронда, а может произойти так, что я из чистых побуждений пойду на какую-то жертву, а потом сорвусь и начну возмущаться?

— Может. Поэтому идти на жертву необходимо с рассудительностью. Будь внимательна и не взваливай на себя больше того, что сможешь понести, — ведь твои физические силы тоже не бесконечны. Если взвалишь на себя сверх меры, то не сможешь выдержать даже мелкого упрёка. Кто-то тебя спросит: «Сестра, ты что это без дела сидишь?» — а ты тут же взорвёшься внутри такими мыслями: «Ах, неблагодарная! Я с утра пашу не разгибаясь, только первый раз присела, а она такие слова дерзает мне говорить!» От таких мыслей твоя жертва и все твои труды пойдут насмарку.

— Геронда, но если я тут же изгоню этот помысел и укорю себя, поняв, что мои изначальные побуждения были не совсем чистыми? Тогда тоже всё пойдёт насмарку?

— В этом случае тангалашка тебя толкает и хочет свалить, а ты в ответ бьёшь его кулаком. А получив по морде, тангалашка пускается наутёк.

В рассудительности нет пределов и правил

— Геронда, какие правила для рассудительности?

— Нет для неё правил, нет в рассудительности ни пределов, ни меры. В ней одновременно и «да» и «нет», и «чуть-чуть» и «премного». Сестре, у которой есть дар рассуждения, не нужно указывать, что ей делать и что говорить. Она всегда действует правильно, потому что всегда рассуждает духовно. Она просвещается Божественным просвещением и обладает духовной интуицией.

— Геронда, Вы мне как-то сказали, что я человек узколобый. Что Вы имели в виду?

— То, что ты смотришь на вещи узко: тебя волнует только порядок и не интересует сам человек. На службе, к примеру, ты говоришь: «Такая-то сестра обязана стоять на клиросе и петь канон». Ты не смотришь ни на то, есть ли вообще у сестры силы стоять, ни на то, может ли она петь. Сначала посмотри, выполнимы ли твои приказы, а потом уже распоряжайся. У тебя нет рассуждения, поэтому ты и относишься ко всему сухо, формально.

Человек должен прийти в правильное духовное состояние, чтобы иметь духовное рассуждение. Только тогда он сможет применять церковные каноны с пользой для людей. Иначе он останется на уровне буквы закона, а *буква закона убивает*[10]. Человек без рассуждения будет сухо говорить: «Так написано в Кормчей книге»[11] — и буквально применять её к живым людям. Тогда как до́лжно каждый случай разбирать с рассуждением. В Кормчей грехи описываются кратко, несколькими словами. А грех конкрет-

---

[10] См. 2 Кор. 3:6.
[11] *Ко́рмчая книга* (греч. Πηδάλιον — «кормовое весло, руль корабля») — наиболее полное и авторитетное собрание священных канонов Православной Церкви с толкованиями, составленное около 1793 года преподобным Никодимом Святогорцем и монахом Агапием.

ного человека имеет тысячу нюансов. Для того чтобы епитимия не навредила, а помогла, она должна соответствовать состоянию конкретного человека, обстоятельствам его падения, степени его раскаяния и множеству других факторов. Нет единого рецепта для всех, нет канона на все случаи жизни.

При всём многообразии случаев главное — руководствоваться рассудительностью и Божественным просвещением. Поэтому я всегда молюсь, чтобы Бог послал людям в первую очередь просвещение. «Христе мой, — прошу я, — мы на далёкой чужбине и заблудились, потеряли путь, ведущий к дому. Просвети нас, чтобы мы нашли наш дом, нашего Отца. Подай нам, пожалуйста, Божественное ведение».

ЭПИЛОГ

О ДОБРОЙ ОБЕСПОКОЕННОСТИ

«Если мы будем постоянно помнить, что наша цель на земле — это стяжание Царствия Божия, то в нас появится добрая обеспокоенность. Эта обеспокоенность рано или поздно перенесёт нашу душу в духовное пространство, где в преизбытке кислорода она оживёт и высоко воспарит».

ДОБРАЯ ОБЕСПОКОЕННОСТЬ — ЭТО ДОБРАЯ ТРЕВОГА О «ПОДВИГЕ ДОБРОМ»[1]

— Геронда, что такое доброе беспокойство?

— Доброе беспокойство — это добрая тревога о *по́двизе до́брем*. Человек прилагает усилия, следит за собой, обнаруживает помехи, мешающие его духовному преуспеянию, размышляет над их устранением, при необходимости просит помощи у более опытных и ведёт духовную работу над собой. Например, он осознаёт, что в каком-то случае повёл себя гордо, и сразу начинает думать: «Так-так, чем у нас побеждается гордыня? Ага, смирением. Ну что ж, смирение так смирение!..» Берёт топорик, засучивает рукава и рубит поросли своей гордыни. Короче говоря, человек стремится возрастать духовно и занимается работой над собой. Так школьник, закончив первый класс, идёт во второй, окончив начальную школу, проходит основной курс средней школы, потом идёт в старшие классы и так далее. Если учёба ему даётся с трудом, то он прибегает к помощи репетиторов, а желая поступить в университет, сначала идёт на подготовительное отделение. Поступив, он напряжённо занимается, чтобы получить диплом. Затем он может

---

[1] См. 1 Тим. 6:12.

пойти в магистратуру, потом в аспирантуру, а если захочет учиться дальше, может поехать и за границу. Так он шаг за шагом продвигается ради того, чтобы преуспеть в земной науке. Тем более надо заботиться о том, чтобы продвигаться в духовной жизни — это ведь тоже наука, но духовная. Должно быть беспокойство о своём духовном преуспеянии!

Доброе беспокойство — это устремление ввысь. Оно придаёт душе удали и бодрости, приносит утешение, а не страх и не печаль. Доброе беспокойство — это не напряжение и не тревога, а ревность о подвиге. А у вас в монастыре иногда наблюдается некоторый застой. Вы просто констатируете: «Мои духовные труды такие-то, а состояние моё такое-то» — и топчетесь на месте. Допустим, состояние своё вы оцениваете правильно. Но почему бы не подумать, как бы повёл себя на вашем месте человек святой? Нет у вас, к сожалению, этого порыва внутреннего, окрылённости и воспарения. Вы не меняетесь внутренне, потому что нет ещё в вас доброй обеспокоенности, которая бы как пружина толкнула вас ввысь.

Воспримем близко к сердцу вопрос спасения своей души

— Геронда, в житии старца Хаджи-Георгия Вы пишете: «Забота о спасении души смиряет тело и умерщвляет страсти»[2]. А у меня и смирения нет, и страстей полно — значит, у меня нет и заботы о спасении души?

— Всё дело в том, что спасение души не стало главным попечением твоего ума и твоего сердца. И ум, и сердце должны быть постоянно сосредоточены на том, как добраться до пункта назначения — Царствия Небесного. Когда сердце болезнует о спасении души, то и ум

---

[2] *Старец Паисий Святогорец*. Афонский старец Хаджи-Георгий. С. 31.

устремляется туда, где боль сердца. Всё дело в боли. Когда больно, невозможно ни есть, ни спать. В ком есть доброе беспокойство, тот за дело берётся с ревностью. Похоже, ты ещё не устремилась к единственной высшей цели — к Небу, твои цели земные. Ты ещё не начала всеми силами заботиться о спасении своей души. Но если мы не бросим все силы на спасение собственной души, то разве можем на что-то хорошее рассчитывать?

Нам не может быть безразлично спасение собственной души. Мы постоянно должны думать о том, как спастись. В противном случаем мы останемся привязанными к земному и будем топтаться на месте. Если мы будем постоянно помнить, что наша цель на земле — это стяжание Царствия Божия, то в нас появится добрая обеспокоенность. Эта обеспокоенность рано или поздно перенесёт нашу душу в духовное пространство, где в преизбытке кислорода она оживёт и высоко воспарит.

Для чего Бог наделил человека умом? Разве для того, чтобы он только и изобретал способы, как до Австралии быстрее долететь? Нет, чтобы человек прежде всего думал о главном: как достичь своей конечной цели, прийти к Богу, добраться до спасительного райского берега.

«Да́ждь прему́дрому вину́, и прему́дрший бу́дет»

— Геронда, что для безразличного человека может послужить поводом к тому, чтобы начать жить духовной жизнью?

— Послужить поводом может многое, но только при условии, если он сам хочет идти вперёд. А если сам он идти вперёд не хочет, то просто замучается, как осёл, которого дёргаешь за повод, чтобы он шёл за тобой, а он упирается; все губы раздерёт об удила, а с места не сдвинется.

— Геронда, если у человека есть благое произволение и появляется повод идти вперёд, разве Бог не поможет?

— Бог-то поможет, но с первого же лёгкого толчка человек должен начать свой бег вперёд. Иначе замучается и тот, кто его подталкивает. Когда человек всё время топчется на одном месте и не хочет исправляться, это очень утомительно для того, кто пытается ему помочь.

В человеке должна зародиться добрая обеспокоенность. Тогда он побежит вперёд и станет совершать духовную работу, а иначе он никогда не преуспеет духовно. Он будет катиться так же мучительно, как квадратное колесо, которое нужно то и дело толкать. Толкнул — «брык», встало. Опять толкнул — опять «брык» и встало. Далеко так уедешь? Если впереди долгий путь, разве можно его преодолеть на квадратных колёсах? А духовный путь долог, это не сто и не двести метров.

— Геронда, как пробудить в самом себе добрую обеспокоенность?

— Допустим, я читаю душеполезную книгу и остановился на том месте, которое тронуло моё сердце, словно нашёл драгоценный бриллиант и хочу его получше рассмотреть. Всматриваюсь в него и вижу в его гранях своё отражение, спрашиваю себя, правильно ли я понял прочитанное, и стараюсь применить на практике. Потом внимательно смотрю, верно ли я применяю. Так постепенно я учусь идти правильным путём в духовной жизни. Об авве Исааке мне никто не рассказывал, но однажды продавец бакалейной лавки завернул мне селёдку в лист журнала «Святогорская библиотека». Когда я её разворачивал, мой взгляд зацепился за напечатанный текст. Это был отрывок из святого Исаака. Я сохранил этот лист, высушил его на солнце, прочитал и был глубоко потрясён. За чтением этого клочка бумаги я провёл ни много ни мало целый год: читал и перечитывал этот драгоценный листок, в который когда-то была завёрнута селёдка. Так я полюбил святого Исаака. Потом я стал искать, не найдётся ли где-нибудь его книга. Я искал её и трепетал от одной мысли, что возьму в руки эту книгу. А вы столько всего читаете! Неужели ничего из прочитанного не трогает ваше сердце? Выписывайте то, что вам особо запоминается. Если будете выписывать и постоянно перечитывать свои тетрадочки, то это не выветрится из вашей памяти и вы станете применять советы святых отцов на практике.

Некоторым говоришь всего два-три слова, и глаза у людей сразу загораются. Записывают эти два-три слова на автобусном билетике, исполняют и духовно преуспевают. Разве Соломон не сказал: *Да́ждь прему́дрому вину́, и прему́дрший бу́дет*[3]? А другие, хотя столько всего слышат и часто получают помощь, сами ничего не делают, потому что в них не вошла добрая обеспокоенность. Они формально описывают мне своё состояние, не имея доброй обеспокоенности о подвиге. Очень уж несерьёзное отношение! В голове не укладывается. Неужели им всё ясно в духовной жизни? Неужели у них совсем нет никаких вопросов?

Как только в человеке возникает добрая обеспокоенность, он осознаёт, чего именно ему не хватает, спрашивает, как это можно приобрести, и извлекает духовную пользу. Как можно что-то узнать, если об этом не спрашивать? Как-то я ехал вместе с одной молодой семьёй: папа, мама и маленький сынок. Малыш всю дорогу не оставлял отца в покое, спрашивал то одно, то другое: «Папа, а это что? Папа, а это зачем?» — «Отстань, у папы уже голова от тебя болит», — говорила ему мать. «Пусть спрашивает, — остановил её отец, — иначе как он узнает, если не будет спрашивать?» И в духовных вопросах дела обстоят так же.

---

[3] Притч. 9:9.

Давайте попробуем получше понять, к какой именно работе над собой подвигает добрая обеспокоенность. Для этого расскажу вам, какие вопросы задаёт мне одна из сестёр вашей обители. Чтобы ответить даже на один из её вопросов, требуется исписать целую тетрадь, ведь она спрашивает не ради праздного любопытства, а от доброй обеспокоенности. Смотрю на неё и радуюсь. У неё великая добрая обеспокоенность, она многое улавливает, подвизается ревностно, потому и получает большу́ю благодать. Когда человек старается найти, в чём у него недостаток, и пытается исправиться, смиряется, то к нему приходит благодать Божия, и с этого момента он идёт вперёд не спотыкаясь.

Добрая обеспокоенность должна быть всегда

— Геронда, я беспокоюсь, что подвизаюсь неправильно.

— Скажи, ты чувствуешь нервозность и уныние?

— Нет, но почему у меня это беспокойство?

— Благословенная душа, бывает спокойная обеспокоенность, а бывает неспокойный покой. Добрая обеспокоенность у нас должна быть всегда — лишь бы при этом не было уныния с нервозностью. Если человек правильно подвизается, он никогда не бывает вполне доволен собой, он всегда чем-то обеспокоен по-доброму. Эта обеспокоенность происходит от его любочестного устремления.

— Геронда, а наступает ли когда-нибудь момент, когда подвижнику уже не нужна добрая обеспокоенность?

— Нет, не наступает, потому что добрая обеспокоенность не прекращается никогда в этой жизни. *Теці́те, да пости́гнете*[4], — наставляет апостол Павел. Всю свою жизнь человек устремляется вперёд. Он бежит ко Христу

---

[4] 1 Кор. 9:24.

и никогда не останавливается. Бежит и чувствует радость, а не усталость.

Чтобы вы поняли, что я имею в виду, приведу вам такой пример: хорошая гончая, учуяв зайца, не стоит возле охотника, а срывается с места, бежит и ищет зайца. Бежит, потом ненадолго останавливается, принюхивается, опять бежит. Она не может стоять на месте, её ум занят тем, как догнать зайца. Она не отвлекается на постороннее. Для неё больше радости в беге, чем в покое. Она живёт тем, что гонится и ищет добычу.

Ещё более целеустремлёнными должны быть мы. Ум наш должен постоянно стремиться ко Христу, потому что наша цель — это Он. А мы, хотя и взяли след, хотя и знаем дорогу, хотя и знаем, где сможем встретить Христа, часто стоим на месте и переминаемся с ноги на ногу. Если бы мы не знали пути, то наше топтание на месте имело бы хоть какое-то оправдание.

Помню, у моего отца в Конице были две хорошо обученные борзые. Как-то раз Продром Корциноглу, певчий, бывший когда-то помощником святого Арсения, попросил у него щенка от этих борзых, но не для охоты, а для для охраны отары овец. Отец дал ему щенка. Продром приучил пса лаять, когда приближается волк. Сосед у Корциноглу был заядлым охотником. Как-то его собака заболела, и он очень сокрушался, что оставался без охоты. Продром узнал об этом и говорит: «Не переживай, я дам тебе свою собаку, гончую, она той же породы, что и Эзнепидиса[5]». Сосед обрадовался, взял собаку и пошёл на охоту. Пришёл он в лес, махнул рукой, как обычно делают охотники, подавая собаке команду искать, а пёс, вместо того чтобы бежать, стал вертеться вокруг него, лизать ноги и тыкаться в ладони, ища хлеба! Видите как: собака

---

[5] Фамилия отца прп. Паисия. — *Прим. греч. изд.*

была хорошая, породистая, но не натасканная на зайца, потому она и не побежала искать добычу, а вертелась всё время вокруг охотника.

Но думаю, что вы напали на след Христа и теперь будете не останавливаясь бежать, взыскуя Его. Ваши сердца исполнятся Им настолько, что Он не будет в них вмещаться и вы станете Его умолять: «Хватит, Боже мой, хватит! Я больше не могу!»

УКАЗАТЕЛИ

ИМЕННОЙ УКАЗАТЕЛЬ

Аарон, первосвященник   135
Аввакум Лавриот, старец   189
Авель, праотец   127
Авраам, праотец   156
Адам, праотец   229, 261
Андрей Критский, свт.   170
Антоний Великий, прп.   189, 272
Арсений Каппадокийский, прп.   193
Афанасий, старик   208
Варвара, вмц.   280
Варсонофий Великий, прп.   58, 162, 302
Василий Великий, свт.   98
Гавриил, архангел   291–292
Герасим Иорданский, прп.   232
Давид, царь-пророк   23, 68, 136–137, 155, 197, 280
Даниил, пророк   278
Ева, праматерь   292
Евлогий, старец кельи вмч. Георгия   188
Екатерина, вмц.   274
Епистимия, мц.   189
Ефрем Сирин, прп.   300
Иаков Зеведеев, ап.   126

Иаков, брат Господень, ап.   124, 284
Иисус Навин, праведный   136
Илия, пророк   123, 220
Иоанн Богослов, ап.   126, 285
Иоанн Лествичник, прп.   23, 301
Исаак Сирин, прп.   36, 115, 156, 169, 179, 184, 230, 267, 302, 314
Исаия Отшельник, прп.   156
Исаия, пророк   172, 229, 295
Исидора Тавеннийская, прп.   193
Исихий Иерусалимский, прп.   89
Иуда   275
Каин   127
Корцино́глу Продром, певчий   317
Косма Этолийский, равноап. прпмч.   180
Лонгин, прп.   54
Лукиан Самосатский, древнегреч. писатель   25
Макарий Великий, прп.   45
Марк Подвижник, прп.   224

Мафусаил, ветхозаветный праотец 96
Моисей Мурин, прп. 29, 181
Моисей, пророк 135, 275–276
Никодим Кассандрийский, митр. 11
Никодим Святогорец, прп. 23
Павел, ап. 285, 316
Паисий Великий, прп. 303
Памво Нитрийский, прп. 216
Пахомий Великий, прп. 193
Пахомий, старец из Иверского скита 264–265
Петр, ап. 126
Пимен Великий, прп. 303–304
Питирим Египетский, прп. 193
Савва, священник 91

Синклитикия Александрийская, прп. 162
Сисой Великий, прп. 186
Соломон, царь 293, 315
Стратис, мирянин 179
Терпена, мц. 289
Тихон Русский, старец 58, 173, 222
Феодорит Кирский, еп., учитель Церкви 302
Феоктист Дионисиатский, старец 266
Феофилакт из скита св. Василия, старец 231
Флеминг А., бактериолог 98
Хаджи-Георгий, старец 45, 312
Харалампий Кутлумушский, старец 265
Эзнепидис Продром, отец прп. Паисия 251, 317

ТЕМАТИЧЕСКИЙ УКАЗАТЕЛЬ

А

ад
  как выглядит   51
  избежать его, чтобы не огорчить Христа   253
  уже на земле — без любви   209

ангел
  даётся человеку от Бога   142
  являясь, приносит радость   226
  сопровождает душу умершего   210

ангел-хранитель
  есть у храма   55

Б

безразличие
  к вере   273
  к спасению своей души   313

беснование
  которое не смогли исцелить апостолы   126
  врачуется сострадательной любовью   225
  исцелённое благоговейным послушником   131
  по грехам родителей   223

бесстрастие
  неприятие страстных приражений   37

благодарность *см. также* **славословие Бога**
  даже за малейшее добро   251
  от чувства близости Бога   279
  влечёт новые благословения   145, 149, 151
  слёзы благодарности возносят на Небо   201

благородство
  что это такое   241, 244
  смиренно   243, 247
  противоядие ревности   125
  сродняет с Богом   245–246
  изгоняет недостатки   244
  требует от себя, а не от других   242
  как приобретается   244

ближний *см. также* **любовь**
  видеть в нём Христа   223
  любить его как родного брата   224
  радоваться его успехам   130–131

как правильно утешить его 304
как относиться к его страстям и добродетелям 160
наши ближние — наши врачи 94

блуд (плотская страсть)
блудный помысел легко распознаётся 68
восстаёт из-за гордости 177
восстаёт из-за осуждения 111

Бог   *см. также* **любовь Божия; Христос**
есть любовь 220
по природе прост и благ 261, 269
благ, чужд мелочности 244
не сотворил зла 23
наш Отец 198, 279
Сердцеведец 106
Его правосудие 222
каждому дал талант 127, 159, 165
считает родными тех, кто жертвует собой 211
может ли не слышать нас 33
помогает просящему о помощи 39
помогает старающемуся 26, 39–40
не помогает гордому 33
что Его радует больше всего 246
что Ему ненавистнее всего 107
Святая Троица

– обитает в чистом человеке 270

Богородица
Её внутренняя и внешняя красота 165
Её смирение и молчание 170–171
Её иконы 171
принесла в мир радость 292
почитаем Её больше, чем святых 199
песнопение в честь Неё, сочинённое прп. Паисием 291
Благовещение — тайна сверхъестественная 291

болезни
от помыслов печали 146–147
принимать как дар Божий 150

боязливость
преодолевать крестным знамением 277

брезгливость
когда другой — чужеродное тело 224

В

вера
без смирения — бездейственна 276
и любовь — их взаимосвязь 281–282, 296
от благородства души 244
доверие Богу — надёжное пристанище 281
колеблется оттого, что страдают невинные 274

как её можно потерять 274
безразличие к вере сегодня 273
от неверия — чувство пустоты 272
недоверие Богу пророка Моисея 275–276
в России при коммунизме 273

внимательность
к своей духовной жизни 30–31, 165, 221

воздержание
как правильно осуществлять 53, 158

Г

гнев *см. также* **раздражительность**
обвиняет всегда других 134
как не доходить до гнева 136–138
использовать в духовной жизни 24, 132–133
праведный 135–136

гордость
причина всех страстей 33, 63–64
страшная болезнь 88
препятствует Божией помощи 33, 85, 89
похожа на неправильную антенну 247
быстро низводит в ад 172
делает веру бездейственной 276
делает человека глупым 90–92
затуманивает голову 164
скрытая 64, 70–71, 86
как её распознать в себе 64, 68, 71
может присутствовать в жертве 212
как лечится 94–95
нужно внимание, чтобы не возгордиться 66, 73, 93
нам нечем гордиться 99–102
недопустима посредственным людям 97–99
чем гордец хуже диавола 63
помыслы гордыни
– мгновенно изгоняют благодать 86
– как готовиться к их приходу 68
– смеяться над ними 67
– принимая их, портим вещи 86–88

греки
характерные черты этого народа 250

грех
осуждённый Христом 145
самые страшные грехи 109
первородный грех смывается в Крещении 26
грехопадения из-за осуждения 110
печаль после грехопадений 142

грехопадение
простота и целомудрие до грехопадения 261
способности человека после грехопадения 231

как отразилось на животных 229

Д

дарования
увидеть и развить свои дарования 127–128, 158–159
беречь их от вора-лукавого 164

диавол (тангалашка)
его падение было мгновенным 85
мучается без любви 209
совершенствуется во зле 109
боится смирения 63, 188–191
побеждается исповедью 87
не выносит сострадания 225
внушает горделивые помыслы 68, 73, 305
являясь в виде ангела, приносит смущение 226
хочет осквернить наше добро 78
ворует наш духовный мёд 164–165
его радует наша печаль 145–146
его ухищрения для каждого различны 28
старается быть незамеченным 148
сталкивает людей друг с другом 108–109
считать себя хуже него 187

добродетель
делает человека красивым 165
делать добро — наш долг 220
добродетели подобны цветам 158
может ли быть у человека от природы 157
почувствовать её необходимость 157
развивая одну, развиваем и другие 158
приобретается через общение с добродетельным 159
скрывать свои добродетели 193–194
не хвалиться ею 76, 89
почитать чужую добродетель 185
наружная, ненастоящая 163
«отравленная» 162

доверие Богу *см.* вера

духовная жизнь *см. также* подвиг, борьба, труд; преуспеяние
не похожа на мирскую 83
наука из наук 89, 311–312
область чуда 275
её основание — любовь и смирение 209
цель — понравиться Богу, а не людям 79
имеет три этапа 32
в чём состоит внутреннее делание 295
благородство в духовной жизни 245–246

боль и радость в духовной жизни 298

Е
епитимия
должна помочь, а не навредить 307
данная Богом пророку Моисею 276

Ж
женщины
склонны к ревности 125
верная и терпеливая жена 287–289
отважные в бою 149

жертвенность *см. также* **самопожертвование**
начало любви 201
со смирением — признак любви 213
признак благородства 245
наполняет душу радостью 296
делиться, отдавая последнее 220–221
может быть отравлена гордостью 212–213, 305

животные
до и после грехопадения Адама 229
чувствуют любовь человека 230–231, 233–234, 238
просят помощи у человека 231–233
наблюдать за ними и учиться у них 234–235

жизнь
для чего мы живём 49

её цель — стяжание Царствия Божия 313
бег ко Христу 316–317

З
зависть
растрата духовной жизни 126
несовместима с любовью и раем 124
как проверить себя на зависть 130
как преодолевается 126–128
добрая — радоваться чужим успехам 129–131

законы духовные 64, 86, 110, 242, 288

заповеди
исполняющий их — друг и чадо Бога 156
что нужно для исполнения их 156

застенчивость
как с ней быть 268

зло
попускается Богом ради большего добра 274
сегодня зло от неверия 273

И
икона
отражает состояние иконописца 65
Пресвятой Богородицы 171

искушение
претерпевали Христос и святые 284–285
как готовиться к нему 137

как встречать трудности 147, 298
как его пережить 284
из-за неблагодарности и ропота 145
из-за осуждения 111
исповедь
открывая грех, смиряемся 87
в древней Церкви была публичной 185
исступление
от любви к Богу 206

К

каноны (правила) церковные
применять с рассуждением 306
комфорт
не искать и не радоваться ему 43, 49, 54–56, 58
красота
Пресвятой Богородицы 165
духовная — от добродетели 165–166
крестное знамение
со смирением — творит чудеса 173, 191
осенять им пищу 277–278
перед выходом из келии 137
перед делом 86
крещение
освобождает от проклятия, а не от наследственности 26
кротость
может быть без смирения 181

Л

любовь *см. также* **самопожертвование**
к ближнему — без неё нет любви к Богу 201
к ближнему — от любви к Богу 199
стяжать ко всем материнскую любовь 214–215
к врагам и ненавидящим нас 223
начинается с жертвенности 201
заботиться не о себе, а о других 56
сострадательная: почувствовать чужую боль 224–225
из ума должна перейти в сердце 217–218
видна и без показных проявлений 226–227
есть у смиренного 19, 185, 209
со смирением — лёгкий путь ко спасению 209–210
должна быть с рассуждением 304–305
чтобы возрастала, нужно отдавать её 210–211
объединяет людей 228
подлинная любовь невозможна без Православия 282
ко всему творению 200, 230, 236–238
признаки истинной любви
– любить всех одинаково 210
– отдавать своё и себя 211

- не ждать воздаяния 211
- считать всех лучшими себя 210
- удалить из любви своё «я» 213, 253
- забывать своё добро и чужое зло 212

любовь женщины — подвержена ревности 125

любовь Божия
велика и неисчерпаема 198–199, 203
делает человека благодарным, отзывчивым 197
ко всем людям — в равной мере 198

любовь к Богу
когда перестанешь любить себя 57
невозможна без любви к человеку 199
охватывает душу и тело 202, 204
постоянно думать о Нём 201–202
состояние божественного безумия 206–207
состояние божественного опьянения 207
состояние божественного рачения (эроса) 204–206

любопытство
предшествует осуждению 107, 114
ни о ком не любопытствовать 294

любочестие
что это такое 250

качества любочестного человека 250–251, 255–256
неленостно и смиренно трудиться 254–255
придаёт подвигу правильное настроение 252

М

милостыня (милосердие)
умягчает сердце 225

мир
объять его материнской любовью 214

миротворцы
имеют в себе мир 139

молитва Иисусова
часто повторяемая краткая молитва 25
на богослужении 264
приносит радость 293–294
согревает душу 295
прочитать, когда гневаешься 137

молодость
время подвизаться строже 34–35, 53
молодые должны помогать старшим 245

молчание
добродетель 163
сдерживает гнев 138
Пресвятой Богородицы 170

монах
даёт обеты без самоуверенности 74
радостен от печали по Богу 141

мужество *см. также* **отвага**
  необходимо в духовной жизни   24, 120, 132, 147, 156, 252

Н

надежда *см. также* **упование на Бога**
  приходит от смирения   192
  от неё терпение   290
  освобождает от печали   150

неблагодарность
  влечёт новые искушения   144–145
  осуждена Самим Христом   145

неверие *см.* **вера**

О

обеспокоенность добрая
  поиск ответов на духовные вопросы   315–316
  о спасении души   313
  стремление возрастать духовно   311–312
  без неё не преуспеть духовно   313–314
  присутствует всегда у подвизающегося   316–317

обида
  требует от других уважения   78

осуждение
  недостаток любви   107
  неочищенная способность суждения   105–106
  причина грехопадений   110–112
  препятствует молитве   109–110
  с чего начинается   107
  как избавиться
   – не верить своим помыслам   118–120
   – оправдывать людей   116–118
   – самоосуждением   115
  неосуждение — короткий путь спасения   112

отвага *см. также* **мужество**
  необходима в духовной жизни   34, 132, 148, 187

отчаяние
  порождение эгоизма   192
  от чрезмерной чувствительности   28, 32
  не принимать помыслы, приводящие к нему   147
  что побеждает его   150

П

памятозлобие
  как проверить себя на памятозлобие   222

печаль
  от диавола   140, 146
  порождает болезни   146–147
  когда горькая становится сладкой   140
  по Богу — её признаки   141
  о грехопадениях   142–143, 148

подвиг, борьба, труд *см. также* **духовная жизнь**
  преклоняют Бога на милость   26
  приносят радость   54–55

через них — духовные
дарования   157
сладкое мученичество   38
без этого не преуспеть   28,
40, 56
как себя подвигнуть на это
37–39
как правильно подвизаться
252–253
совершать со смирением
83
направлять против
душевных страстей   52,
54, 63
скрывать свой труд   254
важнее этого — духовное
благородство   246

подражание
Христу   214
святым   161–162
добродетелям ближнего
130, 160
животным   234–235, 238

покаяние
один из путей к Богу   200,
219

помыслы гордыни   *см.*
гордость

помыслы добрые
у человека простого
265–266

помыслы мрачные
от них болезни   146

помыслы осуждения
не верить им   118–120
отчего происходят   107

помыслы смиренные
всегда иметь их наготове
68

всё делать со смиренным
помыслом   88
доводить их до сердца   178
имеют большую силу
174–175

пост
приносит радость   46
нужен ли детям   45

пост Великий
время благородства   241

похвала
мирская слава   81–82
не искать похвал   254–255
не принимать к сердцу   78,
81
похвалой можно навредить
81
как правильно хвалиться
77

Православие
только в нём подлинная
любовь   282

преуспеяние
только при смирении   85,
191
невозможно без благород-
ства   241
если не видим его   32–33,
289
видеть свои падения, а не
успехи   192

Причащение
как подходить к Чаше   48

продукты питания
не бояться их несъедобности
277

пророчества
о Христе — исполнились
в точности   275

простота
  свойство Божие   269
  рождается от смирения   261
  привлекает благодать от Бога   261
  с чистотой — делают человека сосудом благодати   270–271
  рождает добрые помыслы о других   265–266
  даёт духовное познание   269
  не есть бесцеремонность   262
  не есть легкомысленность   262
  не может обидеть другого   263
  в общении с людьми   266–268
  вести себя просто   294
  от природы — нуждается в очищении   263–264
  показная — таит лукавство   262

прощение
  прощать, чтобы быть прощённым   221

пустословие
  обратить в молитву   25

Р

работа (дело)
  делать с любовью   216
  делать с чувством присутствия Божия   280
  делать со смиренным помыслом   88
  делать без желания похвалы   82
  портим вещи из-за гордых помыслов   86–88

радость
  когда ум в Боге   292–293
  рождается от любви, жертвы   296
  от печали по Богу   141
  от страданий ради любви Христовой   298–299
  состояние внутренней окрылённости   295
  извещает о примирённости с Богом   296–297
  рецепт небесной радости   294–295
  просить ли её у Бога   297
  мирская — пуста   293

раздражительность
  по каким причинам бывает   133–135

рай
  как выглядит   51
  цель подвига — не наслаждение в раю   253

рассудительность (рассуждение)
  духовное зрение   300
  зависит от духовного состояния   300–301, 306
  имеющий её всегда действует правильно   306–307
  удерживает от чрезмерностей и крайностей   303–304
  требуется в любви   304
  и дар и приобретение   158

Тематический указатель

рационализм
    расшатывает веру 274
    смешан с самоуверенностью 75

рачение
    божественный эрос 204–206

ревность
    предшествует зависти 123
    женская болезнь 125

ропот
    от неблагодарности 144
    становится привычкой 144

Россия
    вера в России при коммунизме 273

С

самолюбие
    исполнение своих пожеланий 44, 49
    враг любочестия 253
    причина страстей 43
    уподобляет черепахе 50
    нынешних людей 46–47
    как преодолеть 52, 57

самомнение
    безумие и пустота 74
    причина гордости 73
    как избавиться 95

самооправдание
    оно убивает смирение 95
    не оправдывать свои страсти 27–28

самопожертвование *см. также* **жертвенность**
    заботиться не о себе, а о других 245–246, 256
    ставить себя на место ближнего 48
    привлекает Божию помощь 58
    приносит радость 50
    сродняет с Богом 47, 211

самопознание
    приводит к смирению 96–97, 177

самость *см. также* **эгоизм**
    исчезает от самопознания 96–97
    обратить против диавола 25

самоуверенность
    настаивает на своём мнении 74–75
    препятствует помощи Божией 276
    как от неё избавиться 76

самоукорение
    легче, чем чужие упрёки 179–180
    как почувствовать себя ниже всех 185

свобода
    что есть духовная свобода 244

своеволие
    может присутствовать в жертве 212

святые
    о них нам известно немного 161
    скрывали свои добродетели 193–194
    их отличительные свойства 160
    терпели искушения за малые проступки 285
    подражать им 161–162

почитая их, ещё более
  почитаем Бога   199
сердце
  что мы имеем в виду, говоря
    «сердце»   216
  маленькое, а горит великой
    любовью   202
  над ним надо работать
    216–217
  должно заработать (благода-
    рить, каяться, сострадать)
    218
  расширить его   214–215
  как его умягчить   225
  в чём ум помогает сердцу
    217–218
  когда «притормаживать» его
    умом   219
славословие
  один из путей к Богу   200,
    219
славословие Бога   *см. также*
  благодарность
  за малое, которое имеем
    150–151
  и за благодеяния, и за
    испытания   251
  от чувства своего недостоин-
    ства   176
  несёт в себе великую силу
    150
  освобождает от печали
    149–150
смертная память   37, 56
смирение
  видеть себя ниже всех
    185–187
  соль добродетельной жизни
    169

условие преуспеяния   85,
  191
избавляет от страстей   30,
  34, 44
прогоняет диавола   63,
  188–191
сводит благодать и возводит
  в рай   171–173
удерживает благодать   209
смиренный не падает   189
смиренный имеет любовь
  19, 185, 209
и любовь — основа духовной
  жизни   209–210
и труд — освобождают от
  самолюбия   52
похоже на правильную
  антенну   247
можно приобрести,
  принимая унижения
  182–183
от проявления своих
  страстей   29–30, 34
от самопознания   96–97
на словах легче, чем на деле
  179–181
рассудочное — не доходит до
  сердца   178–179
когда оно настоящее   180
добровольное и вынужден-
  ное   176–177
чтобы избежать ссоры
  138–139
постоянно возделывать
  смиренные помыслы   68
сила смиренного помысла
  174–175
Пресвятой Богородицы
  170

совесть
  без страха Божия она нечиста   279
сострадание
  ставить себя на место страдающего   219, 224–225
спасение
  должно стать нашим главным попечением   312–313
  утверждено на терпении   287
справедливость
  человеческая и Божия — разные   222
  благородство духовной справедливости   242
старость
  возраст любви и нежности   34
  младенческие капризы в старости   265
страсти
  душевные вреднее телесных   53
  подобны бурьяну — искоренять их   158
  искоренять в молодости   34–35
  искоренять, начиная с главной   35–36
  отсекать, не медля   36
  отсекаются с трудом, постепенно   38
  увидеть их и отсечь   158
  почувствовать к ним отвращение   57
  когда не проявляются

  – быть внимательным   30–31
  когда проявляются
  – радоваться   30
  – смиряться   34
  наследственные   25–29
  силы души   23
страх Божий
  что это такое   278
Суд Божий
  праведность Божиего Суда   106
  каждый осудит сам себя   221

Т

таланты   *см.* дарования
тело
  давать ему необходимое   53–54
терпение
  заповедь Христова   287
  в духовной жизни   289–290
  незаменимо в испытаниях   284
  чтобы терпеть, нужно любить   285
  с каким помыслом следует терпеть других   286
  чтобы не затруднять других   286
  доброй супруги   287–289
труд
  неленостный и смиренный   254–255
  выполнять свою работу и помогать другим   245
  приносит духовную пользу   54

тщеславие
   от него в душе тяжесть   83
   от него чувство пустоты   82
   чем преодолевается   83

У

ум
   должен стремиться ко Христу   317
   должен находиться в Боге   293
   должен заставить сердце работать   217–218
   когда должен «притормаживать» сердце   219

упование на Бога   *см. также* надежда
   вверить себя Божиему Промыслу   280

Х

хвастовство
   потеря сделанного добра   76

храм
   имеет ангела-хранителя   55

Христос   *см. также* **Бог**
   пророчества о Нём   275
   Рождество Христа   229
   Преображение Христа   126
   обитает там, где любовь   209
   любил всех учеников равно   126
   Его любовь объединяет нас   228
   Его жертвенность   245
   не имел самолюбия   46
   взял грехи, оставил радость   140, 299
   где Он, там радость   293
   Его святая простота   269
   Его терпение в испытаниях   284
   претерпел самую великую несправедливость   251
   нежный Отец   253
   радуется любочестному подвигу   253
   нам прощает больше, чем мы — ближним   221
   цель жизни — бежать к ней   317

Ц

целомудрие
   тела и души   246
   первозданного человека   261

Ч

человек
   образ и подобие Божие   155
   господин над животными   229–230, 232
   имеет наследственные качества   25–27
   удобоизменчив, непостоянство его помыслов   175

человекоугодие
   пустое дело   78
   как освободиться от него   80

чревоугодие
   проявление самолюбия   45
   из-за осуждения   110

чтение
  как с пользой читать душеполезную книгу 314–315
  не просвещает так, как чистота и простота 269–270
  рекомендуемое духовное чтение 302

чувствительность
  чрезмерная 28, 32

чуткость
  духовное благородство 244, 256

Э

эгоизм *см. также* **самость**
  чем отличается от гордости 71–72

  самонадеянность, приводящая к отчаянию 192
  затемняет душевные очи 301
  портит хорошо начатое дело 302
  препятствует Христу вселиться в человека 202
  в духовной жизни 252–253

Ю

юродивые
  имеют великое смирение 192–193

УКАЗАТЕЛЬ ССЫЛОК НА СВЯЩЕННОЕ ПИСАНИЕ

Ветхий Завет

Бытие
- 1:28 229
- 3:16 292
- 4:3-8 127
- 5:27 96

Исход
- 3:2-3 37
- 11:1-3 136
- 12:36-37 136
- 14:1-31 275
- 15:22-25 275
- 16:1-36 275
- 16:13 233
- 17:1-7 275
- 20:17 124
- 32:1-24 135
- 34:28 77

Числа
- 11:31-32 233
- 20:1-13 . . . . 275, 276

Второзаконие
- 32:48-52 . . . . 275, 276

Третья книга Царств
- 17:1-24 220
- 17:12-13 220
- 18:26 33

Псалтирь
- 2:11 279
- 4:5 136
- 15:8 280
- 16:4 157
- 21:19 275
- 22:6 197
- 35:7 . . . . 113, 234
- 43:23 43
- 49:1 155
- 50:1 59
- 50:14 23
- 50:19 52
- 77:36 201
- 81:6 155
- 118:9 156
- 118:60 . . . . 68, 137
- 126:1 74
- 129:5 149
- 135:23 174
- 148:10 238

Книга Притчей Соломоновых
- 9:9 315

Книга Екклесиаста, или Проповедника
- 2:4-11 293

Книга Премудрости Соломона
- 3:6 163

Книга пророка Исаии
- 1:3 229
- 6:2 295
- 8:9 177
- 8:12 278
- 66:2 172

Книга пророка Иеремии
- 18:2 275
- 39:9 275

Книга пророка Даниила
- 10:4-12 278
- 10:11-12 278

Новый Завет

Евангелие от Матфея
- 4:7 189
- 5:3 170
- 5:8 271
- 5:9 139
- 5:44 223
- 7:1 . . . . 105, 113
- 7:3 115
- 7:8 243
- 8:5-10 277
- 8:28-34 151
- 10:22 287
- 11:29 173
- 15:18-19 270
- 15:21-28 243
- 16:25 48
- 17:1-19 126
- 17:17 126
- 18:3 264
- 18:23-35 221
- 19:29 287
- 21:21-22 275
- 25:14-30 185
- 25:21 102
- 25:25 211
- 25:40 223
- 27:7-9 275

Евангелие от Марка
- 7:21-23 270
- 7:24-30 243
- 8:24 115
- 9:49 303
- 10:30 287
- 13:13 287
- 16:18 277

Евангелие от Луки
- 1:30 292
- 1:38 170
- 1:46-48 171
- 6:32 257
- 10:19 277
- 10:31-32 46
- 11:10 243
- 13:8 176
- 14:11 86
- 15:7 200
- 16:26 282
- 17:5 276
- 17:17 145
- 17:21 299
- 21:3 221
- 21:4 221
- 21:19 287

Евангелие от Иоанна
- 1:16 102
- 7:24 106
- 8:39, 44 156
- 9:6 301
- 13:34 212
- 15:5 90
- 19:24 275

Деяния святых Апостол
- 23:11 285
- 24:26-27 285

Послание Иакова
  1:12 284
  1:14 124
Первое послание Петра
  5:5 . . . . 169, 172
Послание к Римлянам
  5:11 77
Первое послание к Коринфянам
  1:31 77
  3:16 187
  4:7 99
  9:24 316
  10:24 48
  12:31 129
  13:2 213
  13:3 213
  13:4-7 285
  13:12 272
  14:20 265
Второе послание к Коринфянам
  3:6 306
  6:16 187
  9:7 220
  11:14 . . . . 191, 226
  12:2 173
Послание к Галатам
  1:10 80
Послание к Филиппийцам
  3:3 77
  3:8 207
Первое послание к Тимофею
  1:9 242
  2:4 283
  6:12 . . . . 79, 311

СПИСОК ИЛЛЮСТРАЦИЙ

Икона преподобного Паисия, написанная
 в Свято-Преображенском скиту Данилова мужского
 ставропигиального монастыря 2
Преподобный Паисий в обители святого Иоанна
 Богослова 21 июня 1994 года, за двадцать дней до кончины ... 10
Преподобный Паисий на Святой Горе Афон 18
Келья святых Галактиона и Епистимии. Фотография
 примерно того времени, когда там подвизался
 преподобный Паисий (1963–1964 гг.) 190
Преподобный Паисий и Олет 237

Другие книги издательства «Орфограф»

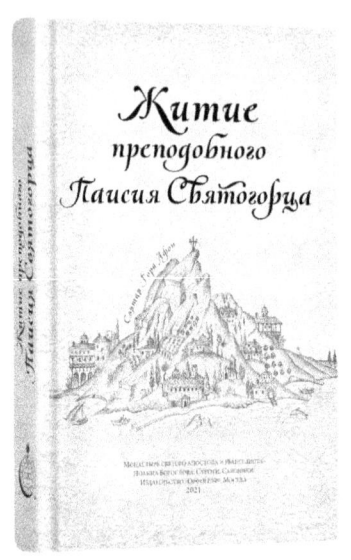

Житие преподобного Паисия Святогорца

М. : Орфограф, 2021. — 592 с., ил.

Житие преподобного Паисия Святогорца (1924–1994), афонского монаха, известного всему миру и торжественно причисленного к лику святых в 2015 году, переносит читателя в атмосферу духовного подвига, пламенного устремления к Богу и самоотверженной любви к ближнему, которые были характерны для святого Паисия с раннего детства и до самой его преподобнической кончины.

Немало встречается на страницах жития сверхъестественных событий и чудес, но основное внимание в книге уделено именно человеческим усилиям старца Паисия: его непоколебимому упованию на Бога и Матерь Божию, его молитвенным трудам, его смиренному служению ближним, его терпению в скорбях и тяжёлых болезнях. С любовью и тщательностью описанные детали жития преподобного делают его близким и родным читателю, вдохновляя разумно подражать подвигам святого.

Книга "Житие преподобного Паисия Святогорца", которую мы перевели на русский и издали с благословения сестёр монастыря святого Апостола и Евангелиста Иоанна Богослова в Суроти, получила в 2017 году первое место в номинации "Лучшая духовно-просветительская книга" на конкурсе "Просвещение через книгу".

Новый Афонский патерик

В 3 томах

Более 30 лет один афонский старец собирал и систематизировал повествования и изречения, отражающие аскетическое и исихастское предание Святой Афонской Горы. Его восьмисотстраничная книга, вышедшая на Афоне в 2011 году, выдержала несколько переизданий.

Русский перевод выходит в трёх томах:

Том I. Жизнеописания. М. : Орфограф, 2013. — 352 с., ил.

В этот том патерика вошли ранее не публиковавшиеся жития 25 афонских подвижников, по большей части наших старших современников, угождавших Богу в середине XX века.

Том II. Сказания о подвижничестве. М. : Орфограф, 2015. — 352 с., ил.

Второй том патерика содержит краткие истории об афонских монахах XX века и их яркие высказывания. Этот том весьма напоминает по своему духу классическое произведение древней монашеской литературы — «Достопамятные сказания о подвижничестве святых и блаженных отцов».

Том III. Рассказы старца Паисия и других святогорцев. М. : Орфограф, 2018. — 272 с., ил.

Третий том патерика содержит ранее не публиковавшиеся рассказы, поучения и изречения преподобного старца Паисия Святогорца и других афонских старцев и назидательные истории о подвижническом духе афонитов.

Духовно-просветительское издание
Для читателей старше 12 лет

Преподобный Паисий Святогорец
СЛОВА
Том V
СТРАСТИ И ДОБРОДЕТЕЛИ
Перевод с греческого
Четвертое издание

Ἱερὸν Ἡσυχαστήριον Μοναζουσῶν "Εὐαγγελιστὴς Ἰωάννης ὁ Θεολόγος"
570 06 Βασιλικὰ Θεσσαλονίκης
тел. +30 23960 41320, факс +30 23960 41594

Общество с ограниченной ответственностью
«Электронное Издательство «Орфограф»
109316, Москва, Волгоградский проспект, д. 47

E-mail: orfograf.com@yandex.ru
Телефон +7 (495) 642 24 54

Сайт издательства: www.orfograf.com
Книги преподобного Паисия Святогорца по ценам издательства:
старецпаисий.рф

Издательство «Орфограф» выражает сердечную благодарность рабу Божию Илье, без помощи которого не увидела бы свет эта книга и просит читателей молитв о нём и его семье.

Подписано в печать 08.06.2021. Формат 60×100/16
Печать офсетная. Гарнитура Minion Pro.
Усл. печ. л. 21,5. Тираж 7000 экз.
Заказ №